ÂMES VIRILES

PAR

MM. CARON, CHADEYRAS, CHARDEAU,
FILIPPI, GROS, JACQUEMARD, LEBOSSE,
MATHON, RIQUET, ROGIE, TURQUET,
Inspecteurs de l'Enseignement primaire;

FAUCHÈRE,
Ancien inspecteur primaire,
Professeur à l'École normale de Lyon,

PRÉFACE
DE
J.-B. TARTIÈRE,
Inspecteur de l'Enseignement primaire de la Seine,
Chevalier de la Légion d'Honneur.

Cours Moyen et Supérieur

Prix : 1 fr. 50

Librairie Paul PACLOT, PARIS.

AMES VIRILES

Livre de Lecture courante de l'Enseignement Primaire

"AMES VIRILES"

Histoire de quelques Personnages illustres
de tous les Temps et de tous les Pays

PAR

MM. CARON, CHADEYRAS, CHARDEAU, FILIPPI, GROS,
JACQUEMARD, LEBOSSÉ, MATHON, RIQUET, ROGIE,
TURQUET, *Inspecteurs de l'Enseignement primaire*, et
L. FAUCHÈRE, *professeur à l'École Normale d'Instituteurs
de Lyon, ancien inspecteur primaire.*

PREFACE

DE **J.-B. TARTIÈRE**

*Inspecteur de l'Enseignement primaire de la Seine
Chevalier de la Légion d'Honneur*

COURS SUPÉRIEUR et COURS MOYEN

LIBRAIRIE PAUL PACLOT, 4, rue Cassette, PARIS

PRÉFACE

❦ ❦ ❦

Chargé de présenter ce petit livre aux Maîtres et aux Élèves primaires, je me trouve un peu dans l'agréable situation de l'avocat qui, une fois par hasard, ne plaide pas pour sa cause, mais dont la cause, excellente, se soutient elle-même et parle pour l'avocat.

Entre autres mérites, " Ames Viriles " a celui de la nouveauté. Entendons-nous. Rien n'est absolument nouveau sous le soleil et les Vies de Plutarque, écrites depuis dix-huit siècles, ont toujours été fort en honneur dans l'enseignement secondaire. Mais on peut affirmer, sans crainte d'être démenti, qu'il n'existe rien d'analogue dans l'enseignement primaire. L'éditeur et les auteurs ont pensé avec raison qu'un procédé d'éducation qu'un si long succès a consacré, quand il s'appliquait aux enfants de la bourgeoisie, ne saurait être mauvais pour les enfants du peuple, dans un pays et à une époque où la conduite des affaires publiques n'est plus l'apanage de quelques privilégiés, où chaque individu, par son seul mérite, peut devenir un savant, un artiste, et parvenir aux plus hauts emplois, voire à la magistrature suprême de la République.

L'ouvrage comprend la vie de soixante personnages illustres de tous les temps et de tous pays. Chaque chapitre se compose : d'une anecdote propre à mettre en relief le trait caractéristique du personnage étudié ; d'une biographie ; d'un bref commentaire final ou d'une réflexion appropriée. Des illustrations hors texte, reproduisant exclusivement, et avec le plus grand soin artistique, les œuvres de maîtres célèbres, parlent agréablement aux yeux. Enfin, quelques rapides notes, placées au bas des pages, facilitent l'intelligence du récit que l'on a intentionnellement débarrassé de détails trop techniques.

Car les auteurs n'ont pas perdu de vue qu'il ne s'agissait pas précisément de faire de la documentation historique, mais simplement un livre de Lectures courantes sur l'histoire d'hommes et de femmes célèbres dont la vie comporte un enseignement.

Les exemples, il est à peine besoin de le redire, ont une force éducative bien plus grande que les préceptes. Or, ce ne sont que des exemples vécus, sinon vivants, que l'on présente ici aux enfants. Et ceux qui les fournissent ne sont pas les premiers venus ; tous ont, par quelque côté au moins, fait honneur à la race humaine ; quelques-uns ont remué le monde par leurs idées ou leurs actes.

Mais, pourrait-on objecter, ces exemples placés sur de telles cimes seront-ils accessibles à des enfants de l'école primaire ? Nos élèves ne seront-ils pas enclins à dire : nous sommes bien petits pour imiter de si grands modèles, trop bas pour regarder si haut.

Cette objection, d'ailleurs hypothétique, confirmerait notre conviction au lieu de l'ébranler. En effet, la plupart des personnages étudiés — plus des trois quarts — ont une humble origine. C'est par la volonté et un travail opiniâtre qu'ils se sont élevés, par amour de la justice et de l'humanité qu'ils ont illustré leur nom et mérité d'être donnés en exemple à la postérité.

Les écoliers primaires les suivront donc sans effort et avec le plus vif intérêt dans leur ascension vers la célébrité ; le récit de leurs « gestes » occupera utilement autant qu'agréablement la pensée et l'imagination des enfants du peuple, ce qui est le but.

Que de belles et excellentes choses apprendront d'ailleurs les enfants en lisant ces pages où « palpitent des *âmes humaines » et quelles âmes ! celles de Socrate, de Cornélie, de Geneviève de Paris, de Vincent de Paul, de Danton, de Gambetta, de Ferry, de Tolstoï, etc., etc.*

Ils y apprendront que, dans la vie, il ne faut vouloir que ce que l'on doit, sans doute, mais que rien n'est impossible à qui sait vouloir fortement ; que le cœur est un excellent auxiliaire dans toutes les entreprises honnêtes ; que pour répandre le bien autour de soi, on n'a pas besoin d'être un favori de la fortune.

Ils apprendront encore qu'il y a quelque chose de plus à craindre que la douleur, c'est une action honteuse ; plus à désirer que le bien-être, c'est l'honneur ; que travailler à rendre ses semblables plus heureux, c'est souvent travailler à sa propre félicité ; que les grands ambitieux, les célèbres destructeurs d'hommes payent chèrement, au soir de leur vie, l'éphémère satisfaction d'avoir dominé la terre ; que les conquêtes morales de la justice et celles de la science sont infiniment plus glorieuses que les victoires de l'épée.

En lisant les actes de dévouement que peut inspirer l'amour de la patrie, ils apprendront à aimer la leur qui « est une des plus douces et des mieux faites pour être aimées » (1). Mais ils verront aussi que toutes les nobles actions, tous les beaux caractères n'appartiennent pas à la France, que notre pays n'est pas le seul à contribuer au progrès humain. Leurs sympathies franchiront alors les frontières pour aller aux étrangers qui ont honoré l'humanité. Et loin de constituer une apostasie, cet internationalisme de pur aloi sera simplement une source d'émulation féconde, un stimulant précieux des jeunes énergies françaises vers le bien.

Est-ce que cette admiration qui ne distinguera ni les opinions religieuses ou politiques, ni les nationalités, ne constituera pas la meilleure des leçons de tolérance pratique ?

---

(1) Léon Bourgeois.

Dirai-je, enfin, que dans « Âmes Viriles » les enfants apprendront la seule histoire qui leur soit peut-être vraiment accessible et par conséquent celle qu'ils retiendront le mieux ?

Sans doute, ce livre a un défaut : il n'est pas écrit par un Plutarque, et pour cause. Il ne peut donc avoir le charme étrange répandu dans les « Vies » de l'historien moraliste grec.

Mais les auteurs n'ont pas eu la prétention de l'égaler. Éducateurs avertis, hommes experts du métier, soucieux avant tout de clarté, de simplicité et d'exactitude, ils ont peint leurs personnages, les ont fait vivre et agir, sans viser à aucune imitation, chacun à sa manière propre.

De sorte que, malgré le plan commun dont nul ne s'est départi, la forme des biographies présentera une grande variété : ce ne sera pas un de leurs moindres attraits.

Il y a autre chose que le plan de commun entre les auteurs : ils sont tous également intéressants. Mais ce n'est point, j'imagine, de cette uniformité que naîtra l'ennui des lecteurs.

Tel qu'il est conçu et exécuté, ce petit livre original et de bonne foi contribuera, j'en ai le ferme espoir, à former des consciences, des volontés, des intelligences, des « âmes viriles ». Même à leur insu, les écoliers primaires trouveront peut-être dans ces traditions du passé l'idée tonifiante pour faire en ligne droite la traversée de la vie.

Je souhaite à ce bon livre un succès aussi grand que mérité.

J.-B. TARTIÈRE.

Inspecteur de l'Enseignement primaire
de la Seine.

Chevalier de la Légion d'honneur.

CONFUCIUS (VIe siècle av. J.-C.)

**Ami
du bien public
quand même**

« Me voici donc brutalement éloigné des conseils du gouvernement, comme un chien chassé du logis. Mais que m'importe l'ingratitude des hommes ? Elle ne m'empêchera pas de faire tout le bien qui dépendra de moi. Si mes leçons restent infructueuses, j'aurai du moins la consolation intérieure d'avoir fidèlement rempli ma tâche ! »

Qui donc parle ainsi ? Est-ce quelque grand homme d'État de notre temps, ou un ministre philosophe du siècle dernier ? Est-ce Gambetta, calomnié, honni après la chute du grand ministère ? (1) Ne serait-ce pas Turgot, disgracié par Louis XVI, méconnu par le peuple, et toujours dévoué au bien public ? Non ; c'est Confucius, ministre et législateur chinois, tombé du pouvoir il y a près de vingt-cinq siècles !

Biographie

Confucius vivait en Chine, au VIe siècle avant notre ère. Appartenait-il à une famille riche ? Naquit-il pauvre ? On ne sait. Ses biographes s'accordent cependant pour affirmer qu'il perdit son père de bonne heure et qu'il fut élevé par une mère tendre et dévouée. Elle lui prodigua ses soins et son amour et cultiva surtout en lui les qualités du cœur, l'affection,

---

(1) Le grand ministère (14 novembre 1881-26 janvier 1882), présidé par Gambetta.

la reconnaissance, la piété filiale. Enfant, Confucius se montrait supérieurement doué au point de vue moral. Il ennoblissait en pensée ses moindres actes, les transformant en devoirs qu'il remplissait dans un esprit de sagesse exemplaire. Il avait la constante préoccupation de s'éclairer et de s'améliorer. Jeune homme, il eut la réputation d'un sage, et le premier ministre lui confia la direction d'un grand service public : il le nomma surintendant ou inspecteur général des grains, des troupeaux et des marchés publics. C'étaient des fonctions très importantes dans une province essentiellement agricole, très fertile, et, dès cette époque, fort bien cultivée (1).

Sa bonne administration lui valut une grande renommée dans son pays. Il n'en fut point ébloui ; et, loin d'en concevoir quelque orgueil, il se considéra comme trop jeune, trop inexpérimenté pour remplir, aussi bien qu'il l'aurait voulu, de hautes charges publiques. Il résolut de voyager pour s'instruire, pour mieux connaître les hommes et les choses. Après avoir quitté volontairement le pouvoir, il recherche les moyens pratiques d'améliorer le sort de tous et de chacun, et il espère y parvenir par la culture du sentiment de la justice dans les relations sociales et les actes ordinaires de la vie.

Ses voyages furent interrompus par la mort de sa

---

(1) Depuis 4 ou 5.000 ans, la Chine est policée et se livre à une culture perfectionnée qui sait admirablement tirer parti de la terre et des eaux. Les montagnes comme les vallées s'y couvrent de récoltes abondantes, et il n'y a pas jusqu'aux eaux des fleuves qui ne soient intelligemment utilisées pour porter de longs jardins flottants.

mère. Aux obsèques, célébrées avec des honneurs et un éclat inaccoutumés, il fit revivre les vieilles cérémonies religieuses, en partie oubliées, et réorganisa ainsi le culte des morts qui, depuis, est toujours resté en honneur en Chine.

Selon une très ancienne coutume, il passe trois années dans le deuil, le recueillement, la méditation. Il recherche toujours ce qu'il y a de meilleur dans les pratiques, les croyances, les institutions du passé et celles du présent. Il se propose de fonder une école philosophique qui aura pour mission d'épurer les mœurs en les conformant aux plus nobles traditions. Il commence son apostolat par une prédication chaleureuse auprès de disciples fervents, et par l'exemple de sa propre vie.

C'est alors que le roi, le jugeant le plus digne, le nomme principal ministre. Confucius donne tous ses soins à l'agriculture et au commerce, protège les travailleurs, allège les impôts, améliore les mœurs en honorant le travail, développe partout l'activité, la prospérité. Ce bonheur du peuple fut de courte durée. Les rois ont rarement le courage de soutenir les grands ministres contre leurs ennemis (1). Le philosophe réformateur fut disgracié et persécuté.

Chassé de son pays, pauvre, errant, mais toujours apôtre, Confucius passe onze années dans l'exil ; il rentre enfin dans sa patrie, pour y mourir peu de temps

---

(1) Contre les puissances malfaisantes coalisées : les courtisans, les privilégiés, les envieux, la jalousie des rois voisins.

après, philosophe vénéré. Ses disciples continuèrent à répandre sa doctrine morale qui reste encore aujourd'hui, en Chine, celle de la classe la plus éclairée.

« — Maître, quels sont les principes essentiels de votre philosophie ? » demandaient les nouveaux disciples.

« — La loi morale de l'homme, répondait Confucius, est le perfectionnement de soi-même.

« Ma doctrine consiste à avoir la droiture du cœur et à aimer son prochain de toute la force de son affection.

« Agissons envers les autres comme nous voudrions qu'ils agissent envers nous-mêmes. »

Confucius énonce déjà le principe de la solidarité :

« La règle de la vie est la réciprocité. »

« L'homme supérieur, dit encore le philosophe, regarde tous les hommes comme ses frères. Je voudrais procurer aux vieillards un doux repos, aux amis conserver une fidélité constante, aux femmes et aux enfants donner des soins tout maternels. »

Réflexion — Les vertus qu'a prêchées Confucius et dont il a donné l'exemple sont la droiture, l'énergie persévérante, la bonté fraternelle. N'est-ce pas là un bel idéal de morale pratique ?

MAXIME

« Il faut développer sans cesse en nous le principe lumineux de la raison. » *(Confucius.)*

F. CHADEYRAS.

BRUTUS (VIe siècle av. J.-C.)

Trait farouche de vertu républicaine .

A peine Brutus vient-il de fonder la république romaine (1) et de prendre en main les rênes du pouvoir que l'esclave (2) Vindex se présente devant lui. Il lui révèle un complot : la ville doit être livrée aux ennemis à la faveur de la nuit, et la monarchie doit être rétablie dans Rome. Les coupables sont les fils des plus illustres familles romaines. Les enfants même du consul sont au nombre des conspirateurs.

Brutus donne l'ordre d'arrêter les traîtres et de convoquer l'assemblée du peuple. De son siège élevé il domine le Forum (3). Son visage est impassible ; rien ne trahit au dehors la douleur qui torture son cœur paternel, ni la honte qu'il éprouve devant l'opprobre de ses enfants. Les conjurés comparaissent devant lui, chargés de chaînes, et, tandis que la foule tourne vers lui ses yeux, il prononce la sentence de mort contre les coupables.

Déjà les condamnés sont liés au poteau et les licteurs (4) ont levé la hache. La foule éclate en sanglots, lève les bras au ciel et conjure à grands cris le consul de pardonner à tous, afin de sauver ses enfants.

---

(1) Rome fut d'abord une royauté jusqu'à 509. La république dura de 509 av. J.-C. à 14 ap. J.-C., et l'empire romain disparut en 476, lors de l'invasion des Barbares.

(2) A Rome, tout le travail matériel était abandonné à des esclaves qui étaient la chose, la propriété des citoyens libres.

(3) Place publique de Rome où se dressaient les plus beaux monuments et où se rassemblaient les citoyens pour discuter les affaires de la cité.

(4) Officiers subalternes, armés d'une hache, qui servaient d'escorte à certains magistrats et représentaient la force publique.

Mais le père n'écoute que son devoir : c'en est fait de Rome et de la République, si de tels crimes demeurent impunis. Il faut que justice soit faite. Il donne le signal; les haches retombent; ses enfants gisent morts à ses pieds.

Quelque temps après le père mourait pour la patrie, rachetant par son courage et sa vertu la faute commise par ses enfants.

❦

Biographie

L E nom de Brutus est intimement lié à celui de la République romaine. C'est un Brutus qui fonda la République, en 510 avant J.-C., et qui en fut le premier magistrat, et c'est un Brutus encore qui fut le dernier héros de la République et brisa la tyrannie de César, qui voulait la remplacer par un Empire (42 av. J.-C.).

Le nom de Lucius-Junius Brutus est le plus glorieux : il est resté synonyme du républicain austère et farouche qui sacrifie tout, même son intérêt personnel, même ses sentiments de famille et sa propre vie à l'idée républicaine.

L'ancien Brutus appartenait, par sa mère, à la famille des rois de Rome, les Tarquin. Craignant le sort de son père et de ses frères qui avaient été mis à mort par le dernier de ces tyrans, il feignit la stupidité et l'inintelligence, d'où son surnom de Brutus qui, à proprement parler, signifie « brute ».

Comme c'était l'usage en ce temps-là de ne rien faire d'important sans consulter les dieux qui, croyait-on, dirigeaient les actions humaines et rendaient des

oracles (1) par l'intermédiaire de leurs prêtres, il fut un
jour envoyé en Grèce avec les fils du roi pour offrir des
présents au temple de Delphes et consulter sa célèbre
Pythie (2). La légende rapporte que les jeunes gens
demandèrent à la prêtresse qui d'entre eux règnerait sur
Rome. « C'est celui d'entre vous qui embrassera le
premier sa mère, » répondit la Pythie. Alors Brutus,
simulant une chute accidentelle, embrassa la terre, notre
mère à tous, et interpréta ainsi l'oracle en sa faveur.

L'heure était d'ailleurs venue pour lui de jeter au
loin le masque d'imbécillité dont il s'était affublé
jusqu'alors et d'entrer triomphalement sur la scène
politique; car sous cette enveloppe grossière se cachait
une âme généreuse, brûlant du patriotisme le plus pur,
et du plus ardent amour de la liberté et de la vertu.

Avec Tarquin Collatin, dont l'épouse, la vertueuse
Lucrèce (3), avait été outragée par un fils du roi, il prend
la direction du mouvement d'émancipation et il réussit
à expulser la famille régnante pour fonder la République
romaine (509 av. J.-C.).

Les deux libérateurs de Rome sont chargés, sous le

---

(1) Les anciens, très superstitieux, surtout à Rome, croyaient à
l'intervention des dieux dans les affaires humaines par des actes,
par des oracles, par des signes, tels que le vol des oiseaux et les
entrailles des victimes. Tout un cortège de prêtres se chargeait
d'interpréter la volonté divine.

(2) Pythie du temple de Delphes : femme qui, assise sur un trépied,
s'endormait sous l'influence de vapeurs émanant du sol, et, dans
son sommeil somnambulique, faisait des prédictions.

(3) Lucrèce, outragée par Sextus Tarquin, en l'absence de son
mari, s'était donné la mort pour échapper au déshonneur ; ce fut
la cause de la révolution de 509.

nom de consuls (1), de prendre en main les rênes du pouvoir et le gouvernement de la cité. Mais les plus grandes difficultés les attendaient dès le début : les rois avaient conservé des partisans qui cherchaient à fomenter des complots et à soulever la ville ; des peuplades ennemies, les Étrusques (2), menaçaient Rome et voulaient rétablir les Tarquins sur leur ancien trône.

En de telles conjonctures, la jeune République eût sombré sans aucun doute, si les consuls n'avaient été doués d'une grande force d'âme et de la plus haute vertu. Les jeunes gens des plus nobles et des plus riches familles méditaient en effet la plus infâme trahison, et les fils de Brutus eux-mêmes se faisaient leurs complices pour livrer Rome aux Étrusques. Le consul n'hésita pas à remplir tout son devoir envers la patrie menacée en punissant tous les coupables de la peine capitale, sans même épargner ses propres enfants, et la République fut sauvée.

Il faudra arriver à la Révolution française, à notre grande Révolution de 1789, pour retrouver de ces âmes sublimes, s'élevant au-dessus des faiblesses humaines, des caractères et des énergies à la Brutus (3).

---

(1) Le nom de consuls désignait à Rome les deux magistrats qui exerçaient simultanément le pouvoir suprême pendant un an. Par analogie, on appela ainsi les magistrats municipaux dans les villes du midi au Moyen Age ; les trois magistrats qui, de 1799 à 1802, gouvernèrent concurremment la France ; enfin, de nos jours, les représentants chargés de protéger nos nationaux à l'étranger.

(2) Ils habitaient la Toscane actuelle, près de Florence ; c'étaient des artistes habiles.

(3) Par exemple, Charlotte Corday, le commandant Baurepaire, Mme Rolland, etc.

Photo. Kuhn

BRUTUS condamnant ses fils à mort.

(d'après le tableau de Guillaume Lethière (Musée du Louvre)

Contre les ennemis du dehors, il montra la même force d'âme et le même courage héroïque. Aruns, un des fils de Tarquin, commandait la cavalerie ennemie, et Brutus les éclaireurs de l'avant-garde romaine. Dès que les deux chefs s'aperçurent, ils s'interpellèrent l'un l'autre, se défièrent de la voix, selon la coutume des guerriers antiques. « Voilà donc cet homme qui nous a chassés de notre patrie et qui se pare de nos insignes royaux, » s'écria Aruns écumant de colère. Cependant Brutus se rappelait tous les crimes des tyrans et la trahison odieuse qu'ils avaient fait commettre à ses enfants. Tous deux alors se ruent l'un vers l'autre de toute la vitesse de leurs coursiers et tombent en même temps mortellement blessés.

Les Romains, brûlant de venger leur chef vénéré, s'élancent à leur tour, mettent les Etrusques et Tarquin en pleine déroute et rentrent triomphants (1) dans Rome. Tarquin Collatin célébra en grande pompe cette victoire nationale et fit à son collègue des obsèques imposantes. Les matrones (2) romaines pleurèrent Brutus (3), por-

---

(1) Une imposante cérémonie religieuse et militaire célébrait la victoire d'un général romain. On lui donnait le nom de *triomphe* quand cette victoire consacrait le succès définitif d'une campagne. Le général victorieux était traîné au Capitole sur un char auquel étaient attachés les captifs ; dans d'autres chars était entassé le butin. Les troupes suivaient couronnées de feuillages ; on offrait aux dieux en sacrifice jusqu'à cent bœufs (*hécatombe*). — Les victoires de moindre importance étaient célébrées par l'*ovation* ; des brebis seulement étaient dans ce cas immolées aux dieux et la cérémonie était moins imposante que celle du *triomphe*.

(2) Ce mot, aujourd'hui quelque peu péjoratif, désignait à Rome la mère de famille avec une nuance de respect.

(3) Marcus Brutus, son descendant, s'inspira de cet héroïsme républicain, et, faisant taire sa reconnaissance pour César, il n'hésita pas à le tuer, en 44 av. J.-C., pour sauver la République ; il mourut les armes à la main, en luttant contre Octave et Antoine, pour empêcher l'asservissement de la démocratie romaine.

tèrent son deuil pendant une année entière comme s'il eût été leur parent, et une statue de bronze fut érigée en son honneur au Capitole (1).

Reflexions. L'EXEMPLE *de Brutus est digne d'être proposé à l'admiration de tous les citoyens d'un peuple libre :* confondre *dans un même culte la République et la patrie, sacrifier au besoin ses propres intérêts et ses sentiments les plus chers à l'intérêt général et à la défense de la liberté, tels sont les plus hauts et les plus sublimes devoirs du citoyen. Ce héros de la Rome antique nous apprend à détester la tyrannie du gouvernement personnel, à mieux savourer tout le prix de nos institutions républicaines et démocratiques.*

C. CARON.

---

(1) Le Capitole était la citadelle et le temple communs aux tribus qui composaient la ville de Rome.

ARISTIDE LE JUSTE (Vᵉ et VIᵉ siècles av. J.-C.)

❖ ❖ ❖

Grandeur

d'âme

La démocratie (1) athénienne, jalouse de son indépendance, redoutait l'influence de tout homme supérieur. Or, nulle autorité ne fut plus grande que celle d'Aristide par le seul prestige de ses vertus. Bien que pauvre et simple citoyen, il avait reçu le surnom de Juste, titre le plus glorieux qui puisse être décerné à un homme public, et ses concitoyens préféraient soumettre volontairement leurs litiges à son arbitrage que de s'adresser aux tribunaux pour obtenir justice. Cela lui fit des envieux.

Ses ennemis le firent condamner au bannissement par l'*ostracisme* (2).

Le jour du jugement, un paysan grossier, qui ne savait pas écrire, se trouve à côté d'Aristide. Il prend son voisin pour un homme du peuple, lui passe sa coquille de vote et le prie d'y écrire à sa place le nom d'Aristide. — « T'a-t-il donc causé quelque préjudice ? » demande le voisin tout surpris. — « Aucun », répond le paysan, « je ne le connais même pas ; mais je suis las de l'entendre toujours appeler le Juste. »

Respectueux du droit de suffrage, même ainsi exercé, Aristide inscrit son nom sur la coquille, et, sans dire un seul mot, la rend au paysan. Puis il prend le chemin de l'exil,

---

(1) Gouvernement du peuple par lui-même, par opposition à l'aristocratie qui est le gouvernement de la cité par les grands.

(2) C'était un mode de scrutin en matière de justice politique. Le citoyen qui voulait faire exiler l'homme public dont on redoutait l'influence, inscrivait le nom de celui-ci sur une coquille qui tenait lieu de bulletin. La condamnation n'avait d'ailleurs rien d'infamant.

demandant seulement aux dieux de ne point faire regretter à sa patrie cette injuste sentence.

Biographie L'Athénien Aristide, fils de Lysimaque, appartenait à l'une des plus nobles familles de la grande cité grecque (1) et fut, bien que pauvre, un modèle d'équité et de vertu civique.

Athènes, centre intellectuel et foyer artistique de la Grèce, était, comme toutes les républiques de l'Hellade (2), partagée en des factions rivales qui s'y disputaient le pouvoir, en butte aux attaques des cités voisines qui revendiquaient comme elle l'hégémonie (3) sur la Grèce entière ; enfin, elle était au premier rang des villes héroïques qui luttèrent vaillamment contre l'immense empire des Perses, pour défendre leur indépendance contre les menaces des potentats asiatiques.

Aristide joua un rôle prépondérant dans toutes les luttes civiles qui déchiraient la Grèce et dans la guerre étrangère. Au dedans, il représentait l'idéal aristocratique contre son rival Thémistocle qui défendait les idées populaires.

Nul homme peut-être ne jouit d'une telle réputation de vertu et d'intégrité ; jamais il ne consentit à faire

---

(1) La Grèce antique, qui tint une si grande place dans l'histoire de l'esprit humain par ses écrivains, ses artistes, ses savants et ses penseurs, était divisée en une multitude de petites cités : les principales furent Athènes, Sparte et Thèbes qui se disputèrent la suprématie (de 750 environ à 146 av. J.-C.).

(2) Nom donné à l'ancienne Grèce, dont les habitants s'appelaient Hellènes.

(3) Prépondérance politique.

une injustice pour complaire à un ami, et il eut toujours pour règle de conduite qu'un bon citoyen ne doit avoir d'autre appui que l'habitude de dire et de faire ce qui est juste et honnête.

On cite de lui de nombreux traits de probité politique. Un jour que, par son éloquence, il avait fait échouer un projet avantageux proposé par son rival, il déclara bien haut qu'il n'y aurait de salut pour Athènes que quand on les aurait jetés, Thémistocle (1) et lui, au fond d'un gouffre. Dans une autre occasion, ayant vaincu toutes les oppositions et fait triompher un décret qu'il avait présenté, il le retira lui-même parce qu'il jugea que ses adversaires avaient raison.

Il sut résister, non seulement à l'amitié et à la faveur, mais encore à la rancune et à la haine, pour défendre la justice. Comme deux particuliers plaidaient devant lui et que l'un d'eux accusait l'autre d'avoir fait tort à Aristide, celui-ci lui dit : « Mon ami, exposez seulement les torts qu'il vous a faits ; c'est votre affaire que je juge, non la mienne. »

Il montra toujours dans la gestion des finances la plus scrupuleuse honnêteté. Elu trésorier général des revenus publics, il fut au bout de l'année condamné à une amende pour malversations par suite des intrigues de Thémistocle ; mais cette condamnation était si injuste que l'on dut céder à la pression de l'opinion publique, l'exempter de l'amende et lui renouveler sa charge l'année d'après.

⁂

---

(1) Grand général athénien qui vainquit les Perses à Salamine.

Elu au nombre des dix généraux chargés de repousser l'invasion des Perses (1), il donne un bel exemple de modestie et d'abnégation en cédant son tour de commandement à Miltiade (2), le jour de la bataille de Marathon, considérant que Miltiade est le plus digne et le plus capable de vaincre.

Après la victoire, il obtient de ses concitoyens le surnom de Juste, qui est le plus beau titre qu'on puisse décerner à un homme d'Etat, et sa réputation devient telle que tous les particuliers préfèrent s'en remettre à son seul arbitrage que d'avoir recours aux tribunaux établis. Aussi l'envie commence à fomenter une intrigue contre lui et réussit à le faire exiler par le jugement de l'ostracisme. Loin d'Athènes, il garde à sa patrie même amour et même cœur.

Mais les terreurs de l'invasion perse le font rappeler; il revient sans aigreur et sans rancune se mettre au service de son pays, en 480 av. J.-C. et il donne à nouveau un grand exemple en sacrifiant au bien public son ressentiment contre Thémistocle. « Thémistocle, lui dit Aristide, si nous sommes sages, nous laisserons désormais cette vaine et puérile jalousie qui nous a divisés jusqu'ici et dès à présent nous prendrons une voie plus honorable et plus salutaire, en rivalisant à l'envi à qui des deux sauvera la Grèce : toi, en remplissant les devoirs d'un général habile, et moi, en te

---

(1) Lutte émouvante où l'immense empire perse jeta des millions d'hommes sur la Grèce dont les défenseurs, qui n'étaient qu'une poignée à peine, réussirent à protéger l'indépendance nationale.

(2) Grand général athénien, vainqueur des Perses à Marathon (490 av. J.-C.).

secondant de ma tête et de mon bras. » — « Aristide,
lui répondit Thémistocle, je souhaiterais que tu n'eusses
pas l'avantage de t'être montré meilleur que moi ; mais
je ferai tous mes efforts pour surpasser par mes actions
l'exemple admirable que tu me donnes. »

Ainsi réunis, les deux grands hommes prennent la
plus grande part à la délivrance de la patrie grecque
par les victoires de Salamine et de Platées. Après le
rétablissement de la paix, Aristide devient l'arbitre de
toute l'Hellade par le seul ascendant de sa vertu.

Un seul exemple montrera quel était cet ascendant.
Thémistocle, ayant un jour déclaré à l'assemblée du
peuple qu'il avait conçu un projet utile et salutaire à
la Grèce et dont l'exécution demandait le plus grand
secret, le peuple le pria d'en faire part à Aristide seul
et d'en délibérer avec lui ; puis, sur l'affirmation d'Aristide que rien n'était plus utile en effet, mais que rien
ne serait plus injuste, le peuple rejeta le projet sans
même vouloir en prendre connaissance, tant il aimait
la justice et tant il avait confiance dans la vertu
d'Aristide.

Après avoir eu Thémistocle comme ennemi dans
toute sa carrière politique et avoir été banni par suite
de ses intrigues, Aristide refusa toujours de faire ou
de dire quelque chose qui fût de nature à nuire à son
rival, quand celui-ci fut à son tour accusé de trahison
envers la patrie et dut fuir devant ses calomniateurs.

Aristide mourut de vieillesse, entouré du respect et
de l'admiration de tous dans la ville qu'il avait ornée

de ses vertus. Bien qu'il eût exercé les plus hautes charges et administré le trésor collectif de toute la Grèce (1), il était si pauvre qu'on dut faire ses funérailles aux frais de l'État et doter ses deux filles sur les fonds du trésor public.

Réflexion Ê*TRE juste, c'est-à-dire respecter scrupuleusement les droits d'autrui, est une des plus rares vertus sociales ; Aristide est un exemple vivant de justice, de dévouement à la patrie, de probité dans l'exercice du pouvoir et dans la gestion des finances publiques. Il nous apprend à faire résider notre bonheur et notre gloire dans la pratique de la vertu et non dans la possession des richesses.*

C. CARON.

---

(1) Les Grecs, bien que divisés entre eux, s'étaient réunis contre l'ennemi commun et s'étaient imposé une contribution volontaire pour faire face au danger asiatique.

CINCINNATUS (Ve siècle av. J.-C.)

**De la charrue
à la
magistrature
suprême**

Lorsque les sénateurs chargés d'annoncer à Cincinnatus qu'il avait été élu dictateur, se présentèrent chez lui, ils le trouvèrent conduisant lui-même sa charrue.

Ils le prièrent de mettre sa toge (1) pour recevoir une communication du Sénat. Il envoie alors sa femme, Racilia, chercher sa toge dans sa cabane. L'ayant revêtue après avoir essuyé la poussière et la sueur dont il était couvert, il revient vers les députés qui le saluent maître du peuple, le félicitent et le pressent de se rendre à Rome.

Il hésite, car, étant sans ambition, il préfère les douceurs de la vie champêtre à l'éclat du pouvoir. Néanmoins l'amour de la patrie l'emporte sur celui de la retraite. Il prend congé de sa femme en lui recommandant le soin de leur ménage :

« Je crains bien, ma chère Racilia, dit-il, que nos champs soient mal cultivés cette année. »

Biographie

Cincinnatus vivait aux premiers temps de la république romaine.

Le pouvoir politique appartenait alors à l'aristocratie, aux *patriciens* qui gouvernaient au moyen d'un *Sénat* composé des chefs de famille et de deux

---

(1) Sorte de robe de laine blanche que portaient les citoyens à Rome, assez semblable, comme forme, à celle de nos juges actuels.

consuls (1). Ces deux consuls étaient à la fois ministres, juges suprêmes et généraux, c'est-à-dire de véritables rois. Mais ils étaient élus pour une année seulement par les patriciens.

A côté des consuls, le peuple était représenté par deux « *tribuns* » inviolables, qui étaient les chefs des pauvres, des *plébéiens*, et qui les défendaient. Aussi étaient-ils souvent en conflit avec les consuls, et Rome, menacée sans cesse à l'extérieur par les peuplades voisines, était divisée à l'intérieur entre le peuple et les nobles, les plébéiens et les patriciens, les tribuns et les consuls.

Cincinnatus avait déjà été trois fois consul lorsque les tribuns accusèrent son fils, Caeso, devant l'Assemblée du peuple. Il le défendit habilement en invoquant les services que lui-même avait rendus à la république; mais le jeune homme, bien qu'il fût innocent, prit peur et se sauva de Rome. Cincinnatus dut payer une forte amende, et sa fortune fut réduite à quatre arpents de terre qu'il s'en alla cultiver lui-même.

Son existence était frugale et simple et il vivait tranquille pendant que Rome était en proie à des luttes continuelles et exposée à tout moment aux attaques de ses ennemis.

En l'an 460 notamment, le chef Sabin (2) Herdonius, à la faveur des divisions qui régnaient entre le peuple et le Sénat, s'empara du Capitole (3) qui dominait la ville.

---

(1) Voir note page 8.
(2) Petit peuple voisin de Rome.
(3) Voir note 3, page 9.

Rome paraissait perdue ; et pourtant, malgré les alarmes que ce coup de force devait faire naître, les tribuns voulurent empêcher que le peuple s'armât tant que des lois ne lui auraient pas été données par les patriciens.

Le consul Valérius dut leur en faire la promesse. Il les conduisit contre Herdonius, qui fut battu. Mais Valérius fut tué, et la promesse qu'il avait faite ne fut pas tenue. La lutte devint alors plus ardente entre les deux partis. Pour apaiser le conflit, les patriciens firent élire comme consul Cincinnatus qui, bien que noble et pauvre, était estimé de tous.

Il fit l'union des Romains en leur donnant à combattre leurs ennemis, les Eques et les Volsques, et en gouvernant avec modération et avec équité.

Aussi, lorsqu'il eut terminé son consulat, le Sénat, qui craignait, après son départ, de nouvelles séditions, le pria de conserver le pouvoir. Respectueux de la loi, il refusa, le Sénat ayant décidé peu de temps auparavant qu'aucun citoyen ne pourrait concourir dans les élections deux fois de suite pour la même charge. Ce n'était pas au consul, premier magistrat de la République, à donner l'exemple du mépris des lois.

Il retourna donc cultiver ses champs.

Mais, deux ans après, le consul Lucius Minucius Augurinus, chargé de faire la guerre aux Eques, fut enveloppé par les troupes ennemies, en grand danger d'être anéanti avec son armée.

Cincinnatus, choisi comme *dictateur* (1) avec pleins pouvoirs, manœuvra si bien que le consul fut délivré et le chef ennemi, Claudius, fait prisonnier. L'armée des Eques, enveloppée elle-même, dut *passer sous le joug*. Voici en quoi consistait cette cérémonie antique :

On fixait deux javelines en terre et une troisième était attachée horizontalement sur la pointe des deux premières. Tous les Eques, nus et désarmés, passèrent, le dos courbé, sous les javelines. C'était l'humiliation la plus grande qu'on pût infliger à une armée.

Aussi Cincinnatus fut-il acclamé lorsqu'il rentra à Rome avec les chefs ennemis attachés à son char de triomphe.

Mais, malgré sa pauvreté, il ne voulut pas participer à la répartition du butin pris dans le camp ennemi.

Il aurait pu en outre garder pendant six mois la dictature, c'est-à-dire le pouvoir absolu. Il ne le conserva que pendant seize jours.

Ses amis obtinrent cependant que l'accusateur de son fils fût jugé devant l'Assemblée du peuple. Le délateur, convaincu de calomnie et de faux témoignage, fut condamné à l'exil et Caeso rappelé.

Cincinnatus, heureux du retour de son fils, resté pauvre mais couvert de gloire, s'arracha aux applaudissements des Romains et s'en retourna dans sa chaumière.

---

(1) Dans les cas exceptionnels de grand danger national, Rome confiait à un seul citoyen, le dictateur, tous les pouvoirs détenus par les autres magistrats de la cité. Son mandat ne pouvait excéder six mois.

Il n'y resta pas longtemps. Rome ayant été de nouveau menacée et le peuple refusant de la défendre, le Sénat consulta Cincinnatus. Celui-ci conseilla aux patriciens et aux sénateurs de donner l'exemple, de prendre les armes et de marcher à l'ennemi. Le peuple, entraîné, les suivit et Rome fut sauvée une fois de plus.

Enfin, vingt ans plus tard, à quatre-vingts ans, Cincinnatus fut encore appelé à Rome pour apaiser une sédition.

Toujours prêt à répondre à l'appel du Sénat lorsque Rome courait quelque danger, il quittait le pouvoir les mains nettes dès que la tranquillité et la paix étaient de nouveau assurées et reprenait le cours de ses travaux rustiques.

C'est ainsi qu'il mourut, comme un simple citoyen, sans avoir jamais voulu tirer aucun profit de son pouvoir ni de sa gloire.

Réflexion   *Il faut admirer l'homme désintéressé qui sait rester simple devant la fortune et que l'exercice du pouvoir ne grise pas, qui sait l'accepter pour rendre service à son pays, mais ne veut pas l'employer pour son profit personnel.*

LEBOSSÉ.

SOCRATE (ve siècle av. J.-C.)

Mémorable exemple d'obéissance aux lois.

EN 400 avant Jésus-Christ, vivait à Athènes un vieillard renommé pour sa sagesse, Socrate. Il fut accusé d'enseigner le mépris des dieux de la Cité, et de corrompre la jeunesse. Reproche profondément injuste, car Socrate avait consacré sa vie entière à rechercher la vérité et la justice pour y conformer sa conduite. Il n'en fut pas moins traduit devant le tribunal des Héliastes (1) et condamné à mort.

Il resta trente jours en prison, attendant le supplice. On lui avait permis de recevoir ses amis ; il s'entretenait avec eux de sujets de philosophie, selon son habitude. L'un d'eux, Criton, lui proposa de s'enfuir et lui offrit les moyens de passer à l'étranger. Socrate refusa : « Au moment de nous enfuir, dit-il à son disciple, si les Lois et la République elle-même venaient se présenter devant nous et nous disaient : « Socrate, « que vas-tu faire ? L'action que tu prépares ne tend-elle pas « à renverser et les Lois et l'Etat tout entier ? Car quel Etat « peut subsister où les jugements rendus n'ont aucune force « et sont foulés aux pieds par les citoyens ? » — Que pourrions-nous répondre, Criton, à ce reproche ? »

Jusqu'au dernier jour, Socrate conserva le même calme, la même sérénité. Suivant l'usage, au coucher du soleil, le geôlier lui apporta la ciguë, poison qu'on faisait boire, à Athènes, aux condamnés à mort. Socrate vida la coupe d'un seul trait. Tous

---

(1) Tribunal athénien dont les assemblées, tenues en plein air, commençaient au lever du soleil.

ses amis, le geôlier lui-même, pleuraient. Le sage leur prodiguait les encouragements et les consolations. Bientôt il sentit ses jambes devenir raides ; il s'étendit sur son lit et dit en souriant à un de ses disciples : « Nous devions sacrifier un coq à Esculape (1), n'oublie pas d'acquitter cette dette. » Il mourut un instant après.

Biographie SOCRATE naquit à Athènes, en Grèce, en 470 avant J.-C.. Il exerça d'abord la profession de sculpteur ; mais il renonça bientôt à tout métier pour se consacrer entièrement à l'étude de la philosophie.

Il était fort laid ; il avait le nez camus, des lèvres épaisses, le cou gros et court et les yeux à fleur de tête.

Il n'avait jamais voulu accepter aucune fonction publique et vivait sans ambition. Il était très pauvre ; un de ses amis, Alcibiade, voulait lui donner des terres ; le roi de Macédoine lui offrit de venir à sa cour. Socrate préféra rester pauvre, et, pour être indépendant, il s'efforçait de réduire ses besoins ; il mangeait peu, marchait pieds nus, vêtu d'un mauvais manteau. On le regardait comme l'homme le plus sage et le plus vertueux d'Athènes.

Il remplit tous ses devoirs de citoyen avec courage et désintéressement. Athènes soutenait contre Sparte (2) une longue guerre. Socrate prit part à plusieurs expéditions et combattit avec la plus grande bravoure. A la bataille de Potidée, Alcibiade, son ami, ayant été renversé, il se

---

(1) Esculape, fils d'Apollon et dieu de la médecine.
(2) La plus puissante cité du Péloponèse et rivale d'Athènes.

mit devant lui et le défendit avec tant de courage qu'il empêcha les ennemis de se rendre maîtres de sa personne et de ses armes. Et, quand les généraux athéniens discutèrent pour savoir à qui serait attribué le prix de la valeur, Socrate s'écria : « Je demande qu'on adjuge la couronne à Alcibiade. » A la bataille de Délium, il fut un des derniers à se retirer.

Il montra le même courage dans la vie politique ; il refusa d'obéir aux trente tyrans que Sparte avait imposés à Athènes vaincue ; et il osa protester contre la condamnation à mort des généraux athéniens vainqueurs aux îles Arginuses (1).

Son plaisir favori était de se promener dans les rues, sur les places publiques, de s'entretenir avec ceux qu'il rencontrait ; il les interrogeait, il les obligeait à réfléchir, à se rendre compte de leurs propres pensées. Sa devise était la maxime gravée sur le temple de Delphes(2) : « Connais-toi toi-même. » — « La sagesse, disait-il, consiste à nous rendre un compte exact de nos qualités et de nos défauts, afin de développer les unes et de combattre les autres. »

Il poursuivait de ses railleries les *Sophistes* qui prétendaient enseigner la sagesse, mais qui, en réalité, se moquaient de la vérité et de la justice, car ils ensei-

---

(1) Les îles Arginuses sont situées sur la côte de l'Asie Mineure, près de la grande île de Mitylène. Les généraux furent condamnés à mort parce qu'un orage violent ne leur avait pas permis de recueillir les morts pour les ensevelir. Laisser les morts sans sépulture était considéré comme un grand crime par les Athéniens.

(2) Voir note 2, page 7.

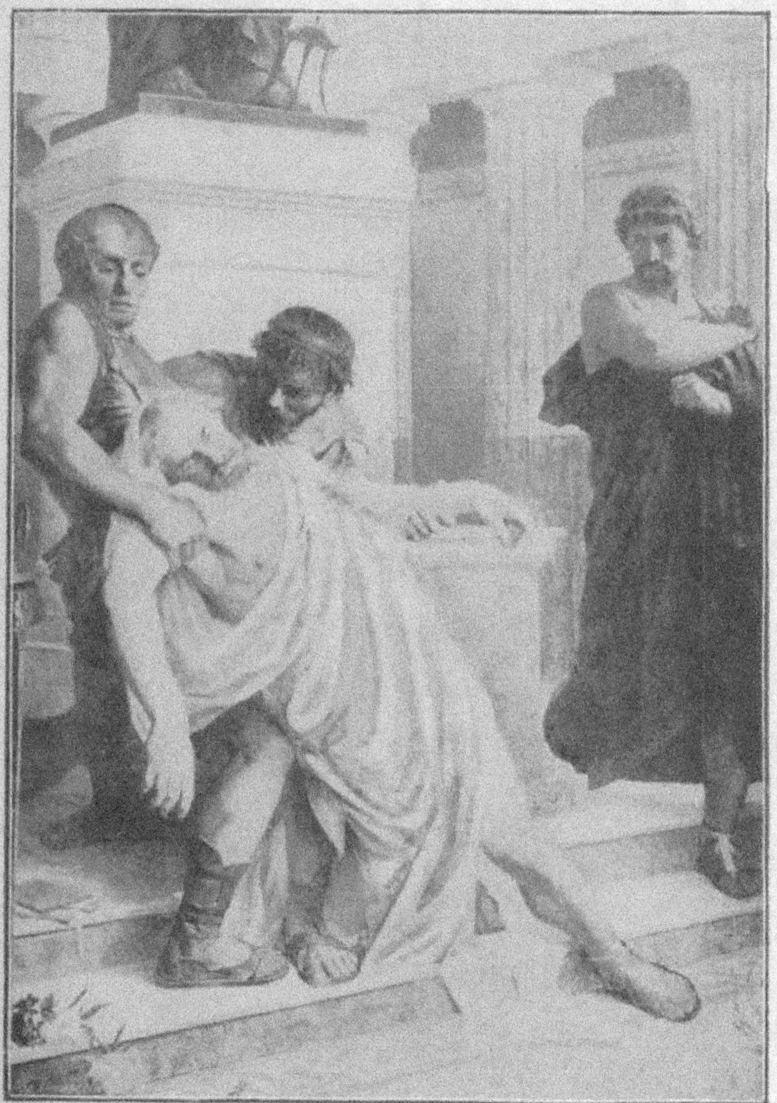

Photo. Kuhn

LA MORT DE DÉMOSTHÈNE
(d'après le tableau de Bramtot*)*

gnaient à leurs disciples l'art si dangereux de défendre indifféremment le vrai ou le faux. Les Sophistes se vantaient de tout savoir ; Socrate disait : « Je ne sais qu'une chose, c'est que je ne sais rien. »

Pendant 40 ans, il professa sa doctrine. Comme il était très éloquent, on l'écoutait avec respect. Il eut de nombreux amis et des disciples fervents. Mais ceux dont il avait dénoncé l'hypocrisie, tous ceux qui avaient à se plaindre de sa rude franchise, l'accusèrent d'impiété et lui reprochèrent de corrompre la jeunesse. Trois citoyens, Anytos, un riche tanneur, Mélitos, un mauvais poète, et un réiheur, Lycon, s'entendirent pour soutenir le procès. Socrate comparut devant le tribunal des Héliastes. Les juges furent très partagés : 278 votèrent l'acquittement ; 281 la condamnation. L'accusé était consulté sur la peine ; Socrate, interrogé, répondit : « Pour m'être consacré au service de ma patrie en travaillant à rendre mes concitoyens vertueux, je demande à être nourri jusqu'à la fin de mes jours aux frais de l'Etat. » Cette réponse irrita les juges ; 361 votèrent la mort : Socrate fut condamné à boire la ciguë.

Les enseignements de ce grand homme ne furent pas perdus. Il eut d'illustres disciples, Xénophon, Platon (1), qui répandirent sa doctrine. Platon eut lui-même pour disciple Aristote (2), le précepteur

---

(1) Platon (430-347 avant J.-C.) écrivit d'admirables dialogues philosophiques : *Les Lois, La République, Le Phédon, Le Criton, L'Apologie de Socrate,* etc.
(2) Aristote (384-322 avant J.-C.) a écrit de nombreux ouvrages, dont les principaux sont : *La Rhétorique, La Politique, La Logique, La Métaphysique.*

d'Alexandre (1). Les œuvres de Platon et d'Aristote comptent encore aujourd'hui parmi les plus beaux monuments de la sagesse humaine.

MAXIME

Obéissez toujours aux lois de votre pays, même quand elles vous paraissent injustes. Tant qu'une loi est la loi, il faut la respecter. *(Liard.)*

E. CHARDEAU.

---

(1) Alexandre le Grand, roi de Macédoine (356-323 av. J.-C.), fit la conquête de l'Egypte et de l'Asie occidentale jusqu'à l'Inde.

DÉMOSTHÈNE (IVᵉ siècle av. J.-C.)

❖ ❖ ❖

Pour devenir orateur

Il y a de cela bien longtemps, à l'époque où la Grèce avait la suprématie dans le monde ancien, les riverains de la mer Egée étaient chaque jour témoins d'un spectacle qui les intriguait fort. A heures fixes, un jeune homme venait, choisissait sur la grève quelques petits cailloux qu'il mettait dans sa bouche, puis déclamait de longues pièces de vers, s'appliquant à couvrir de sa voix le bruit des vagues. Ensuite, on le voyait monter en courant les pentes escarpées d'une colline voisine, déclamant toujours de longs passages des poètes et des orateurs les plus célèbres. Les mieux informés savaient qu'il s'appelait Démosthène et qu'il était Athénien. A les en croire, il avait chez lui un grand miroir devant lequel il récitait ses harangues, surveillant ses moindres gestes pour les adapter aux paroles mêmes qu'il disait. D'autres prétendaient qu'il s'était fait construire un cabinet souterrain où il demeurait des mois entiers, la moitié de la tête rasée pour éviter la tentation de sortir ; et, comme il avait l'habitude de hausser une épaule sans s'en apercevoir, il suspendait au-dessus de cette épaule une épée qui le piquait jusqu'au sang lorsqu'il se laissait aller à ce tic nerveux.

Ce ne sont peut-être là que des légendes, mais il est certain qu'elles ont un fond de vérité.

❖

Biographie

Démosthène, fils d'un riche armurier maître de nombreux esclaves, suivit les mêmes études que les jeunes Athéniens de la classe des citoyens. Ayant entendu, un jour, un orateur, sous le coup d'une accusation capitale, présenter lui-même sa défense, il voulut, lui aussi, devenir orateur. L'occasion lui en fut bientôt fournie. Son père étant mort alors qu'il n'avait que sept ans, l'administration de ses biens avait été confiée à des tuteurs indélicats, qui s'enrichirent à ses dépens et s'emparèrent d'une grande partie de sa fortune. A peine arrivé à sa majorité, Démosthène leur intenta une action devant les tribunaux, prononça plusieurs plaidoyers très remarqués, et obtint gain de cause.

Ce succès enhardit le jeune homme : il se crut mûr pour les joutes oratoires (1) et voulut parler devant l'assemblée du peuple. Mal lui en prit : sa voix trop faible, ses gestes maladroits, son maintien gauche provoquèrent les rires de l'auditoire.

Au lieu de se décourager, il résolut de corriger les défauts qui lui avaient valu son échec et de ne reparaître à la tribune que lorsqu'il aurait vaincu sa propre nature. Il se remit donc au travail, prit les leçons de maintien et de diction d'un acteur, étudia les procédés des orateurs célèbres d'Athènes.

A l'âge de 27 ans, Démosthène estima qu'il était prêt, reparut en public et obtint les applaudissements unanimes par les magnifiques plaidoyers qu'il pro-

---

(1) *Joutes oratoires* : La joute est le combat de deux cavaliers armés de la lance ; par extension, joute se dit de toute lutte ou rivalité ; la joute oratoire est la rivalité par la parole, par l'éloquence.

nonça contre Leptine, auteur d'une loi qui imposait à tous les citoyens, sauf aux descendants d'Harmodius et d'Aristogiton (1), l'obligation d'accepter des fonctions onéreuses.

On eut dès lors recours à lui pour les affaires civiles ; il écrivait les discours qu'il devait prononcer ; il en composait pour d'autres avocats.

L'ambition lui vint de jouer un rôle politique. Athènes songeant à attaquer le roi de Perse, il fit de beaux discours pour conjurer sa patrie de ne pas se lancer dans une guerre sans une préparation sérieuse. Mais c'est contre un ennemi autrement redoutable, la Macédoine, que Démosthène tourna ses efforts. Philippe, roi de ce pays, disposant de troupes bien disciplinées, songeait à soumettre la Grèce à sa domination. Il trouva devant lui le grand orateur qui fut son clairvoyant et intraitable adversaire. Pendant quinze ans, Démosthène dénonça les projets du roi de Macédoine ; par des harangues enflammées, il chercha à secouer l'inertie de ses compatriotes, leur montrant les dangers qu'une trop confiante quiétude leur faisait courir. Les discours mémorables qu'il prononça alors sont appelés les *Philippiques* et les *Olynthiennes*.

Aux paroles, il joignit les actes. Par ses soins, Athènes et Thèbes, qui étaient ennemies, furent réconciliées contre le danger commun.

---

(1) C'étaient deux jeunes hommes qui, en 514 av. J.-C., avaient par l'assassinat d'Hippias voulu délivrer Athènes de ce tyran. Ils furent mis à mort par Hipparque frère d'Hippias. La démocratie athénienne tenait ces jeunes gens et leur descendance en grand honneur.

Vains efforts ! Le monarque riche et puissant, l'habile chef d'armée devait l'emporter sur le grand orateur. Les Grecs furent vaincus. Du moins, Athènes reconnaissante lui décerna la plus haute récompense que les cités grecques réservaient à leurs enfants, une couronne d'or.

Cela n'empêcha pas, du reste, Démosthène d'être condamné à l'exil quelque temps après, par suite d'une accusation assez obscure de corruption dont il était probablement innocent. Ce qui semble le prouver, c'est qu'après la mort d'Alexandre, il rentra à Athènes et poussa à la guerre contre les Macédoniens, ayant à leur tête Antipater. Celui-ci fut victorieux. Il demanda qu'on lui livrât Démosthène. L'orateur grec s'enfuit et se cacha dans l'île de Calaurie, où le temple de Neptune lui fournit un asile ; les soldats d'Antipater le découvrirent, cernèrent le temple, et Démosthène s'empoisonna pour ne pas tomber entre leurs mains (332).

❦

Il est peu d'exemples aussi frappants de persévérance et de volonté que ceux que donna Démosthène. Sans dons naturels bien marqués, il ne dut qu'à son travail et à son obstination de devenir un grand orateur.

La même ténacité caractérise son rôle politique. *Patriote ardent, aucun effort ne lui coûta pour sauvegarder l'indépendance de son pays.*

Quand ses compatriotes lui élevèrent une statue, ils gravèrent sur le socle cette inscription :

« Démosthène, si ta puissance avait été égale à ton éloquence, jamais les Macédoniens n'eussent conquis la Grèce ! »

J. GROS.

ARCHIMÈDE (IIIᵉ siècle av. J.-C.)

❧ ❧ ❧

Une expertise difficile — On raconte sur le grand savant dont vous allez lire l'histoire, une anecdote des plus piquantes. Le roi de Syracuse (1), Hiéron, ayant acheté une couronne d'or, soupçonna l'orfèvre d'avoir allié à l'or une certaine quantité d'argent. Il pria Archimède de rechercher dans quelles proportions avait été fait cet alliage, sans toutefois endommager la couronne qui était d'un travail exquis. La solution d'un tel problème était alors inconnue. Archimède s'y attacha avec acharnement. Un jour, comme il était aux bains, il entrevit le principe qui allait lui donner la clef du problème. Il en ressentit une telle joie, qu'oubliant qu'il était nu, il se précipita dans les rues de la ville en criant : « Eurêka ! Eurêka ! j'ai trouvé ! j'ai trouvé ! » Il avait en effet découvert le fameux principe d'hydrostatique (2) qui, depuis, porte son nom, et qui lui permit de satisfaire aussitôt la curiosité du roi.

❧

Biographie — Archimède naquit à Syracuse, en 287 avant Jésus-Christ. Il appartenait à une illustre famille, et était parent du roi Hiéron, qui ne cessa de lui témoigner son amitié. Il préféra l'étude aux hautes fonctions que sa naissance lui permettait de briguer et suivit à Alexan-

---

(1) *Syracuse.* — Ancienne ville de Sicile, fondée par les Grecs, et qui fut célèbre dans l'antiquité.

(2) *Hydrostatique.* — Partie de la physique qui étudie l'équilibre des liquides.

drie les leçons du mathématicien Euclide (1). De retour dans sa patrie, il se livra avec ardeur à l'étude des mathématiques et à divers travaux scientifiques. Il était si épris de science, « cette belle sirène », comme dit Plutarque (2), qu'il en oubliait souvent le boire et le manger. Au bain même, il traçait encore des figures géométriques.

Nous devons aux études persévérantes de ce savant un grand nombre de découvertes et d'inventions de premier ordre.

C'est ainsi qu'il imagina une sphère céleste, mue par un ingénieux mécanisme, et qui représentait le mouvement des astres. Nous lui devons la vis sans fin (3). Au dire d'historiens de l'antiquité, il fit construire pour Hiéron un immense vaisseau dont l'organe moteur était une hélice. Au cours d'un voyage en Égypte, il inventa un appareil servant à élever l'eau et l'utilisa pour dessécher les terres inondées par le Nil. Les leviers, les poulies, les moufles, d'un emploi si fréquent, ont été imaginés par Archimède.

Ses traités sur la géométrie et la mécanique sont parvenus jusqu'à nous. Nos mathématiciens modernes y admirent encore la clarté de l'exposition, l'ingéniosité de la méthode et la vigueur du raisonnement.

---

(1) *Euclide.* — Célèbre géomètre grec qui ouvrit une école de mathématiques à Alexandrie vers l'an 285 av. J.-C.

(2) *Plutarque.* — Célèbre historien et moraliste grec mort vers 125 av. J.-C.

(3) *Vis sans fin.* — Genre de vis qui permet de transmettre le mouvement de rotation d'un arbre à un autre arbre perpendiculaire au premier. En mécanique, on appelle *arbre* une pièce de fer ou de fonte cylindrique, qui supporte les roues et les fait tourner.

Archimède montrait en toutes circonstances une foi profonde dans ses idées. Il affirmait un jour à Hiéron qu'avec un point d'appui, quelque faible qu'il fût, il soulèverait un poids énorme. « Si je pouvais être « transporté sur une autre terre, ajoutait-il, je soulè- « verais avec un simple levier celle que nous habitons. » Comme son souverain se montrait incrédule, il fit tirer à terre, par de pénibles travaux, la plus grande galère (1) du port, ordonna qu'elle fût chargée et montée par un grand nombre d'hommes ; puis, ayant installé à quelque distance une machine à plusieurs poulies, il la fit fonc- tionner par un très faible effort, et amena à lui l'énorme masse qui se déplaçait aussi aisément que si elle eût glissé sur les vagues.

Le courage et le patriotisme de ce grand homme égalaient son génie. Syracuse était assiégée par les Romains. Une armée l'investissait du côté de la terre, tandis que le célèbre général Marcellus l'attaquait du côté de la mer avec une flotte puissante. Un mons- trueux engin porté par huit galères et agissant comme un bélier battait, pour les démolir, les murs de la ville.

Archimède construisit des machines lançant avec force une grêle de pierres ou de traits qui jetèrent le désordre parmi les Romains et en tuèrent un grand nombre. La flotte ennemie ne fut pas épargnée. Tantôt c'était quelque grosse poutre qui apparaissait au-dessus d'un

---

(1) *Galère*. — Dans l'antiquité, navire de guerre à deux mâts et deux voiles. — Plus tard, grand navire marchant seulement à l'aviron.

vaisseau, le défonçait et l'engloutissait dans les flots ; tantôt de puissants crochets de fer saisissaient une galère, la soulevaient hors de l'eau, puis, la laissant retomber brusquement, la faisaient couler à pic. Une autre fois, Archimède incendiait les navires romains au moyen de miroirs qui concentraient sur les carènes de bois les rayons ardents du soleil. Il détruisit la fameuse machine ennemie en projetant contre elle des blocs de pierre d'un poids énorme. Marcellus dut abandonner le siège et le transformer en blocus (1). Quel magnifique spectacle que celui de la science et du patriotisme de ce vieillard s'unissant pour tenir en échec l'armée et la flotte les plus puissantes de son temps !

N'ayant pu prendre Syracuse par la force, les Romains y entrèrent par ruse. Archimède, quand les soldats vainqueurs pénétrèrent dans son jardin, était absorbé dans l'étude d'une question de géométrie. Sommé de les suivre, il les pria d'attendre qu'il eût achevé son raisonnement. Un soldat furieux le tua d'un coup d'épée. C'est ainsi que ce vieillard de 75 ans, ce savant illustre, périt victime de la main d'un soudard ignorant.

Marcellus éprouva un vif chagrin de cette mort ; il livra le meurtrier au supplice, traita avec égard les parents d'Archimède et, se conformant à un vœu du savant, fit graver sur son tombeau une sphère inscrite dans un cylindre, ainsi que la formule qui donne le rapport des volumes de ces deux corps.

❧

---

(1) *Blocus*. — Opération qui a pour but d'empêcher toute communication d'une ville avec le dehors.

Réflexion

LE vulgaire traite souvent avec dédain les savants qui, absorbés par de hautes spéculations scientifiques, se montrent inhabiles aux occupations communes. C'est là un préjugé des plus regrettables. L'œuvre et la vie d'Archimède montrent que la science est inséparable des inventions utiles, et nul ne peut évaluer les conséquences pratiques des découvertes faites, il y a plus de vingt siècles, par le plus grand savant de l'antiquité.

A. JACQUEMARD.

ANNIBAL (IIIe et IIe siècles av. J.-C.)

❧ ❧ ❧

**Sang-froid
et habileté**

L'ARMÉE d'Annibal, campée en pays ennemi et surveillée de près par un habile général romain, Fabius Maximus (le Grand), manquait de vivres et de fourrages. Pour lui en procurer, Annibal changea de position ; mais, trompé par ses guides, il s'enfonça dans une vallée étroite. Fabius, qui connaissait le pays, posta aussitôt à l'issue de la vallée quatre mille hommes et plaça le reste de ses troupes sur les hauteurs et dans tous les défilés. Annibal et son armée étaient enveloppés de toutes parts et leur perte paraissait certaine.

Mais le général carthaginois ne se découragea pas. Voici le stratagème qu'il imagina pour chasser les Romains des défilés. Il fit rassembler deux mille bœufs ; on leur attacha à chaque corne un fagot de broussailles sèches. A la nuit tombante et à un signal convenu, on alluma ces torches et on chassa les bœufs vers les montagnes, du côté des ennemis. Quand la flamme atteignit la chair vive, les bœufs poussèrent d'affreux beuglements et se jetèrent dans toutes les directions. Ils mirent le feu dans les bois qui se trouvaient sur leur passage. C'était un spectacle effrayant pour les Romains qui gardaient les défilés. Saisis de trouble et d'effroi, ils sont convaincus que les ennemis viennent les attaquer et les envelopper. Ils s'enfuient épouvantés et abandonnent la garde des défilés. L'armée carthaginoise est sauvée.

C'est ainsi que, par son sang-froid et son habileté, Annibal échappa à un danger qui paraissait insurmontable.

❧

Biographie ANNIBAL était né en 247 avant J.-C., à Carthage, grande ville très riche, très commerçante, située sur la côte nord de l'Afrique, non loin de l'emplacement qu'occupe aujourd'hui Tunis. Les Carthaginois étaient les ennemis des Romains parce que les deux peuples se disputaient la domination de la Méditerranée. Pour Carthage, ville essentiellement maritime, c'était une question de vie ou de mort.

Quand son père mourut, en 229, Annibal passa en Espagne et servit en simple soldat sous les ordres de son beau-frère, Asdrubal. Avant d'être un grand général, il fut un excellent soldat; il commença par obéir pour apprendre à commander. Il apprit à braver le chaud et le froid, à supporter la faim et la soif; il était le meilleur des fantassins, le plus adroit des cavaliers, et toujours le premier au combat.

A la mort d'Asdrubal, les soldats le choisirent pour leur chef. Annibal avait 28 ans. Son premier soin fut de s'emparer de Sagonte (1), ville alliée des Romains. Ceux-ci envoyèrent une ambassade à Carthage pour demander réparation de l'outrage fait au peuple romain. Les députés furent reçus par le Sénat de Carthage. Comme la discussion se prolongeait, un des envoyés, Fabius, faisant un pli dans sa toge, dit : « Je vous apporte dans ce pli la paix ou la guerre, choisissez ! — Choisis toi-même, lui répondit-on. — Alors je choisis la guerre ! » reprit Fabius en laissant retomber sa toge. Cette guerre devait durer dix-huit ans.

---

(1) Ville de l'ancienne Espagne, sur la côte orientale.

Annibal, au lieu d'attendre les Romains en Espagne, résolut d'aller les attaquer en Italie même. Il réunit une armée nombreuse, composée de soldats d'élite et comptant vingt et un éléphants de guerre. Il franchit les Pyrénées, traversa le midi de la Gaule, et passa les Alpes au mois d'octobre, au prix de mille difficultés et en sacrifiant beaucoup de chevaux et de soldats, qui roulèrent au fond des précipices ou furent emportés par des avalanches. Les Gaulois de la Cisalpine (1) lui fournirent des vêtements, des vivres et des armes. Son armée se refit dans la riche vallée du Pô et il put marcher vers le sud, c'est-à-dire du côté de Rome. Trois fois les Romains essayèrent de l'arrêter, trois fois ils furent vaincus. Annibal traversa l'Italie et vint s'établir, au sud de Rome, dans la riche province de Campanie.

Le Sénat romain, effrayé, nomma un dictateur (2), Fabius, surnommé Cunctator (le Temporiseur); on l'appellera plus tard Maximus (le Grand). Le nouveau général marcha contre Annibal, non pour lui livrer bataille, mais avec la résolution de l'épuiser, à force de temps et de patience. Pour éviter les attaques de la cavalerie d'Annibal, très redoutée des soldats romains, Fabius faisait camper son armée en des endroits montueux et escarpés ; quand l'ennemi se mettait en marche, il tournait autour de lui, tuait les soldats carthaginois qui s'écartaient pour chercher des vivres et des fourrages ; mais il ne quittait pas les hauteurs et se tenait à

---

(1) On appelait ainsi la vallée du Pô, au nord de l'Italie, où s'étaient établis les Gaulois.

(2) Voir note page 20.

une distance où Annibal ne pouvait le forcer à livrer bataille. Cette tactique habile faisait courir les plus grands dangers aux Carthaginois qui s'épuisaient en hommes et en argent, sans combattre. Annibal eut recours à toutes les ruses et à tous les stratagèmes pour amener son adversaire à en venir aux mains. Mais Fabius, convaincu de la sagesse de son plan, s'y tint énergiquement attaché. Il faillit même s'emparer d'Annibal et de toute son armée, comme nous l'avons raconté au début de cette histoire. Echappé à ce grave danger, Annibal vint s'établir dans une autre partie de l'Italie, plus au sud.

L'année suivante, les Romains levèrent une armée de 80.000 hommes et en confièrent le commandement à deux nouveaux généraux, Varron et Paul-Emile. Avec une armée bien inférieure en nombre, Annibal remporta une victoire complète à Cannes. Soixante-dix mille Romains furent tués et, parmi eux, le consul Paul-Emile.

Les Romains, qui semblaient perdus, se sauvèrent à force d'énergie, de sang-froid et de patriotisme. Tous les hommes en âge de porter les armes s'enrôlèrent; et quand Varron, le général vaincu, se présenta aux portes de la ville, le Sénat, au lieu de le rendre responsable de la défaite, se porta à sa rencontre et le remercia de n'avoir pas désespéré du salut de la République.

Pendant que Rome donnait cet admirable exemple, Carthage, au lieu de fournir à son glorieux général les moyens de porter le dernier coup à la puissance romaine, semblait l'abandonner. Annibal ne put marcher sur Rome ; il s'établit dans le sud de l'Italie et, réduit à ses seules forces, il fit des prodiges pour continuer la lutte. Il eut à combattre les meilleurs généraux romains. Par son habileté, par la prodigieuse rapidité de ses mouvements, par l'admirable discipline de son armée, composée cependant de mercenaires appartenant à des nations barbares aussi différentes de mœurs que de langage, il sut déjouer tous leurs calculs.

⁂

Enfin, en 207, Carthage lui envoya une armée de secours sous les ordres de son frère, Asdrubal ; elle fut entièrement détruite sur les bords du fleuve le Métaure (1). Malgré ce désastre, Annibal resta encore cinq ans en Italie. Pour l'obliger à en sortir, un général romain, Scipion, déjà célèbre par de nombreuses victoires en Espagne, résolut d'aller attaquer Carthage en Afrique. Il y conduisit une armée de 40.000 hommes. Carthage effrayée rappela Annibal. Celui-ci quitta en pleurant cette terre d'Italie où il avait remporté de si beaux triomphes et qu'il avait espéré conquérir. Il revint en Afrique triste et découragé. Scipion le vainquit à Zama. Carthage dut accepter un traité ruineux qui lui enlevait toutes ses conquêtes et la mettait dans la dépendance de Rome.

Obligé de quitter sa patrie, Annibal, après avoir longtemps erré en Asie Mineure, se réfugia d'abord auprès du roi Antiochus, puis, après la défaite de celui-ci par les Romains, il vint demander asile à

---

(1) Rivière torrentueuse qui descend de l'Apennin à l'Adriatique.

Prusias, roi de Bithynie (1). Flamininus, que le Sénat romain avait envoyé auprès de Prusias, demanda la tête d'Annibal. Pour lui échapper, le grand général s'empoisonna. — Ainsi mourut cet illustre capitaine, 183 ans avant J.-C.

Réflexion   ANNIBAL *avait ardemment aimé son pays et mis à son service un génie militaire, une constance, une énergie qui ont été rarement égalés.*

E. CHARDEAU.

---

(1) Ancienne contrée, située au nord-ouest de l'Asie Mineure.

CORNÉLIE (IIe siècle av. J.-C.)

Mes bijoux,
les voilà !

Cornélie, par son père et par son mari (1), appartenait aux deux familles les plus nobles, les plus puissantes de Rome. Aucune dame romaine n'avait autant qu'elle les moyens de briller dans le monde des vanités. Dès cette époque, la richesse et le luxe s'étalent chez les grands. C'est à qui ornera le plus somptueusement sa demeure, c'est à qui parera sa personne des étoffes et des bijoux les plus éclatants. On a apporté de Grèce et d'Asie des objets d'art, de riches tapis, de fins tissus. Les grandes dames se drapent dans une longue tunique aux plis élégants, fixée sur les épaules par des agrafes d'or ; elles étincellent de colliers, de bracelets, de broches et de bagues. Les plus coquettes se couronnent déjà d'une opulente chevelure blonde, — d'ailleurs importée de Germanie. Les soins de la toilette, les soucis des dehors mondains, font oublier ou dédaigner les devoirs et les joies de la famille.

Un jour, une noble dame, en visite chez Cornélie, fait scintiller ses joyaux et s'étonne de ne pas trouver la maîtresse de maison superbement parée. Cornélie lui présente avec fierté ses deux fils et lui dit : « *Mes bijoux, les voilà !* »

---

(1) Scipion l'Africain, père de Cornélie, l'un des plus illustres généraux romains, le vainqueur d'Annibal. Sempronius Gracchus, mari de Cornélie, général, puis censeur et chargé en cette qualité d'administrer la cité : l'un des plus dignes magistrats de Rome.

Biographie ORNÉLIE, aussi distinguée par les dons de l'esprit que par les qualités du cœur, fut une épouse modèle et une mère admirable. Très attachée à son mari, elle garda pieusement son souvenir. Veuve, jeune encore, elle refuse de se remarier par un sentiment de noble fidélité et par amour pour ses enfants. Elle se consacre entièrement à l'éducation de ses deux fils, Tibérius et Caïus Gracchus. Elle veut qu'ils soient les dignes représentants d'une haute race. Elle leur rappelle les exploits et le génie de leur aïeul maternel, les vertus de leur père, et leur inspire le légitime orgueil d'illustrer encore le nom qu'ils portent (1). Elle cultive en eux les sentiments de générosité, d'honneur et d'héroïsme qui font les grands citoyens. Mais il ne suffit pas de leur apprendre à bien vivre ; il faut encore, pour les préparer à jouer un rôle important dans la cité, leur enseigner à bien parler ; car dans les républiques antiques, à Rome comme à Athènes, « tout dépendait du peuple, et le peuple dépendait de la parole ».

Cornélie choisit pour ses fils d'excellents maîtres de philosophie et d'éloquence qui leur enseignent toutes les ressources de la langue. Elle-même leur suggère les nobles pensées, les viriles résolutions. Ce qui faisait dire plus tard à Cicéron (2) qu' « elle les avait formés autant par ses conversations que par le lait dont elle les avait nourris ». Ils entrèrent dans la vie publique

---

(1) Elle leur répétait souvent qu'elle espérait être appelée dans l'histoire la mère des Gracques, plutôt que la fille de Scipion.

(2) Le plus célèbre des orateurs romains.

fermement résolus à bien servir la patrie, prêts à tous les devoirs.

⁕

La République souffre alors de maux profonds. Maîtresse du monde méditerranéen, elle s'est emparée des trésors des vaincus et ne songe plus qu'à jouir en paix de ses richesses accumulées. La vie laborieuse et simple des premiers temps, les rudes vertus des ancêtres ont fait place à l'amour des plaisirs dans une vie d'oisiveté et de mollesse. Le travail n'est plus en honneur. Les Romains se font nourrir par les peuples soumis à leur domination. Les blés viennent de Sicile et d'Afrique. En Italie, la terre est de moins en moins cultivée. Les riches familles aristocratiques possèdent la plus grande partie du sol qu'elles se sont attribuée illégalement. La classe moyenne des petits propriétaires, des honnêtes travailleurs ruraux, a disparu. La corruption est générale. Les plus puissants méprisent les lois et les institutions. Beaucoup de citoyens, sans ressources et sans dignité, vendent leurs votes. Les uns et les autres se préoccupent avant tout de la satisfaction de leurs appétits et de leurs besoins matériels. « La débauche a fondu sur nous, écrivait le poète latin Juvénal. Le monde vaincu s'est vengé en nous donnant ses vices. »

Les fils de Cornélie, les Gracques, comme on les appelait, voulurent sauver la République en partageant entre les prolétaires les terres de l'État usurpées par les riches ; ils espéraient rendre aux citoyens pauvres le goût du travail et reconstituer ainsi cette classe moyenne, active et sérieuse, qui a toujours fait la force des nations. Tibérius et Caïus Gracchus purent se tromper sur le choix des moyens à employer pour le salut de la patrie. Mais leurs intentions étaient nobles, leur rêve généreux ; et ils firent d'héroïques efforts pour le réaliser.

Aux jours de leur puissance, ces grands citoyens, ces fils reconnaissants eurent la joie de rapporter à leur mère les honneurs qui leur étaient rendus. Caïus lui fit élever une statue de bronze avec cette inscription, témoignage de l'admiration filiale : « A Cornélie, mère des Gracques. »

Les Gracques périrent tragiquement (1), victimes des basses passions de leurs ennemis et de l'ingratitude d'un peuple incapable de les soutenir et de se régénérer. Cornélie, qui leur survécut, supporta ses malheurs avec un rare courage. Elle consolait ses vieux jours en racontant les exploits de son père et la vie de ses fils, « morts, disait-elle, pour une cause sublime : le bonheur du peuple romain ».

PENSÉE

« L'avenir des enfants est l'ouvrage des mères. » *(Napoléon.)*

F. CHADEYRAS.

---

(1) Ils furent assassinés dans des émeutes populaires, Tibérius en 133 et Caïus en 121.

VERCINGÉTORIX (1ᵉʳ siècle av. J.-C.)

❧ ❧ ❧

Aux pieds de César !

Des hauteurs d'Alésia affamée, le chef gaulois descend le premier sur un cheval superbe et arrive devant César. Il est paré comme pour une fête, ses armes étincellent. Son attitude altière est celle du triomphateur. Fièrement, il trace autour de César un cercle continu. Quarante mille hommes, groupés sur les hauteurs environnantes, assistent à cet impressionnant spectacle. Sans doute, il vient traiter d'égal à égal quelque convention de guerre avec le général romain ?

Soudain, il s'arrête face au proconsul, saute vivement à bas de son cheval, arrache ses armes, ses insignes, jette tout cela à terre. « Venu dans l'appareil du soldat, il se dépouille, d'un geste symbolique, pour se transformer en vaincu et se montrer en captif. » Puis il s'avance, s'agenouille lentement et, en silence, tend vers César ses deux mains suppliantes. Car Vercingétorix, le grand vaincu, *s'offre au vainqueur en victime expiatoire et veut sauver la vie de ses soldats* puisqu'il n'a pu sauver la liberté et l'indépendance de la Gaule.

❧

Biographie

Depuis un siècle environ, les Romains occupaient tout le midi méditerranéen de la Gaule, quand, en 58 avant Jésus-Christ, Jules César, gouverneur des Gaules, intervint sous prétexte d'en éloigner les invasions germaniques. Ce général ambitieux et habile a vite fait de conquérir toute la Gaule. Des tentatives de soulèvement en Belgique sont réprimées avec une extrême cruauté. César, satisfait, part pour Rome à la fin de 53. C'est à ce moment qu'éclate la révolte générale depuis longtemps préparée en secret par Vercingétorix.

La Gaule a toujours été très divisée. Non seulement les différents peuples ou cités se jalousent et se font la guerre, appelant même l'étranger à leur secours, mais au sein d'une même cité les partis se disputent âprement le pouvoir. Vercingétorix entreprend de tourner contre l'étranger toutes ces rivalités belliqueuses, de les dériver vers une cause juste et belle entre toutes, celle de la patrie gauloise : tâche difficile, mais pour laquelle nul n'était mieux qualifié que lui.

Le peuple arverne, auquel appartient Vercingétorix, occupe avec ses clients (1) presque tout le Massif Central, pays rude et pauvre, situé en dehors des grandes voies de communication de vallées ou de plaines. Aussi les Arvernes ont-ils peu frayé avec les étrangers, et la richesse ne les a pas amollis. Pays et peuple conviennent parfaitement à l'œuvre de défense du génie gaulois. Quant à Vercingétorix, il descend des anciens rois du pays, récemment dépossédés par le parti aristocratique. Plusieurs fois, ces anciens rois ont exercé sur les peuples de la Celtique (jusqu'à la Somme et à l'Aisne) une sorte de domination militaire. Le souvenir n'en est pas perdu. Le père même du héros, Celtill, a été exécuté pour avoir tenté une restauration monarchique. Vercingé-

---

(1) Hommes ou peuplades qui se plaçaient sous la protection d'un homme ou d'un peuple voisin plus puissant.

torix, chef d'un clan (1) puissant, est donc l'espoir du parti démocratique et national en face de Rome qui, autant par tactique que par conviction, favorise en Gaule les idées fédéralistes et aristocratiques.

Une réunion des chefs hostiles à Rome a lieu au fond de quelque forêt et le signal de la révolte est donné chez les Carnutes (2) en janvier 52. Des crieurs ont été disposés de distance en distance. Vercingétorix, ainsi prévenu le soir même, reçoit successivement à Gergovie les contingents de tous les peuples conjurés : en deux semaines, la concentration est achevée.

A cette nouvelle, César accourt d'Italie. Vercingétorix va se porter sur la Saône pour l'empêcher de rejoindre son lieutenant Labienus et le gros de ses légions cantonnées sur la Haute-Seine. Mais César franchit les Cévennes. Les Gaulois, surpris, reviennent vers le sud défendre l'Arvernie. Alors César regagne vivement le Rhône à Vienne et rallie Labienus. La feinte a réussi. Aussitôt, avec toutes ses forces, il marche sur Vercingétorix.

Vercingétorix connaît l'infériorité de ses soldats ; il évite les batailles rangées. Sa tactique consiste à attirer l'ennemi dans la montueuse Auvergne, à l'affamer en incendiant villes et villages. Malheureusement, les chefs bituriges (3) ont obtenu de Vercingétorix qu'on épargnât

---

(1) Réunion de plusieurs familles ayant un ancêtre commun, donc famille très étendue jusqu'aux cousins éloignés.
(2) Peuple des environs de Chartres.
(3) Peuple des environs de Bourges.

Copyright 1899 by Braun, Clément et Cᵉ

VERCINGÉTORIX DEVANT CÉSAR

(d'après le tableau de LIONEL ROYER)

Avaricum (Bourges), leur riche capitale. Ce fut une faute. Malgré une défense héroïque, Avaricum est pris et César s'y ravitaille copieusement.

La chute d'Avaricum, prévue par le chef gaulois, ne fait qu'accroître la confiance qu'il inspire à tous les conjurés. Vercingétorix s'enferme dans Gergovie (1) qu'il fortifie à la romaine. César, étonné, use ses forces et son génie devant cet *oppidum* (2) imprenable. Quand il veut en tenter l'assaut, il est repoussé avec de grosses pertes.

La victoire de Gergovie a un énorme retentissement. Tous les peuples gaulois, sauf deux, se joignent aux insurgés. Vercingétorix est de nouveau acclamé chef suprême dans la grande assemblée du Mont Beuvray (Morvan).

César a battu en retraite vers la Seine, pour y rejoindre Labienus et de là gagner la Narbonnaise où il pourra se réorganiser en toute sécurité. Vercingétorix veut lui barrer le passage près de Dijon : il n'y réussit pas. La cavalerie gauloise est mise en déroute par les Germains que César a pris à son service. Vercingétorix trouve un refuge à Alésia ; il y organise savamment sa défense en même temps qu'il envoie des émissaires dans toute la Gaule pour lever une armée de secours. Cette armée se fait longtemps attendre. Elle arrive enfin, mais c'est une multitude désordonnée de 250.000 hommes

---

(1) L'ancienne Gergovie était située sur un plateau, près de Clermont-Ferrand.

(2) C'était le nom que donnaient les Romains à leurs villes fortes et à leurs camps retranchés.

que dispersent peu après les légions disciplinées de César.

A la nouvelle de la défaite, les peuples abandonnent pour la plupart Vercingétorix. Aussi prompts au découragement qu'à l'enthousiasme, ils ne pensent plus qu'à obtenir le pardon de César. Vercingétorix connaît bien ses hommes : en héros, il se sacrifie pour eux.

Son vainqueur se montra peu généreux. Il le laissa six ans en prison et ne l'en retira que pour l'attacher à son char de triomphe et le faire égorger le lendemain.

Réflexion — *Pour avoir essayé de créer une patrie gauloise, Vercingétorix est le premier héros de notre histoire. Il avait pressenti ce dont seraient capables, par leur union, ces fils de la Gaule dont nous sommes les lointains héritiers.*

RIQUET.

EPONINE (1ᵉʳ siècle de J.-C.)

❧ ❧ ❧

Beau rêve ! « Tu seras impératrice ! ô Éponine… impératrice des Gaules délivrées du joug de Rome. Toutes mes dispositions sont prises pour chasser les légions, pour exterminer ces bandes de soldats brigands que l'ignoble Vitellius (1) a lâchées sur notre malheureux pays. Les druides persécutés se sont répandus partout pour donner, au jour dit, le signal du soulèvement et prêcher la guerre sainte pour l'indépendance de nos frères et le respect de nos dieux. Notre cause est sacrée. Elle triomphera. Tu ceindras le diadème, ton front en est digne ; et tu règneras dans un palais de marbre blanc. »

Ainsi parlait le noble et riche Gaulois Sabinus à sa rayonnante jeune femme Eponine, qui, comme lui, appartenait à la grande aristocratie du peuple opprimé.

❧

---

(1) Pendant les deux premiers siècles de la domination romaine, la Gaule fut très prospère, grâce à une sage administration qui lui assura la paix et lui permit de se livrer aux travaux féconds de l'agriculture, de l'industrie et du commerce. Mais parfois d'indignes gouverneurs de province excitèrent les légions au pillage et provoquèrent des soulèvements. En 69, Vitellius, chef des légions du Rhin, proclamé empereur par ses soldats, ne se signala que par sa gourmandise. Ses partisans l'égorgèrent la même année.

Le réveil !

Sabinus, à la tête des Lingons (1), est parti plein d'espoir. Il a promis de revenir bientôt en vainqueur glorieux. Eponine fait des vœux ardents pour ce retour triomphal. Mais ce serait trop de bonheur ! Elle est inquiète, agitée, et ne peut chasser les tristes pressentiments qui l'obsèdent et lui serrent le cœur. Les Gaulois sont braves, impétueux, mais nullement préparés à la guerre. Tandis que les Romains sont bien armés et, aux jours de combat, très fortement disciplinés.

Le bruit se répand tout à coup que Rome a vaincu et mis en pleine déroute les troupes gauloises. On a vu, dans la nuit, Sabinus fuir précipitamment et disparaître aux abords d'une de ses maisons de campagne. Quelques heures après, le feu dévorait l'habitation. Eponine n'a plus de doute : après la défaite, il a voulu la revoir et lui dire un dernier adieu. Il croyait la retrouver dans cette demeure la plus rapprochée du champ de bataille. Poursuivi, épuisé de fatigue, désespéré, il s'est enseveli sous les cendres de ce dernier refuge, témoin de sa honte comme naguère de son bonheur... Personne ne l'a revu. Eponine ne lui survivra pas. Elle ne veut point entendre les consolations ; elle s'isole en son désespoir muet et refuse toute nourriture...

Le soir du troisième jour, un des plus fidèles serviteurs de Sabinus demande à voir la veuve désolée. Il lui apprend que son mari vit toujours, qu'il l'a arraché aux flammes et entraîné au fond de la forêt, dans une

---

(1) *Lingons*. Peuple gaulois qui habitait un territoire assez étendu (environ cinq de nos départements), avec Langres pour capitale.

grotte ignorée, en un ravin perdu (1). Eponine, près de succomber, renaît à la vie, à l'espoir. Appuyée au bras du domestique dévoué, elle se dirige la nuit vers le refuge secret. Tremblante de fatigue et d'émotion, elle tombe dans les bras de l'infortuné qui, depuis de longues heures, attend, anxieux. Il la presse sur son cœur et lui demande pardon d'avoir ainsi réduit à l'état de fugitive celle pour laquelle il rêvait la plus brillante destinée.

Eponine console et réconforte son malheureux époux. « Qu'importent les beaux rêves ? dit-elle. Je te retrouve vivant ; cette réalité suffit à mon bonheur. »

Fidèle jusque dans la mort

Eponine fut admirable de dévoûment. Il lui fallait par-dessus tout ne point éveiller les soupçons et rester impénétrable en son secret. Elle continua, le jour, à vivre dans le monde en veuve inconsolée ; et, le soir, elle prenait à la dérobée le sentier de la forêt, heureuse de surmonter tous les obstacles pour remplir ses devoirs d'épouse consolatrice.

Qu'on se représente une jeune femme, née délicate et élevée dans le confort et le luxe des riches, tout à coup condamnée aux plus grandes peines morales, à la fatigue et aux périls de courses nocturnes, par tous les temps, dans la partie la plus sombre des bois ! Elle eut cette force héroïque pendant des années. Devenue mère, elle se montra sublime de courage et d'endu-

---

(1) Dans le souterrain de la Baume-Noire (Haute-Saône), où il se cacha neuf ans.

rance, allaitant ses deux fils jumeaux dans sa lugubre retraite et faisant de courtes apparitions dans les réunions mondaines pour y rappeler son deuil éternel.

Mais ses absences devenaient plus longues et plus répétées. Les Romains eurent des soupçons et la firent surveiller étroitement. Un jour, des soldats pénètrent dans le souterrain, saisissent Sabinus et l'emmènent prisonnier. Il a commis, il y a neuf ans, le crime de révolte ouverte : la loi le condamne à mort. Conduit à Rome, il comparaît, chargé de chaînes, devant l'empereur Vespasien. Eponine, avec ses enfants, accompagne son mari et veut le sauver une fois de plus : « César (1), dit-elle, vois ces jumeaux. Je les ai nourris dans un tombeau afin que nous fussions trois à demander la grâce de leur père. Tu t'honoreras en pardonnant à des malheureux qui ont cruellement souffert, longtemps expié. » Vespasien est ému ; mais il se retranche derrière la loi, inexorable, qui exige l'exécution de Sabinus.

« — Ordonne aussi ma mort, César sans pitié, tyran sans entrailles ! »

Et, selon la remarque très juste d'un historien, le bourreau réunit dans la mort ceux que rien n'avait pu séparer dans la vie (2).

Réflexion — Les *grands cœurs sont à la hauteur de toutes les infortunes.*

F. CHADEYRAS.

---

(1) On donnait ce titre aux empereurs romains.
(2) En 78. Les orphelins furent élevés à Rome.

GENEVIÈVE DE PARIS (ve siècle)

La Légende

La légende veut qu'il y a plus de quinze siècles, quelques fillettes jouaient sur les pentes de ce Mont Valérien qui domine Paris à l'ouest. Elles s'arrêtèrent, curieuses et craintives, près d'une pauvre cabane où vivait un très vieil ermite. L'une d'elles dit : « Pourquoi auriez-vous peur ? Ce saint homme ne passe-t-il pas sa vie à prier et à consoler ceux qui pleurent ? » Et, s'approchant hardiment, elle lui baisa la main. Le vieil homme, étonné et ravi, sourit à l'enfant, et, lui montrant au loin la petite Lutèce (1) dont les maisons et les tours se détachaient sur l'azur lumineux : « Cette ville naissante ne ressemble à aucune autre cité. Elle leur survivra et les dépassera toutes en beauté et en intelligence. Il faut l'aimer. Tu l'aimeras comme je l'aime. C'est toi qui la protégeras. C'est toi qui empêcheras qu'elle périsse au berceau. » La prédiction de l'ermite devait se réaliser : l'enfant était celle que l'histoire appelle Geneviève, dont l'Église a fait une sainte et que Paris reconnaît pour patronne.

Biographie

Geneviève appartenait à une famille aisée des environs de Lutèce. Son père possédait, à Nanterre, des vignes et des prairies qui étaient réputées les plus belles du pays des Parisii (2). Tout le monde l'estimait. L'intelligence de Geneviève se révéla précoce

---

(1) Nom de Paris à l'époque gallo-romaine.
(2) Nom que portaient les habitants de la *cité*, dont Lutèce était la ville principale.

et vive, mais les braves gens qui l'entouraient, sa mère elle-même, la raillaient volontiers quand elle parlait de sa grande destinée. L'enfant tenait bon cependant et gardait toujours devant les yeux la vision de cette mission sacrée : *une cité, la future reine du monde, à préserver de la destruction.*

Comme tous les chrétiens des premiers siècles, Geneviève était d'une très grande piété. Après la visite que fit en passant à ses parents le célèbre évêque d'Auxerre, Germain, elle résolut de se consacrer à Dieu. Il ne s'agissait pas de s'enfermer dans un couvent pour se retirer du monde : les jeunes filles qui, à l'aurore du christianisme, prenaient le voile de religieuses, continuaient à vivre au foyer domestique ; mais elles juraient de se dévouer à quelque œuvre sainte, d'être utiles aux hommes, aux pauvres gens surtout.

La mère de Geneviève mourut jeune. L'enfant fut confiée à sa marraine, Placidie, qui habitait Paris et dont le fils était *naute* ou batelier, comme la plupart des habitants du Paris primitif. Elle devint la providence des misérables, de ces « Bagaudes », tribus errantes comme les Bohémiens de nos jours, dont l'extrême dénuement contrastait violemment avec le luxe des riches Gallo-Romains. Elle affectionnait surtout les enfants, petits sauvages qu'elle nettoyait et instruisait avec une indicible joie. Sa renommée de bonté et de charité s'était étendue au loin dans le monde chrétien.

❧

Cette calme destinée devait pourtant connaître les orages. L'immense armée des Huns, conduite par le

SAINTE GENEVIÈVE
(d'après la peinture murale du Panthéon, par Puvis de Chavannes)

terrible Attila, s'avançait vers Paris, semant l'épouvante
sur ses pas, ne laissant derrière elle que des cadavres
et des ruines. En deux mois, ces cavaliers agiles, dont
les chevaux dévoraient l'espace, étaient arrivés sur le
Rhin du fond des steppes de l'Europe orientale. Le
général romain n'avait pu, ni réunir ses légions, ni
fortifier les villes, de sorte que la Gaule allait tomber
« comme un fruit mûr » entre les mains du sauvage
conquérant.

Le cœur de Geneviève a frémi. Est-ce l'heure d'accomplir la grande mission ? Déjà les hommes ont
décidé d'abandonner la ville aux rigueurs du chef barbare. Geneviève n'hésite pas. Elle fait sonner l'alarme
par un jeune soldat stupéfait, et quand les Parisiens se
trouvent réunis, inquiets et curieux, elle leur reproche
leur lâcheté, leur hâte de fuir sans même essayer de se
défendre. Puis, comme soudainement inspirée, elle
ajoute : « Cette fois, je vous le déclare, votre courage
n'aura même pas à s'exercer, car le fléau de lui-même se
détournera vers d'autres cités. » Mais la foule ne la
comprit pas et s'écoula en la traitant de folle.

Alors Geneviève se retourne vers les femmes : cette
décision qu'elle n'a pu arracher aux hommes, elle
l'obtiendra de ses faibles sœurs. Au jour même fixé
pour la fuite, quand tout ce qu'on peut emporter est
déjà entassé dans les barques et sur les chars, Geneviève décide les femmes à rester : « Vous n'abandonne-
rez pas vos maisons où sont nés vos enfants, où vous
avez goûté les joies saintes de la famille. » Séduites par

cette voix pénétrante qui sait si bien toucher leur cœur, elles s'enferment toutes dans une église vers laquelle se rue bientôt la foule furieuse des hommes.

Courageusement, Geneviève sort seule de l'église et tient tête un moment à la meute hurlant d'effroi. Elle est insultée et lapidée (1), mais personne n'ose porter une main sacrilège sur la jeune fille que sanctifie son voile blanc de religieuse. Cependant la colère des hommes s'accroît, leur violence redouble et Geneviève va être jetée à la Seine quand surviennent le fils de Placidie et un prêtre éloquent et populaire dont l'intervention parvient à calmer la foule.

Le lendemain, on apprend que les Huns passent au large de Paris sans l'attaquer. Ils devaient être battus, quelque temps après, par les Romains et les Germains alliés, et refoulés vers le Danube.

A dater de ce moment, Geneviève devint l'objet de la vénération publique, et c'était justice, car, par son courage, elle a en réalité préservé Paris. Ainsi que l'a dit un historien, Amédée Thierry, si ses habitants se fussent dispersés dans les bourgades de la basse Seine, bien des causes auraient pu empêcher leur retour et Lutèce ne serait pas devenue le grand Paris.

Réflexion — Admirons *cette pure figure, si digne d'inspirer aux jeunes Françaises le dévouement, la douceur et la fermeté.*

RIQUET.

---

(1) Poursuivie à coups de pierres.

GUTENBERG (1397-1469)

**Au couvent
de Strasbourg**

Un jour, le hasard conduit Jean Gutenberg au couvent d'Arbogast. Il voit les moines courbés sur leur minutieux et patient travail de copistes et d'enlumineurs (1). Sur une couverture, le titre « Missel » flamboie en lettres d'or. Il saisit dans ses doigts tremblants d'admiration le beau livre achevé. L'ouvrage lui échappe, tombe sur le sol et les lettres du titre se détachent dans la chute.

Comme il se baisse pour les rassembler, un trait de lumière inonde son esprit génial. « Rendre mobiles les lettres de métal », voilà tout le secret de l'imprimerie.

Il bondit au dehors pour échapper à l'ombre oppressante du cloître ; le voilà sur une colline qui domine le Rhin ; à ses pieds s'étend à perte de vue la plaine d'Alsace que dorent les feux du couchant.

Gutenberg tombe à genoux. « Mon père, s'écrie-t-il, je vous avais promis à votre lit de mort d'être un homme utile aux autres, comme l'ont été les héros de notre ville natale. J'ai trouvé le moyen de multiplier les livres, je vais faire sortir des couvents les trésors de la pensée humaine qui y sont encore enfouis, je vais répandre à flots dans ce peuple que rendent captif l'ignorance et la crainte, la science et la lumière. Terre d'Alsace, qui m'as donné asile et me donnes cette joie, sois à jamais heureuse et bénie ! »

❧

---

(1) Artistes qui ornaient certaines lettres d'un livre, ou en encadraient le texte manuscrit de dessins en couleurs.

Biographie

C'EST un Allemand, Jean de Gutenberg, de son vrai nom Jean Gutenfleisch, qui, au milieu du xve siècle, apporta au monde le bienfait de l'imprimerie.

Il naquit à Mayence, sur les bords du Rhin. Sa famille était une des plus nobles et des plus puissantes de la ville. Mais dans une de ces luttes terribles qui déchiraient les cités du moyen âge et qui mettaient aux prises l'aristocratie avec les corporations laborieuses, la famille Gutenberg dut s'enfuir de Strasbourg pour échapper aux discordes civiles (1420). Une grande partie de sa fortune sombra dans cet exil. Le jeune homme, au lieu de s'endormir dans l'aisance, dut donc se créer sa place au soleil par un viril et persévérant effort.

On ignore où s'écoulèrent les fécondes années de son adolescence. Mais on le retrouve en pleine maturité dès 1436, cherchant à conquérir à la fois la fortune et la gloire, tour à tour fabricant de glaces, ciseleur de pierreries et imprimeur d'images.

Comme il arrive bien souvent aux hommes de génie, ce fut, au dire de la légende, un simple hasard qui le mit sur la trace de sa grande invention ; mais ces hasards, en apparence providentiels, ne sont pour les grands hommes que le terme de longs calculs et de patientes recherches. Il y avait longtemps que Gutenberg travaillait à rendre l'imprimerie plus rapide, et il avait imaginé déjà la presse à copier, quand une visite au couvent d'Arbogast lui suggéra l'idée de rendre mobiles des caractères de métal au lieu de continuer à se servir des planchettes de bois alors en usage pour reproduire sur le papier des pages d'impression.

Pour mesurer l'importance de cette découverte, il faut se rappeler l'indigence intellectuelle dans laquelle le moyen âge avait vécu : presque tous les contemporains de Gutenberg, même les plus puissants et les plus riches, étaient illettrés. Les livres manuscrits, qui seuls existaient alors, étaient laborieusement confectionnés par les moines obligés de les copier lentement à la main ; aussi coûtaient-ils très cher et demeuraient-ils presque exclusivement la propriété des monastères. Les trésors incomparables de la pensée antique, les œuvres des philosophes et des savants grecs et romains étaient inaccessibles à la foule travailleuse ; ils avaient même parfois tout à redouter de l'ignorance de leurs gardiens qui, souvent fort peu lettrés, ne craignaient pas de gratter un parchemin, où quelque ancien avait écrit un chef-d'œuvre, pour transcrire à la place des prières et des cantiques.

Le livre imprimé, vendu à vil prix, reproduit rapidement à de nombreux exemplaires, allait être une véritable révolution : il allait sauver de la destruction et de l'oubli les œuvres des antiques, faire circuler dans les masses la lumière et la science, et dissiper les ténèbres de l'ignorance.

Pour fonder la première imprimerie digne de ce nom, Gutenberg va à Mayence et s'associe avec un riche bijoutier, Füst, et le gendre de celui-ci, Schoffer. A l'aide de leurs capitaux, il crée tout un matériel spécial, qu'il améliore et perfectionne sans cesse ; il édite enfin la Bible, qui fut le premier livre imprimé (de 1452 à 1455).

Au moment où il allait recueillir enfin le juste prix de ses longues et coûteuses recherches, le malheureux grand homme est dépouillé par ses associés, fort intelligents, mais dépourvus de conscience et de scrupule : ils obtiennent contre lui un jugement inique qui le réduit à la misère, tandis qu'eux-mêmes vont tirer de ses dépouilles une fortune scandaleuse.

Gutenberg se réfugie à nouveau dans cette bonne terre d'Alsace, qui lui fut toujours accueillante et hospitalière. Il trouve auprès de ses amis de Strasbourg l'appui et les capitaux qui lui manquent. Mais il joue de malheur : à peine installée à Mayence, sa nouvelle imprimerie est détruite par les Suédois devenus maîtres de la ville ; ses ouvriers se dispersent de toute part, emportant partout avec eux le précieux secret qui ouvre au monde les portes du savoir.

Gutenberg meurt en 1469, comme il a vécu, dans une extrême indigence.

La postérité a tardivement réparé l'injustice de ses contemporains en lui dressant, à Mayence, une statue, chef-d'œuvre du grand sculpteur Thorwaldsen (1), en 1837. Vers le même temps, la ville de Strasbourg, encore française et à laquelle il devait les meilleures années de sa vie, lui élevait, sur la place qui porte son

---

(1) Célèbre artiste danois.

nom, une autre statue avec cette simple inscription : « Fiat lux ! » (Que la lumière soit !). Tel va être, en effet, depuis Gutenberg, le mot d'ordre de l'humanité tout entière, et son aspiration que le grand poète allemand, Gœthe, exprimera plus tard en cette belle parole : « Plus de lumière ! Plus de lumière encore ! »

Gutenberg a fait plus qu'aucun homme pour le progrès du monde et de l'esprit humain.

Réflexion   **T**our *homme en naissant contracte envers l'humanité une immense dette de reconnaissance qu'il ne peut acquitter qu'en consacrant tous ses efforts au bien de ses semblables et au progrès commun, comme l'a fait Gutenberg. Chacun, si humble soit-il, peut apporter sa pierre pour l'édification de la cité future.*

C. CARON.

JEANNE D'ARC (1412-1431)

**L'amour
de la Patrie**

L'AMOUR de la patrie est aussi légitime que l'amour paternel qui lui a donné son nom.

On a toujours aimé son pays ; mais parfois on l'aime d'un amour exclusif et par opposition aux autres pays. Il a fallu un esprit assez large et un cœur assez généreux pour embrasser dans son amour toute une nation.

C'est précisément ce qu'a fait Jeanne d'Arc : la première, elle a senti « toute la pitié qu'il y avait au royaume de France ».

L'amour de cette humble bergère a fait révéler la patrie.

Biographie

Au XVe siècle, on aimait son pays, mais on ne pensait guère aux autres pays. Le grand Ferré (1) avait défendu sa cabane ; Eustache de Saint-Pierre (2) s'était dévoué pour sa ville ; mais personne n'avait encore songé à la patrie. Il a fallu l'excès du malheur dans lequel était tombée la France pour toucher le cœur d'une pauvre fille du peuple, dont l'amour embrassa toute la nation.

Jeanne d'Arc naquit à Domrémy, sur la limite de la Lorraine restée française, et de la Bourgogne, alliée

---

(1) Paysan de l'Oise qui défendit son village et sa maison contre les Anglais.

(2) Bourgeois de Calais qui se dévoua avec cinq autres bourgeois pour sauver sa ville.

aux Anglais, et dans une région qui ressentit toutes les répercussions de la guerre. Fille de modestes cultivateurs, elle fut occupée à la garde des troupeaux, et elle goûta tous les plaisirs de la vie pastorale qui, pour certaines natures, est un rêve perpétuel.

D'ailleurs, son enfance fut bercée de légendes. Née sous les murs mêmes de l'église, elle voyait tous les jours le vitrail représentant la Vierge tenant l'Enfant-Jésus dans ses bras, sainte Marguerite piétinant le dragon, et sainte Catherine conversant avec les anges.

Elle se reposait sous l'arbre des Dames, qui avait, dit-on, abrité les fées ; elle allait boire à la fontaine des groseillers, où on croyait qu'elles étaient venues se rafraîchir ; et, tous les jours, elle traversait le Bois-Chenu (1), d'où, prétendait-on, devait sortir la libératrice de la France :

> Elle sera vaillante et belle ;
> Elle viendra du pays lorrain.

Aussi, toute remplie de la légende, « elle fut la légende elle-même, rapide et pure, de la naissance à la mort ». (MICHELET.)

Un jour, elle croit entendre des voix qui lui disent d'être sage, puis d'aller délivrer le royaume de France. Elle résiste d'abord, et, à la fin, elle se décide à partir. Elle l'annonce à sa mère : — Je ne puis pas attendre davantage, dit-elle, il faut que j'aille secourir notre cher Dauphin (2).

---

(1) Bois de chênes, rempli du souvenir des guerres locales.

(2) Charles VII, qui n'était pas encore sacré roi ; il n'était reconnu que d'une partie de la France : les Anglais l'appelaient par dérision : « Le roi de Bourges ».

— Toujours tes songeries, ma pauvre fille !... Mais tu n'es pas général, tu n'es qu'une faible femme ; fais œuvre de femme : marie-toi et aime bien tes enfants.

— Ah ! je sens que le mariage n'est pas ma destinée.

— Prétendrais-tu accomplir ce que ne peuvent faire ni La Hire, ni Dunois (1), ni les plus braves capitaines ; mais c'est une folie !

— Non, ce n'est pas une folie, puisque c'est la volonté du ciel. Ne savez-vous pas que le royaume perdu par une femme (2) doit être sauvé par une jeune fille des Marches (3) de Lorraine ? Je crois que cette jeune fille, c'est moi. Oh ! je vais vous faire beaucoup de peine ; mais si je vous désobéis, ma mère, c'est pour répondre à l'appel d'une autre mère, la France.

Elle se rend en effet auprès du sire de Baudricourt, gouverneur de Vaucouleurs (4), et elle en obtient une escorte qui la conduit à Chinon, auprès de Charles VII. Celui-ci lui fait bon accueil dans son camp ; elle en profite pour relever le courage de tous, et, en compagnie des meilleurs capitaines, elle va délivrer Orléans.

Sa présence donne aux troupes ce qui leur manque le plus, la confiance ; aussi, elle force les Anglais à lever le siège, et elle les chasse des bords de la Loire. Elle fait ensuite sacrer Charles VII à Reims, afin de lui donner le prestige du véritable roi.

---

(1) Généraux de Charles VII.

(2) Isabeau de Bavière, mère de Charles VII, qui, par le traité de Troyes, reconnut comme roi de France le roi d'Angleterre Henri V.

(3) Nom par lequel on désignait autrefois les pays-frontières d'un empire.

(4) Petite bourgade située sur la Meuse, près de Commercy.

Elle aurait voulu lui en donner aussi la puissance en lui faisant prendre Paris, mais Charles ne voulut pas la suivre. Dès lors, Jeanne a perdu l'élan qui faisait toute sa force ; elle s'occupe à une guerre de sièges, mais elle est prise dans une retraite à Compiègne.

Alors commence son long martyre. Accusée par l'Université et jugée par l'Église (1), elle montre un courage héroïque ; malgré cela, elle est condamnée à être brûlée vive et elle expire sur un bûcher à Rouen.

Ainsi périt cette noble fille du peuple. Pour faire naître la patrie, elle a donné son cœur ; aussi appartient-elle toute à la France.

Réflexion « P ATRIE, *ô mon autel !* » (V. HUGO), *tu n'as jamais enseigné la haine des autres patries ; tu as toujours voulu être tendre et humaine, comme Jeanne d'Arc, qui, plus d'une fois, sauva ses ennemis. Je te vénère ; car c'est par ton esprit généreux que l'amour élargira la patrie jusqu'à l'humanité.*

MATHON.

(1) L'Université, au Moyen Age, relevait de l'évêque de Paris, c'est-à-dire de l'Église. La juridiction de ces deux puissances s'étendait sur toutes les causes où étaient en jeu la science et la pensée, qu'elles réglementaient jalousement. Jeanne d'Arc fut victime de ses idées, suggérées par ses visions, et que condamnait l'Église.

CHRISTOPHE COLOMB (1435-1506)

❦ ❦ ❦

Volonté

de fer

Deux fois déjà les vigies (1) avaient signalé la terre. Deux fois la terre s'était évanouie : les malheureux étaient victimes du mirage (2).

Alors, les violents se révoltèrent. On conspira dans l'ombre. — On vota. — La mort !

Colomb était condamné à mort par ses matelots.

Le 10 octobre, la *Pinta* et la *Nina* vinrent, comme dans un abordage, se coller aux flancs de la *Santa-Maria*. En un instant le pont de ce navire se couvrit de révoltés, commandés par les frères Pinzon. — Colomb est entouré, injurié, menacé. « Retourne en Espagne, lui crie-t-on, ou tu es mort ! »

Alors, on vit ce spectacle singulièrement tragique et grandiose. Colomb, le front haut, le regard clair, s'avance seul au milieu des rebelles qui reculent devant son attitude calme et sévère. « Je suis maître à mon bord après Dieu, dit-il d'une voix vibrante. Je suis parti pour aller aux Indes. J'entends poursuivre mon voyage, et je le poursuivrai. »

Tous ces hommes haineux, ces loups de mer, au cœur endurci, se sentirent domptés par cette volonté de fer : ils regagnèrent leur bord, honteux et repentants d'avoir tenté un crime.

❦

---

(1) *Vigie*. — Matelot qui surveille l'horizon.

(2) *Mirage*. — Phénomène atmosphérique qui fait apercevoir une image des objets comme si ces objets étaient réfléchis dans une nappe d'eau. — Au figuré : illusion trompeuse.

Biographie

Les premières années de Christophe Colomb sont entourées de mystère. Le lieu et la date de sa naissance, son origine, sont restés inconnus. Il dut naître en l'année 1435. Plusieurs villes, Gênes, Savone, Plaisance en Italie, ont revendiqué l'honneur de lui avoir donné le jour. Des travaux récents permettent de croire qu'il naquit plutôt à Calvi, en Corse.

On a peu de renseignements sur sa famille. Ses parents devaient être des artisans aisés. Un de ses oncles et un de ses cousins, du nom de Colombo, furent des marins célèbres, l'un amiral au service de la France et l'autre au service de Gênes.

On croit qu'il fréquenta l'Université de Pavie. Il est dans tous les cas certain qu'il avait fait de sérieuses études.

Jeune encore, il s'embarque comme mousse et est grièvement blessé dans un combat contre les pirates (1). A 24 ans, il navigue sous pavillon français dans l'escadre de son oncle, l'amiral Colombo.

En 1468, il est officier sous les ordres de son cousin, Colombo le Jeune, le « Matamore », le « Tueur de Maures », au service de Gênes. Son navire ayant été incendié au cours d'une bataille, il se réfugie, à la nage, à Lisbonne où réside son frère, et s'y marie.

Ayant appris que des épaves nombreuses, dont on ignorait la provenance, avaient été trouvées sur la côte

---

(1) *Pirate.* — Brigand de mer. Les pirates turcs et maures (barbaresques) ont longtemps infesté la Méditerranée.

d'Afrique, il s'y rend, examine ces épaves, acquiert la conviction que, par delà l'Atlantique, se trouvent des contrées inconnues de l'Europe, que la terre doit être ronde et non point plate comme on l'enseignait à son époque; dès lors il forme l'audacieux projet d'aller à la recherche de ces terres inconnues dont il devine l'existence.

Mais pour entreprendre une expédition qu'il prévoyait longue et pleine d'imprévu, il lui fallait une flotte, des marins, des provisions en vivres, en argent, en armes. Où allait-il les trouver ?

Il s'adresse d'abord à la puissante République de Gênes, mais il éprouve un refus. Il réclame alors l'aide du Portugal. Le roi de ce pays lui fait bon accueil et lui demande ses projets et ses cartes; mais c'est pour les utiliser à l'insu de Colomb. Un capitaine portugais part à la découverte du Nouveau Monde; cependant, après quelques jours de navigation, le cœur faillit à l'équipage qui rentre à Lisbonne. La trahison avait avorté.

Découragé, menacé même dans sa vie, Christophe Colomb retourne à Gênes. Pas plus qu'autrefois il n'est écouté. Il se rend alors en Espagne. Le roi refuse d'abord de l'entendre; il fait ensuite étudier ses propositions par une commission qui traite le grand homme de fou et repousse ses offres. — Vieux déjà, notre héros ne désespère pourtant pas; il part pour la France où, — il vient de l'apprendre, — le roi est disposé à lui donner les moyens de réaliser son projet. C'est alors que, sur les instances de la reine Isabelle, Ferdinand rappelle Colomb et lui accorde trois caravelles (1) équipées et approvisionnées, avec lesquelles l'intrépide marin va essayer de traverser l'Atlantique.

Le 3 août 1492, la flottille composée de la *Pinta*, commandée par Martin Pinzon, de la *Nina*, commandée par Vincent Pinzon, et de la *Santa-Maria* sur laquelle avait pris place Colomb, quitta le port de Palos et se dirigea vers le Couchant.

Le voyage dura deux mois et demi. Il fallut à Colomb une énergie indomptable pour maintenir ses équipages dans l'obéissance. Plusieurs fois, ses marins se révoltèrent, complotèrent, décidèrent de mettre Colomb à mort et de retourner en Espagne. Par sa persévérance, par son courage, par son énergie, Colomb dompta toutes les tentatives de rébellion (2). Enfin, le 14 octobre 1492, à deux heures du matin, un éclair brille, le canon gronde, et sur les eaux calmes de l'Océan un immense cri de joie retentit, hurlé par Rodriguez Bermejo, marin de la *Pinta* : Terre ! Terre !

On était devant l'île de Guanahani que Colomb appela San Salvador. Le Nouveau Monde était découvert !

Colomb visita successivement San Salvador, Sainte-Marie de la Conception, Fernandine, Isabelle, Cuba,

---

(1) *Caravelle*. — Etymologie : *char à voiles*. Nom donné, au moyen âge, à de petits vaisseaux de commerce. — On donne aussi le nom de caravelle à des vaisseaux de guerre turcs.

(2) *Rébellion*. — Révolte, résistance à main armée envers les agents de l'autorité publique.

Haïti. Le 16 janvier, il repart pour l'Espagne. Le 3 mars, il était à Lisbonne, et, le 15, à Palos.

Le roi et la reine d'Espagne le reçurent à la Cour avec tous les honneurs dus à un prince. Mais les nobles étaient jaloux. Colomb ne conserva pas longtemps les faveurs du roi. Sans la protection de la reine, qui lui fut toujours fidèle, il n'aurait pas pu retourner en Amérique.

Il fit trois nouveaux voyages et découvrit la Colombie.

Calomnié, dénoncé à la Cour, il connut toutes les tristesses de l'ingratitude, de la méchanceté, de la misère. Au cours de son troisième voyage, un amiral espagnol, chargé de faire une enquête sur sa conduite, lui prit tous ses biens et jusqu'à ses vêtements, avant même de l'avoir entendu, et l'enferma, chargé de chaînes, dans l'entrepont d'une caravelle. C'est ainsi que Colomb retourna en Espagne. Il n'eut pas de peine à prouver son innocence et fut délivré de ses chaînes.

En 1502, à 67 ans, il entreprit un quatrième voyage. Il vit, avec angoisse, le désordre gouvernemental ruiner des îles où naguère il avait apporté des lois dictées par la sagesse. A son retour, la reine Isabelle, sa protectrice, était morte. Vainement il réclama la possession de ses dignités et de ses biens. Le roi ne lui répondit même pas. Colomb se vit abandonné, voué à la misère et à l'oubli.

Le 15 mai 1506, il mourait paisiblement après avoir pardonné à tous ses ennemis. Les chaînes qu'il avait portées et qu'il gardait pieusement près de son lit

Photo. Giraudon

RETOUR DE CHRISTOPHE COLOMB
d'après le tableau de FRANCESCO GANDOLFI *(Musée de Gènes)*

turent, par son ordre, mises dans son cercueil et ense-velies avec lui. Sept ans après, Ferdinand, pris de remords, lui fit faire de pompeuses funérailles; son corps, exhumé(1), fut transféré de la cathédrale de Valla-dolid dans celle de Séville; en 1536, il fut transporté à Saint-Domingue, en 1795 à La Havane, en 1899 en Espagne, à Séville, où il repose maintenant.

Telle fut l'existence de cet homme illustre parmi les illustres. Généreux, indomptable, audacieux, il connut toutes les joies, tous les honneurs, toutes les misères. Ses contemporains méconnurent son grand cœur et son génie; mais l'humanité se souvient et le met au premier rang de ses bienfaiteurs les plus féconds et les plus passionnés.

Réflexion   U^{NE} *volonté forte triomphe de tout.*

« La puissance de la persévérance est prodigieuse. De même que la rivière creuse, avec le temps, les roches les plus dures, la persévérance use les obstacles les plus résis-tants. » J. Pajot.

FILIPPI.

---

(1) *Exhumer.* — Mettre hors de terre. — Déterrer un corps.

BAYARD (1476-1524)

Une vocation arrêtée

C'était dans un petit manoir (1) de la vallée du Graisivaudan, à quelques lieues de Grenoble. Le maître de la maison, se sentant près de sa fin, fit appeler ses quatre fils et leur demanda quel état ils voulaient embrasser.

« — Moi, dit l'aîné, je désire ne pas quitter la maison paternelle. » Les deux plus jeunes déclarèrent que leur vocation les attirait vers la vie religieuse.

« — Et toi, Pierre ? » dit-il au second. — « Monseigneur mon père, répondit-il d'un air riant et d'un ton décidé, je ne désire rien tant que de suivre la carrière des armes, espérant continuer les traditions de bravoure de notre famille ! » Emu jusqu'aux larmes, le vieillard promit de l'aider à réaliser son projet.

Le jeune garçon qui venait de parler ainsi, et qui n'avait que treize ou quatorze ans, était Pierre Terrail, seigneur de Bayard, le futur *Chevalier sans peur et sans reproche*.

Biographie

Bayard appartenait à une famille de vaillants soldats : son trisaïeul avait été tué à la bataille de Poitiers, aux côtés du roi Jean le Bon ; son bisaïeul était mort à Azincourt ; son aïeul avait été mortellement

---

(1) *Manoir.* — Habitation à laquelle était jointe autrefois une certaine étendue de territoire.

blessé à Montlhéry, et son père avait reçu, au service du roi, des blessures qui l'avaient obligé à quitter l'armée.

Il fut convenu qu'on l'enverrait chez le duc de Savoie, où il ferait, en qualité de page, l'apprentissage du métier militaire. Au moment du départ, son père lui donna sa bénédiction. Sa mère, en larmes, lui recommanda « d'aimer et servir Dieu », d'être courtois envers les gentilshommes, serviable à toutes gens, secourable aux veuves et aux orphelins ; de n'être ni médisant, ni menteur, ni flatteur, ni rapporteur, ni envieux ; de vivre sobrement, d'être loyal et de tenir sa parole. Puis, tirant de sa manche une petite bourse où il y avait six écus, elle la lui donna ; et le jeune Bayard prit congé de tous les siens.

Au bout de six mois, le duc de Savoie l'emmena à Lyon, où se trouvait Charles VIII. Bayard plut au roi, qui l'attacha à la personne d'un de ses gentilshommes. A 17 ans, il cessa d'être page et devint homme d'armes dans une compagnie d'ordonnance.

Dans les tournois (1), qui étaient une des distractions favorites de la noblesse, il se signala par sa courtoisie et sa bravoure, et acquit une grande réputation.

---

(1) C'étaient des combats singuliers que se livraient, en *tournoyant* autour d'une piste circulaire et pour le plaisir seulement d'une assemblée d'élite, deux chevaliers dont les lances étaient préalablement démunies de leurs fers. C'était à celui des deux champions qui jetterait l'autre à bas de son cheval. Ces jeux n'étaient pas toujours sans danger, témoin ce tournoi qui se termina, en 1559, par la mort du roi Henri II, mortellement atteint dans l'œil par le bois rompu de la lance de son ami Montgomery.

Lorsque Charles VIII entreprit les guerres d'Italie, Bayard l'accompagna, et, à la bataille de Fornoue, il eut deux chevaux tués sous lui. Il suivit Louis XII dans ses expéditions du Milanais et du royaume de Naples, et se signala par ses exploits. Un jour, il poursuivit les ennemis avec une telle impétuosité que, sans s'apercevoir que les Français ne le suivaient pas, il entra dans Milan, où il fut fait prisonnier. Mais Ludovic le More, émerveillé de son audace et égayé par ses réparties, le remit en liberté.

Dans une autre circonstance, il défendit seul le pont du Garigliano contre deux cents Espagnols ; acculé à la barrière du pont, il se battit comme un lion jusqu'à ce qu'on vint à son secours.

Le pape Jules II ayant levé une armée contre la France (1), Bayard lui tendit une embuscade (2) ; sans une tempête de neige, il aurait réussi à l'enlever, ainsi que ses cardinaux ; la frayeur du pape avait été si grande, assure-t-on, qu'il en eut la fièvre toute la journée.

Bayard prit part à l'assaut de Brescia, où il fut grièvement blessé, et à la bataille de Ravenne, où fut tué Gaston de Foix. Il guerroya en Navarre contre le roi d'Aragon, puis en Picardie, contre les Anglais.

Il retourna en Italie avec François Ier. A Marignan, il eut un cheval tué sous lui, et sa bravoure contribua à

---

(1) Au moyen âge les papes non seulement étaient des pontifes religieux, mais ils défendaient aussi, même l'épée à la main, des intérêts laïques, parfois en opposition avec leur mission spirituelle.

(2) *Embuscade.* — Lieu où l'on place des soldats, des gens armés, pour surprendre l'ennemi ; ce lieu était souvent un petit bois.

faire donner à cette bataille le nom de *combat de géants* (1). François Ier demanda à Bayard de l'armer chevalier, accordant ainsi à un simple capitaine, qu'il tenait en très haute estime, un insigne honneur qu'auraient pu revendiquer des princes comme le connétable de Bourbon.

Quand la lutte commença contre la maison d'Autriche, Bayard fut chargé de défendre Mézières que voulaient prendre les Impériaux (2). Il se jeta dans la ville et résista pendant trois semaines à des forces dix fois supérieures, donnant de la sorte au roi le temps de lever une armée.

Puis on le renvoie en Italie, où il se signale par de nouvelles actions d'éclat. Mais Bonnivet, qui commande l'armée française, est contraint de battre en retraite. Blessé, il désigne Bayard pour le remplacer. Le *bon chevalier* se multiplie et tient les Espagnols en respect ; mais, au passage de la Sésia, au moment où il ralliait sa troupe après une charge, une pierre lancée par une arquebuse (3) lui brisa la colonne vertébrale. Son écuyer le descendit de cheval et l'adossa à un arbre.

Bientôt arriva Pescaïre, chef des troupes espagnoles,

---

(1) *Combat de géants.* — Combat rappelant ceux que se livraient les êtres fabuleux, d'une taille énorme, appelés géants dans la mythologie.

(2) *Impériaux.* — Les soldats à la solde de l'empereur germanique Charles-Quint, maître de l'Autriche, des Pays-Bas, de l'Espagne et des immenses territoires que cette dernière puissance possédait au delà des mers.

(3) *Arquebuse.* — Arme à feu qui est venue avant le mousquet et le fusil.

qui le salua, le fit étendre sur un lit de camp et protéger par un pavillon. Le connétable de Bourbon (1), son ancien compagnon d'armes, s'arrête à son tour pour lui dire quelle peine il éprouvait à le voir ainsi.

« — Je vous remercie, dit Bayard, mais ce n'est pas moi qu'il faut plaindre, car je meurs en homme de bien et servant mon roi, tandis que vous combattez contre votre foi et votre roi. »

Bourbon courba la tête sans répondre ; puis, remontant sur son cheval, il partit au galop. Bayard mourut quelques heures après. Les Espagnols le pleurèrent, comme les Français, et rendirent les honneurs à sa dépouille mortelle. Ses serviteurs le rapportèrent à Grenoble, où il fut inhumé dans l'église Saint-André (1524).

Bayard était populaire de son vivant. Il l'est resté après sa mort. Rien de plus explicable que la célébrité qui s'attache à son nom.

D'abord, il eut une qualité française entre toutes, la *bravoure*. Son intrépidité était extrême. Il était toujours le premier à l'attaque et le dernier à la retraite. Sa vaillance ne l'empêchait d'ailleurs pas d'être prudent, au besoin, et d'employer des ruses de guerre. Sa bonne humeur dans les combats, sa verve, ses joyeux propos, doublaient l'entrain de ses hommes.

Profondément désintéressé, il leur distribuait les

---

(1) Le connétable de Bourbon, traître à la France, était passé au service de l'empereur germanique.

sommes qu'il recevait du roi, de même que le produit des rançons. Ce mépris de l'argent lui fit repousser sans peine les offres de nos ennemis pour l'attirer à leur service.

Il fut d'une loyauté absolue ; sa parole était pour lui chose sacrée ; une fois engagée, même envers des hommes méprisables, il ne la reprenait pas.

Enfin il se montra toujours honnête, doux, ennemi du pillage et de la rapine ; jamais il ne s'en alla sans payer ce qu'il avait pris. Les Allemands mettaient ordinairement le feu aux maisons qui les avaient abrités : Bayard sortait le dernier et empêchait ses hommes de piller, de brûler, de commettre des violences. Dans un siècle très rude, il humanisa la guerre (1).

C'est donc à juste titre que l'on honore la pure mémoire du « Chevalier sans peur et sans reproche ».

J. GROS.

---

(1) *Il humanisa la guerre.* — Il la rendit plus humaine, moins barbare.

LUTHER (1483-1546)

Le courage de la foi

Nous devons tolérer les croyances d'autrui, mais lorsque nos croyances sont attaquées, nous avons l'obligation de les défendre.

C'est ce qu'a fait Luther. Mandé devant la diète (1) de Worms par l'empereur Charles-Quint, il s'y rend, bien qu'il ait sans cesse à craindre le sort de Jean Huss (2).

A ses amis qui lui conseillaient de ne point partir, il répond : « Si je ne puis y aller bien portant, je m'y ferai conduire malade... Tout ce qu'il faut avoir en vue, c'est que l'Évangile ne devienne pas la risée des méchants et des athées. Je verserai plutôt mon sang. »

Cet homme chétif et seul devant deux cents princes de l'Eglise et de l'Empire, et n'ayant pour force que sa foi, est plus grand que Charles-Quint lui-même.

Biographie

Au XVIe siècle, la liberté de conscience n'existait pas ; l'Eglise, devenue une puissance temporelle, régnait par la violence et par la corruption. Pendant longtemps, elle a tyrannisé les peuples, et les Allemands en conservent encore un pénible souvenir. Dans une légende, ils racontent que, sur un rocher de

---

(1) *Diète*. — Assemblée qui, en principe, n'était réunie que pour un jour et ne délibérait que sur une importante question d'état, ou un gros procès politique.

(2) Célèbre réformateur qui fut brûlé vif, malgré le sauf-conduit de l'empereur germanique Sigismond.

la Thuringe (1), la plus illustre victime des papes, l'empereur Frédéric Barberousse (2), dort sur une chaise de pierre en attendant la libération.

C'est précisément dans ce pays que naquit Luther. Il appartenait à une pauvre famille de paysans, qui n'auraient pu le faire instruire sans l'aide d'une dame charitable. L'enfant se montra, par son travail, digne de la bonté dont il était l'objet, et, après avoir fréquenté diverses écoles, il alla à l'Université d'Erfurth (3).

Au cours d'une promenade, il est frappé de la foudre ; il considère cet accident comme un avertissement du ciel, et, pour faire son salut, il entre dans un couvent. Mais il n'y trouve pas la paix que cherche son âme ; alors il s'en prend à la religion qu'il rêve de réformer.

Auparavant, il va à Rome pour se retremper dans la sainteté ; mais il n'y voit que le spectacle de la corruption et de l'incrédulité ; il s'affermit encore davantage dans son projet de réforme, et bientôt la vente des indulgences (4) lui offre l'occasion d'attaquer les abus de l'Église.

Effrayé, le pape lui envoie un cardinal afin de le ramener dans son ancienne foi.

---

(1) Région de l'Allemagne centrale.

(2) Empereur germanique du XII° siècle, qui ne cessa de disputer à la papauté les riches territoires de la vallée du Pô, fut excommunié et périt mystérieusement en Asie Mineure au cours de la troisième croisade.

(3) Ville de Saxe.

(4) Les papes, pour soutenir leur vie fastueuse et leurs ambitions politiques, trafiquaient des indulgences.

— Ah ! malheureux moine, lui dit l'envoyé, vous jetez le discrédit sur notre sainte religion.

— La religion ne peut que profiter des attaques contre les abus dont elle meurt.

— Vous ne craignez donc pas de semer l'incrédulité et de provoquer la révolte ?

— Non, car la croyance véritable est faite de raison, et c'est la raison seule qui peut faire régner la paix sur la terre.

Sa querelle avec Rome retentit dans toute l'Allemagne, et, pour calmer le pays, Charles-Quint cite Luther devant la diète de Worms (1). Le réformateur s'y rend ; il défend ses idées avec courage ; à son retour, au passage d'une forêt, il est enlevé par des cavaliers et enfermé au château de la Wartbourg (2).

Il profite de cet asile pour s'adresser au peuple allemand ; à son appel, le sentiment national se réveille ; de toutes parts on s'insurge contre Rome et on embrasse le protestantisme.

En prêchant la liberté religieuse, il fait revendiquer la liberté politique et soulève les paysans contre les seigneurs. Mais la révolution se produit trois siècles trop tôt ; elle est noyée dans le sang. Luther arrive enfin à pacifier les partis. Il consacre les dernières années de sa vie à défendre sa doctrine contre les attaques de ses adversaires et les exagérations de ses disciples.

Dans son cœur de patriote, il souffre de l'anarchie

---

(1) Ville d'Allemagne, sur le Rhin.

(2) Château-fort situé sur un rocher escarpé du grand-duché de Saxe-Weimar, en Allemagne.

de son pays; mais il espère en l'avenir parce qu'il place sa confiance dans l'instruction du peuple.

Luther est un des libérateurs de la conscience humaine.

Réflexion

Luther *nous montre qu'il faut avoir la foi, et que la foi véritable, la foi laïque, est faite de libre examen, de conscience et de raison.*

N'acceptons de croire qu'après examen, mais croyons à quelque chose; croyons à ce qui est vrai, à ce qui est bien, à ce qui est beau; car cette croyance fait la force, la grandeur et la dignité de l'homme.

MATHON.

MICHEL-ANGE (1475-1564)

❧ ❧ ❧

Michel-Ange apportait au travail une ardeur incroyable. Quand il avait entrepris un ouvrage, il s'y consacrait tout entier, avec une sorte d'emportement.

En 1508, il commença les fameuses peintures de la Chapelle Sixtine (1), qui sont encore aujourd'hui une des merveilles de Rome. Il ne se laissa rebuter ni par l'immensité de l'œuvre, ni par son peu d'expérience de la peinture à fresque (2), ni par les impatiences du pape Jules II, qui l'importunait sans cesse.

Durant quatre années, il s'enferma chaque jour dans la chapelle, du matin à la nuit close, travaillant seul, préparant lui-même ses couleurs, dormant parfois tout habillé sur ses échafaudages, ne prenant qu'un léger repas à la fin de la journée.

Au bout de ces quatre années de fièvre, il se trouva épuisé ; sa vue surtout était très affaiblie par la longue habitude qu'il avait prise de regarder vers le haut ; plusieurs mois après, dit un de ses biographes, il ne pouvait encore regarder un dessin, ni lire une lettre sans l'élever au-dessus de sa tête.

❧

---

(1) La Chapelle Sixtine est dans le Vatican, palais des papes.
(2) La peinture à fresque se fait avec des couleurs détrempées dans l'eau de chaux, sur un mur fraîchement enduit.

Biographie   M ICHEL-ANGE est un des plus merveilleux artistes qu'on ait jamais vus.

Il vécut à une époque favorable entre toutes à la production des œuvres d'art: au XVIe siècle, les principales villes de l'Italie, Venise, Milan, Gênes, Florence, Rome, Naples, étaient des cités actives et opulentes, où se pressait un peuple voluptueux et raffiné. Au moment où la France, à demi barbare, était encore plongée dans les maux de la guerre de Cent ans, les Italiens étaient déjà civilisés et passionnés pour toutes les belles choses ; ils aimaient les beaux vers, la belle musique, les belles peintures ; ils ornaient leurs places de beaux édifices et de nobles statues ; ils raffolaient des fêtes somptueuses, des cortèges pittoresques, où étaient prodiguées les pierreries, les riches tapisseries, les armes étincelantes. Les vestiges de la glorieuse civilisation antique étaient exhumés de la vieille terre romaine (1) et réunis dans les musées, où chacun pouvait les contempler.

La longue vie de Michel-Ange, qui dura 89 ans, s'écoula presque tout entière dans les deux villes où ce culte des arts était le plus fort et le plus pur : à Florence et à Rome. Il se trouva donc dans d'heureuses conditions pour cultiver ses aptitudes naturelles ; il n'eut pas de peine à découvrir des maîtres habiles qui dirigèrent ses premiers essais ; dans les musées, les chefs-d'œuvre de la statuaire

---

(1) 1500 ans auparavant, l'Italie, grâce aux Romains, s'était déjà élevée à une brillante civilisation.

grecque (1) lui révélèrent la beauté parfaite ; des protecteurs éclairés, tels que les Médicis (2) et les papes Jules II ou Léon X, lui fournirent les moyens de déployer tout son génie.

Mais il possédait une chose bien plus précieuse encore, que ne peuvent donner les meilleurs maîtres, ni les plus beaux modèles, ni les protecteurs les plus généreux : il avait un esprit d'une puissance extraordinaire, une sensibilité profonde, une imagination fougueuse ; il était du petit nombre de ces hommes prodigieux, de ces géants de la pensée, qui étonnent et subjuguent les autres hommes par la sublime grandeur de leurs œuvres.

En outre, son rare génie avait été fécondé par la souffrance, cette grande éducatrice qui, en remuant notre âme jusque dans ses plus intimes profondeurs, nous aide à nous connaître nous-mêmes, et développe en nous les plus nobles sentiments, la pitié, le dévouement, l'héroïsme, la haine du mal. Michel-Ange a connu la douleur salutaire ;. il a souffert des maux cachés sous les brillantes apparences de son époque. L'Italie était alors, en effet, sous ses élégances et ses raffinements, profondément corrompue. Ses habitants, gorgés de richesses, étaient devenus efféminés ; la notion d'honnêteté semblait perdue ; on ne comptait plus, pour réussir, que sur la ruse, le poison, le meurtre.

---

(1) Quelques siècles avant J.-C., la Grèce a produit des architectes et des sculpteurs (Phidias entre autres) qui sont restés inimitables.

(2) La famille des Médicis régnait sur Florence, au XVe et au XVIe siècle ; elle a fourni à la France deux reines, Catherine et Marie de Médicis.

Des princes ambitieux profitèrent de ces désordres
pour fonder dans chaque ville un pouvoir tyrannique ;
les étrangers (1) vinrent à leur tour, attirés par les splen-
deurs de l'Italie, et l'anarchie (2) fut à son comble.

Michel-Ange souffrait de voir le triomphe de la four-
berie, l'oppression et le pillage de sa patrie ; il savait
que sa liberté et sa vie même dépendaient de la violence
de ses envieux, et ces spectacles emplissaient de désespoir son âme généreuse. Voilà pourquoi il aima la soli-
tude, et se réfugia tout entier dans son art : il ne se
consolait des tristesses de la réalité qu'en exprimant,
par le ciseau ou par le pinceau, les sombres pensées
qui l'agitaient. Concevoir et exécuter, au prix de médi-
tations ardentes et d'un travail forcené, une de ces
œuvres où éclate le mépris d'une âme fière pour une
société corrompue, c'était pour lui le seul moyen
d'adoucir l'amertume dont son cœur était plein. Aussi
apportait-il au travail une véritable furie. Il aurait pu
mener une existence brillante, car il était riche ; il
renonça à tout, n'eut pas de famille, vécut seul, sobrement, pauvrement ; afin d'avoir l'esprit plus dispos et
de pouvoir mieux suivre ses grandioses visions, il lui
arrivait de ne prendre, pour toute une journée, qu'un
peu de pain et de vin ; souvent aussi, quand il était

---

(1) Les empereurs germaniques d'abord (voir note 2 page 81), puis
les Français, conduits par Charles VIII, Louis XII et François Ier,
envahirent plusieurs fois l'Italie.

(2) Les villes d'Italie étaient rivales les unes des autres ; l'unité
italienne ne devait être fondée qu'en 1870.

épuisé de fatigue, il se couchait tout habillé, afin d'être prêt à se remettre à l'ouvrage dès que le sommeil l'aurait un peu reposé.

Il n'est pas étonnant qu'un tel homme ait produit des œuvres d'une beauté étrange et puissante : de nombreuses statues, les immenses peintures de la Chapelle Sixtine, le dôme audacieux de l'église Saint-Pierre.

Réflexion — Les grands poètes et les grands artistes sont supérieurs à la masse des autres hommes ; leurs œuvres, sorties, par un douloureux effort, de leur sensibilité profonde et de leur imagination enflammée, nous aident à nous élever au-dessus des vulgarités de la vie ; elles nous rendent plus nobles et plus forts ; efforçons-nous donc de les comprendre.

Turquet.

Photo. Giraudon

MICHEL-ANGE — LA SIBILLE DE CUMES
(à la chapelle Sixtine du Vatican)

MICHEL DE L'HOPITAL (1506-1573)

❧ ❧ ❧

**Tolérance
du chancelier
de L'Hôpital**

CE n'est pas sans raison qu'on voit le vénérable chef de la justice prêcher la tolérance ; car la tolérance n'est que pure justice.

L'homme, précisément parce qu'il est homme, a le droit de penser d'après sa conscience, et les autres ont le devoir de le respecter dans sa foi, afin d'être respectés eux-mêmes dans la leur.

Soyons tolérants et aimons tous les hommes parce qu'ils sont nos semblables. C'est ce que disait Michel de L'Hôpital : « Otons ces mots diaboliques, noms de partis et de séditions, luthériens, huguenots, papistes ; ne changeons pas le nom de chrétiens. »

❧

Biographie

LA tolérance est une conquête des temps modernes. Pendant longtemps l'intolérance a été prise pour la vertu, et les hommes les plus vénérés de la foule étaient ceux qui renversaient les idoles, démolissaient les temples et brûlaient les hérétiques. On confondait alors la tolérance avec la faiblesse ; et cependant il faut souvent plus de force pour respecter l'opinion des autres que pour faire prévaloir notre propre opinion. Car il arrive que, sans le vouloir, et quelquefois sans le savoir, nous nous abusons sur notre droit et nous commettons l'injustice.

Nul n'était mieux qualifié pour le dire que Michel de L'Hôpital ; car lui-même a eu à supporter les conséquences de fautes qu'il n'avait pas commises.

Fils d'un médecin du connétable de Bourbon (1), il se voit emprisonné parce que son père a suivi le général dans son exil. Ensuite, il est obligé de s'exiler lui-même ; il achève ses études en Italie, et, grâce à la protection de Charles-Quint, il obtient une charge à la cour du pape.

Mais la faveur de Rome ne peut lui faire oublier sa patrie ; il obtient la permission de revenir en France et il entre au Parlement de Paris où il se fait remarquer par ses talents et par ses vertus. Quelque temps après, il est nommé surintendant général des finances et enfin chancelier de France (2).

Intègre autant que clairvoyant, il a pour unique but de rétablir l'ordre public et de faire régner la tolérance. Sentant tout le danger que faisaient courir à la France les guerres de religion, il essaie de conjurer les troubles ; mais le calme de sa raison ne fait pas l'affaire des violents, et, un jour, il est pris à partie par le cardinal de Lorraine (3).

— Vous êtes l'auteur responsable des maux dont souffre la France.

— C'est sans doute parce que j'ai tout fait pour les éviter.

---

(1) Célèbre général, véritable vainqueur à Marignan ; par dépit il trahit la France (voir note 1 page 78).

(2) Chef de la justice, avant la Révolution.

(3) Frère de François de Guise, dit le Balafré, oncle de Henri de Guise.

— Mais vous savez bien qu'il n'y a de paix que dans une bonne religion.

— La meilleure religion est celle qui dit que tous les hommes sont frères.

— Je vois que votre prétendue sagesse est de l'incrédulité.

— Vous vous trompez, ce n'est que de la raison.

Mais les fanatiques ne peuvent guère comprendre un pareil langage ; ils conspirent contre L'Hôpital, qui est disgracié.

Alors le chancelier cherche la consolation dans l'étude ; mais son repos est cruellement troublé par les maux de la France, par les persécutions, par les assassinats et surtout par le massacre de la Saint-Barthélemy (1).

L'Hôpital faillit être victime de ce grand crime ; il ne survécut que quelques mois à l'odieuse journée qu'il ne cessait de maudire. Il mourut de chagrin.

Ainsi disparut cette belle figure d'une majesté presque antique, et qui porte en elle la leçon de toute une époque.

❧

Réflexion — APPRENONS *du chancelier de L'Hôpital que la tolérance est le principal de nos devoirs ; supportons les autres afin d'être supportés nous-mêmes ; c'est à cette condition que nous pourrons être pleinement justes.*

MATHON.

---

(1) Voir Coligny, page 92.

L'AMIRAL COLIGNY (1519-1572)

Le vendredi 22 août 1572, Coligny avait été blessé par Maurevert, un homme à la solde des Guises (1). Il gardait le lit.

Dans la nuit du 23 au 24 août, il avait près de lui, dans sa chambre, le grand chirurgien Ambroise Paré et le pasteur Merlin. Entre 3 et 4 heures du matin, la cavalerie du duc de Guise emplit la rue. Les gardes du roi, qui étaient chargés de veiller à la sûreté de l'amiral, se joignirent à ses assassins. Leur capitaine, Cosscius, frappe au nom du roi ; le gentilhomme qui ouvre la porte est poignardé. L'amiral, entendant du bruit, se lève et revêt une robe de chambre. Très calme, il dit à ceux qui l'entourent : « Il y a longtemps que je suis disposé à mourir... Mais sauvez-vous, vous autres, s'il est possible. » Tous sortirent et s'échappèrent, la plupart par le toit.

Les assassins étaient déjà dans l'escalier. Ils enfoncèrent la porte de la chambre et deux serviteurs des Guises entrèrent les premiers ; c'étaient le Picard Attin, et l'Allemand Behme. Pendant un instant, ils furent interdits par l'extraordinaire tranquillité du vieillard. Et l'impression fut telle sur Attin que, pendant plusieurs jours, il resta blême et tremblant.

Behme, ivre sans doute, s'avança enfin et demanda : « N'es-tu pas l'amiral ? » — « Jeune homme, répondit posément Coligny,

---

(1) Chefs du parti catholique pendant cette période des guerres de religion.

tu viens contre un blessé et un vieillard... » Behme poussa un horrible juron et lui enfonça dans le ventre un gros épieu qu'il tenait dans la main. L'amiral tomba ; alors Behme le frappa plusieurs fois sur la tête ; les autres, enhardis, frappèrent à leur tour.

Guise, à cheval dans la cour, s'impatientait : « Behme, as-tu fini ? » — « C'est fait ! » répondit l'Allemand. Et, aidé de Sarlabous, ancien capitaine de Coligny, il jeta le corps par la fenêtre. Un Italien, Petrucci, lui coupa la tête et la porta au roi et à Catherine de Médicis. Le corps, affreusement mutilé, fut traîné dans les rues de Paris et suspendu au gibet de Montfaucon.

Ainsi mourut, odieusement assassiné, un homme de qui Michelet a dit qu'il fut « avant tout un bon Français, un protestant sans doute, mais, encore plus, un grand et excellent citoyen ».

❦

Biographie   L'HOMME dont nous venons de raconter la mort tragique a joué un grand rôle dans notre histoire.

Fils du maréchal de Coligny, seigneur de Chatillon-sur-Loing, il naquit à Chatillon le 16 février 1519. Son père mourut, à Dax, deux ans après. Sa mère, Louise de Montmorency, sœur du Connétable de même nom, qui était une femme instruite et d'une haute valeur morale, choisit, comme précepteur de ses fils, un homme qui était à la fois un savant et un homme de bien, Nicolas Bérauld. Ce maître réputé développa toutes les bonnes qualités de ses élèves et en fit, à des degrés différents, des hommes remarquables.

Notre héros prit part, dès l'âge de 20 ans, en qualité

de volontaire, à la guerre que la France soutenait contre
Charles-Quint. Il fit preuve de la plus grande bravoure.
« Coligny, dit Brantôme, était vaillant et hardi et il le
« pouvait être, car il était issu de très vaillants pères et
« aïeux. »

En 1544, le dauphin, plus tard Henri II, qui appréciait hautement Coligny, le nomma colonel d'un régiment d'infanterie. Coligny n'avait que 25 ans; mais
« sa gravité extraordinaire, son éducation forte et
« savante, sa bravoure éprouvée (1) », le rendaient digne
de cette haute situation. Les armées de cette époque ne
ressemblaient guère à celles de notre temps : elles
vivaient sur les pays traversés, amis ou ennemis; les
soldats commettaient toutes sortes de brigandages.
Coligny travailla à corriger de pareilles mœurs : il
exigea une sévère discipline et punit de mort les vols,
les pillages, les meurtres. Il passait pour cruel; mais,
dit Brantôme (2), « sa cruauté a sauvé la vie à un million
« d'hommes et a conservé leurs biens et facultés, car
« auparavant ce n'étaient que pilleries, rançonnements,
« meurtres, querelles parmi les bandes... ».

Le successeur de François Ier, Henri II, nomma
Coligny « colonel et capitaine de toutes les bandes de
gens de pied français ». C'est en cette qualité qu'il prit
part à la guerre des trois évêchés (Metz, Toul, Verdun).
Il fut nommé amiral par Henri II.

---

(1) Michelet.
(2) Pierre de Bourdeille, abbé et seigneur de Brantôme (1527-1614),
chroniqueur français, a écrit la Vie des Grands Capitaines.

En 1555, les Espagnols, conduits par leur roi, Philippe II, envahirent le nord de la France. Pour les arrêter, Coligny se jeta dans Saint-Quentin, avec son frère Dandelot. La ville avait de très mauvaises fortifications et l'amiral n'y trouva que quelques soldats. « Coligny rendit alors à la France un service digne d'une « éternelle mémoire. Il arrêta pendant dix-sept jours, « avec une poignée de soldats, l'armée victorieuse de « Philippe II, et, quand les Espagnols entrèrent dans la « ville, Paris en armes ne pouvait plus tomber entre « leurs mains. La noblesse française avait eu le temps « d'accourir autour du roi et l'ennemi affaibli était hors « d'état de poursuivre ses avantages (1). »

Après le traité de Cateau-Cambrésis et la mort de Henri II, en 1559, commence une des périodes les plus tragiques de notre histoire, c'est l'époque des guerres de religion. Coligny, qui venait d'adhérer au protestantisme, fit tout pour les empêcher. A l'assemblée des notables de 1560, il représentait avec le chancelier de L'Hôpital le parti de la tolérance. Ce n'est qu'après l'odieux massacre de Vassy et les meurtres des protestants qui se commirent à cette époque dans toute la France, que, pressé par sa femme et ses amis, Coligny se décida enfin à entrer dans la lutte (1562); lutte effroyable où des deux côtés on fit appel à l'étranger, où des deux côtés des crimes affreux furent commis.

Par sa grande bravoure, sa ténacité et sa science de la guerre, Coligny sauva les armées protestantes des

---

(1) Michelet.

plus grands désastres. A la bataille de Dreux, le prince de Condé fut pris et les protestants vaincus. Mais le lendemain, Coligny et ses frères, Odet et Dandelot, étaient prêts à recommencer la lutte. On sut dès ce jour qu'il était impossible de vaincre Coligny. En 1567, à Saint-Denis, près de Paris, des négociations s'engagèrent ; Coligny demanda la liberté du culte, la réduction des impôts, l'admission égale aux emplois, enfin la convocation des États généraux. La cour répondit en attaquant l'armée protestante. La victoire resta indécise. A cette époque, Coligny fut frappé dans ses plus chères affections. Il perdit sa femme, Charlotte de Laval ; elle mourut du typhus, à Orléans, où elle était venue soigner les malades et les blessés. Quelques mois plus tard, mouraient aussi ses deux frères, empoisonnés, dit-on.

Ces deuils cruels n'arrêtèrent pas son activité. Il s'empara du Haut-Poitou, fut vainqueur à La Roche-Abeille en Limousin, et s'il fut blessé et vaincu à Moncontour, il fit une retraite en si bon ordre, si imposante, que Tavannes, le principal général catholique, dit : « Il faut faire la paix. » Par une campagne hardie dans le Midi et en Bourgogne, Coligny l'imposa et elle fut signée le 8 août 1570, à Saint-Germain.

Le roi Charles IX se rapprocha de l'amiral et l'appela à Paris. Coligny, dans l'intérêt des protestants, accepta l'invitation royale. Charles IX le reçut « comme il eut fait de son sauveur ». Nous avons raconté comment Coligny fut une des premières victimes de la Saint-Barthélemy.

Enfin n'oublions pas que Coligny fut un des princi-

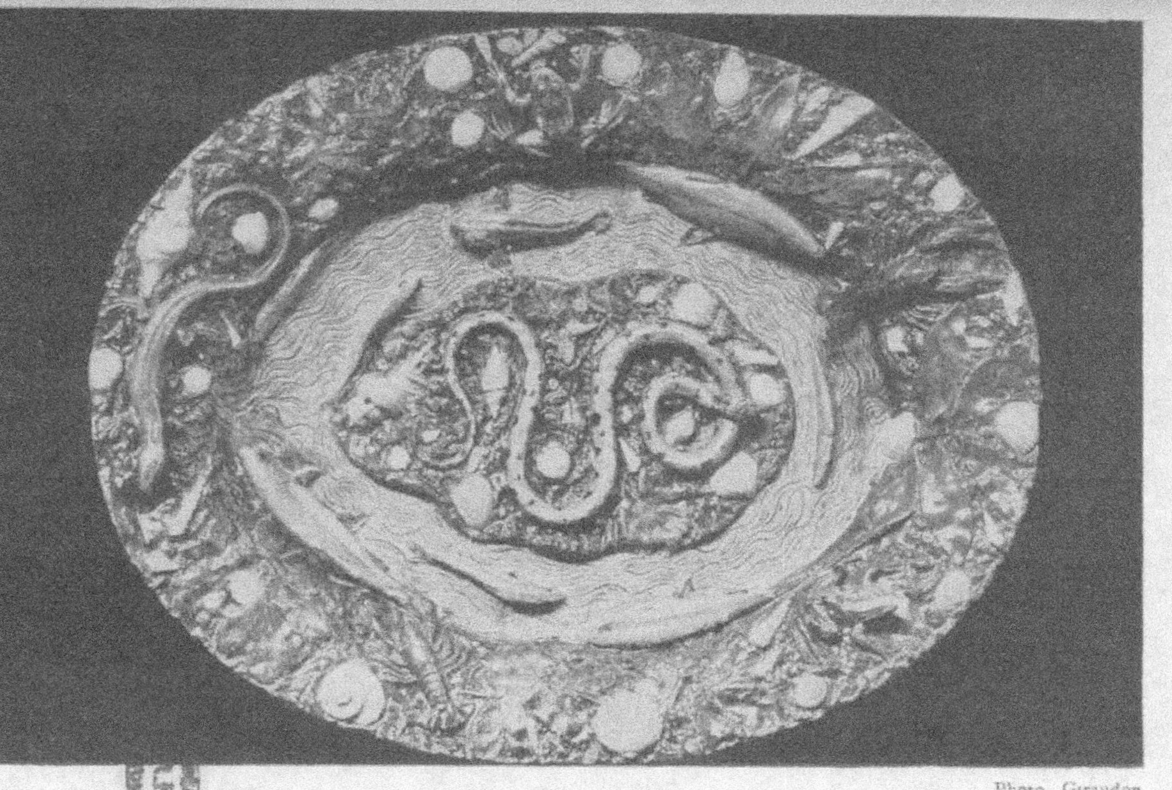

Photo. Giraudon

Plat antique, en faïence émaillée, de BERNARD DE PALISSY
(Musée du Louvre)

paux promoteurs du grand mouvement colonial qui se dessina en France dès le xvie siècle. Ce grand Français, prévoyant les suites des guerres religieuses, s'efforça d' « ouvrir de nouvelles patries au delà des mers » à ceux qu'effrayait la lutte et à ceux qu'elle devait rejeter vaincus hors du champ de bataille. C'est lui qui dirigea nos premiers colons sur la côte de Floride et prépara notre établissement au Canada.

Réflexion — *C*E *qui fait la grandeur de Coligny, c'est qu'avec toutes les vertus des chevaliers du moyen âge, il eut aussi les meilleures des aspirations des penseurs modernes. Au milieu des horreurs de la guerre, il se montra plein de compassion pour les vaincus et les non-combattants. Fils de la Renaissance, il comprit le grand rôle de l'instruction et proclama la nécessité d'instruire, d'éclairer la raison humaine. « L'instruction, disait-il, est un singulier bienfait de Dieu ».*

E. CHARBEAU.

BERNARD PALISSY (1510-1589)

❖ ❖ ❖

Douce Folie! Dans une des rues du vieux Saintes, vers le milieu du XVIᵉ siècle, on pouvait voir un homme errer, pâle et maigre, les vêtements et les cheveux en désordre, les yeux hagards comme s'il était sous l'empire d'une hallucination (1). Les jeunes enfants le poursuivaient de leurs moqueries. On le croyait fou. Mais cet homme savait très bien ce qu'il voulait. Il fuyait la demeure inhospitalière où sa femme, d'humeur acariâtre, l'accablait tout le jour de reproches. Il allait, dans les marais qui bordent la Charente, au milieu du calme de la nature qu'il adorait, poursuivre son idée fixe et mûrir sa découverte : depuis dix ans, Bernard Palissy, humble potier mais grand artiste, cherchait le secret de l'émail.

❖

Biographie La vie de Palissy est une des plus curieuses qu'il soit donné de raconter.

Nous savons peu de choses de son enfance, sinon qu'il est né vers 1510, dans un petit village du Périgord, d'une famille très pauvre. Quelques années plus tard, il est apprenti, puis ouvrier dans une « vitrerie » de Saintes. Son rôle consiste à colorier du verre et à le découper en petits losanges que l'on assemble pour composer les fenêtres des églises. Palissy était intelli-

---

(1) Sorte de folie passagère qui trouble les sens et l'imagination.

gent : il avait appris à lire tout seul. En voyant, dans l'atelier où il travaille, des ouvriers, plus habiles que lui, peindre les beaux vitraux des riches cathédrales, il sent s'éveiller sa vocation artistique. Toujours seul, il étudie le dessin, le modelage, la géométrie, l'architecture, et fait de si rapides progrès qu'il étonne tout le monde.

A cette époque, il n'y a pas d'écoles professionnelles et les livres sont rares. On s'ignore d'une province à l'autre. Quiconque veut connaître à fond son métier et y devenir maître doit aller faire son « tour de France ». Palissy boucle son sac et part. Nul ne profite plus que lui de tout ce qu'il voit, car son esprit est presque universel, séduit indistinctement par l'industrie, par les arts, par la nature. A trente ans, cet homme, qui n'a rien appris dans les livres, a les connaissances les plus étendues de son temps. Cette science ne le rend pas ambitieux : il s'établit à Saintes comme géomètre-arpenteur, se marie et se trouve bientôt dans l'aisance.

L'avenir, un avenir modeste mais tranquille, souriait donc à Palissy. Mais l'artiste couve en lui et les tracas vont survenir, car selon sa forte devise, « pauvreté nuit au génie ».

Un jour, un seigneur du voisinage lui donne une coupe de terre émaillée, très belle, œuvre sans doute d'un artiste italien. Bernard Palissy tombe en admiration. Aller en Italie apprendre la fabrication de ce brillant émail, il n'y faut pas penser : les princes italiens punissent de mort les ouvriers qui tentent de divulguer le secret. Palissy se met en tête de le découvrir lui-même. Comme il n'a que des données très insuffisantes sur la composition de l'émail, il travaille un peu au hasard, broyant les matières qu'il croit bonnes, les appliquant sur de petits morceaux de terre cuite qu'il numérote, utilisant les fours des potiers de la ville; ses tentatives demeurent longtemps infructueuses.

Palissy n'est pas de ceux que l'insuccès décourage : il sait le prix de la persévérance. Mais sa femme est là, lui reprochant amèrement ses folles dépenses, ses enfants sont là aussi qui lui rappellent les exigences de la vie. Les économies ont disparu et le crédit, bientôt, se ferme devant lui. Alors, pour un moment, Palissy abandonne sa chimère (1). Il trouve à arpenter les marais salants du Poitou et de la Saintonge, provinces que François Ier vient de soumettre à la gabelle ou impôt sur le sel.

Bernard Palissy peut bientôt revenir à ses recherches. Il avait attribué ses échecs, avec raison d'ailleurs, à l'insuffisance de la chaleur des fours. Un jour, dans un four de vitrier, il constate un commencement de fusion. Son espoir est immense. Il veut avoir un four à lui. Mais ce four coûte cher : il le construit lui-même par économie. Il travaille ainsi des mois entiers, sans se préoccuper de la misère qui est revenue s'installer à

---

(1) Idée, pensée irréalisable.

son foyer, absorbé par ses préparatifs, indifférent aux railleries, aux calomnies même de ceux qui l'accusent d'être faux monnayeur.

Enfin arrive le jour de la grande expérience. Pendant six jours et six nuits, seul devant son brasier qu'il active sans cesse, il surveille les progrès de la fusion et de la vitrification de l'émail. Il chauffe, chauffe toujours. Mais le bois manque : il court au jardin, abat les clôtures, les arbres. Sa femme, ses enfants, effrayés, s'enfuient par la ville et il s'en faut de peu que les voisins ne s'emparent de lui pour l'enfermer. Cependant la flamme baisse. Quelques heures encore pourtant, il le faut ! Alors Palissy brise ses meubles, arrache le plancher, jette au feu tout ce qui peut brûler. Cette fois le sacrifice n'est pas inutile : l'émail est trouvé. Il y a seize ans que Palissy y travaille !

Il fallut des années encore pour transformer en œuvres d'art ces premiers émaux si imparfaits. Peu à peu l'aisance revint, puis ce fut la célébrité et la fortune. Le connétable de Montmorency lui fit construire un atelier digne de son génie. La reine Catherine de Médicis l'appela plus tard à Paris et le sauva de la Saint-Barthélemy, car il était huguenot.

Sa fin fut malheureuse. A la journée des Barricades (1), il fut arrêté et enfermé à la Bastille. Pour lui sauver la

---

(1) En mai 1588, la haine des Parisiens contre Henri III était à son comble ; ils avaient fait appel au duc de Guise pour le détrôner. Le roi fit occuper la ville par plus de 6.000 hommes ; les Parisiens élevèrent des barricades, dressant dans les rues des sortes de remparts faits de barils remplis de terre, d'où ils ouvrirent le feu contre les troupes royales. La victoire leur resta et Henri III dut s'enfuir à cheval, jurant de se venger de la ville révoltée.

vie, le roi Henri III voulut l'amener à abjurer le protestantisme. « Je sais mourir », lui répondit simplement
ce vieillard de 80 ans. Il expira dans un cachot, de
faiblesse et peut-être de faim.

Réflexion PALISSY *nous donne l'exemple du
courage et de la persévérance.
Comme lui, suivons droit et sans
défaillances le chemin qui mène au but que nous avons
assigné à notre vie.*

RIQUET.

GALILÉE (1564-1642)

Les découvertes de Galilée, son ardeur à défendre le système de Copernic (1), condamné par l'Eglise, attirèrent sur lui les foudres de Rome. Ses ennemis formèrent le projet de lui interdire tout enseignement et obtinrent du pape qu'il serait traduit devant les tribunaux ecclésiastiques.

Le pouvoir de Rome était alors suprême. Les penseurs, les savants, les monarques eux-mêmes étaient obligés de s'incliner devant la volonté toute-puissante du pape. Galilée n'avait personne pour le défendre. Il fut sacrifié.

Une première fois il fut traduit devant une assemblée de théologiens qui lui interdirent de professer la doctrine de Copernic. Galilée accepta, en apparence, cette interdiction, mais il n'en continua pas moins à enseigner ce qu'il savait être la vérité. Il fut alors traduit devant le terrible tribunal de l'Inquisition (2). Menacé des pires tourments, peut-être soumis à la question, il fut obligé de déclarer publiquement qu'il s'était trompé. Voici la formule d'abjuration qui lui avait été imposée par le Saint-Office :

---

(1) Célèbre astronome, né à Thorn, en Bohême (1473), qui, le premier, affirma que le soleil est immobile et que c'étaient la terre et les astres qui tournent autour de lui ; les anciens, au contraire, croyaient que le soleil tournait autour de la terre immobile.

(2) Le tribunal de l'Inquisition, créé par la papauté en 1184, avait pour mission de rechercher les *hérésies* et de les détruire. Il poursuivit cette tâche avec la plus extrême violence, n'hésitant pas à étouffer même dans le sang ce qu'il jugeait une erreur en matière religieuse. C'est ce tribunal qui provoqua, au XIIIe et au XIVe siècles, les massacres des Albigeois, en France, et des Maures, en Espagne, et déchaîna sur l'Europe, au XVIe siècle, la guerre de Trente-Ans.

« Moi, Galilée, dans la soixante-dixième année de mon âge, étant constitué prisonnier et à genoux devant vos Éminences, ayant devant mes yeux les Saints Évangiles que je touche de mes propres mains, j'abjure, je maudis et je déteste l'erreur et l'hérésie du mouvement de la terre... »

On raconte qu'en se relevant, il frappa la terre du pied et murmura : « E pur si muove » (Et pourtant elle tourne !). C'est de la légende, Galilée eût été immédiatement jeté dans les cachots. Il ne prononça pas ces mots, mais sa raison n'accepta jamais l'abjuration qui lui avait été imposée par la force et toute sa vie il resta un ardent apôtre de la vérité.

Biographie — GALILÉE (Galileo Galilei dit) est le véritable créateur de la philosophie expérimentale.

Il est né à Pise en 1564. Sa famille, de petite noblesse, le destinait aux études médicales. A 18 ans, en effet, il était étudiant en médecine à Pise. Mais il suivait aussi des discussions établies à l'Université de cette ville sur la philosophie, et de bonne heure il se signalait par l'audace de ses déductions et l'indépendance de son esprit. Il estimait qu'en matière scientifique, aucune hypothèse ne pouvait prévaloir contre les affirmations du fait expérimental. Après lui, Descartes en France, Bacon en Angleterre, adopteront la même voie. Mais c'est véritablement à Galilée que revient l'honneur d'avoir compris, le premier, la supériorité de la méthode expérimentale sur la méthode philosophique telle que les anciens la comprenaient avec Aristote (1).

---

(1) Voir note, page 25.

Photo. Girandon

GALILÉE devant le tribunal de l'Inquisition.

(d'après le tableau de ROBERT-FLEURY (Musée du Luxembourg)

Les études spéciales auxquelles se livra Galilée lui
firent bientôt comprendre toute l'utilité qu'il devait
tirer de la connaissance approfondie des sciences
mathématiques. Il étudia donc ces sciences avec passion. Ses progrès étonnants lui valurent l'amitié du
comte Guido Ubaldi qui le fit admettre auprès du grand-
duc de Toscane. Ce fut le commencement de la fortune
et aussi l'origine de ses malheurs.

Galilée n'avait que des moyens d'existence bien
modestes. Le grand-duc de Toscane lui confia la chaire
de mathématiques de Pise. Il put alors se consacrer
à ses études expérimentales. Persuadé que la connaissance des lois du mouvement est la base de toute étude
solide de la nature, il se proposa d'établir ces lois
d'après des expériences minutieusement contrôlées et
non plus sur des raisonnements hypothétiques, comme
l'avaient fait, jusqu'à lui, les philosophes qui avaient
exposé ces lois.

Il conçoit les lois de la chute des corps ainsi que
celles du mouvement; il les expose dans des « Dialogues » qu'il publie, et dans des conférences au cours
desquelles il se livre à de nombreuses expériences.
Ces expériences provoquèrent un grand enthousiasme
chez les étudiants et chez les savants sincères. Mais
elles étaient en contradiction avec les affirmations de
l'ancienne philosophie dont les partisans attaquèrent violemment Galilée. Celui-ci, abandonné par le
grand-duc de Toscane, dut quitter la chaire de mathématiques de Pise et retourner à Florence, sans position.

Son protecteur, Guido Ubaldi, grâce à de puissants amis, parvint à lui faire obtenir la chaire de mathématiques de l'université de Padoue.

Plus libre encore qu'à Pise, Galilée recommence à Padoue ses leçons et ses recherches. Il publie plusieurs ouvrages de mécanique, invente divers instruments de précision (le thermomètre, le compas de proportions) et construit des machines que la puissante république de Venise utilise dans ses places de guerre, dans ses ports et sur ses bateaux. En 1604, il découvre une nouvelle étoile, et les observations auxquelles il se livre lui permettent de démontrer les erreurs du système planétaire d'Aristote et de confirmer celui de Copernic.

En 1609, il invente un microscope, puis le télescope, et, le premier, dirige vers le ciel des instruments d'observation perfectionnés. Il voit alors ce que personne avant lui n'a encore vu. Il constate que la surface de la lune est semblable à une terre hérissée de montagnes et de vallées profondes ; que Vénus présente des phases qui prouvent qu'elle est ronde ; que Jupiter est entouré de cinq satellites (1). Il découvre la voie lactée (2), les nébuleuses (3), une infinité d'étoiles ; il constate des

----

(1) On désigne, en astronomie, sous le nom de satellite, un astre qui tourne autour d'un autre astre.

(2) La voie lactée est cette traînée blanche, faite d'une poussière d'astres encore à l'état gazeux, qui barre le ciel par les nuits claires.

(3) Une nébuleuse est une masse gazeuse, de forme irrégulière, ayant l'apparence d'une sorte de nuage : elle flotte dans les immensités les plus lointaines de l'espace, attendant que, dans la suite des siècles, le refroidissement qu'ont subi, que subissent et que subiront tous les corps célestes, la condense en une masse solide qui formera un nouvel astre.

taches mobiles sur la surface du soleil et en conclut que si cet astre ne tourne pas autour de la terre, il tourne du moins sur lui-même, comme la terre. Ces découvertes, exposées dans le « Courrier céleste » qu'il dédie aux princes de Médicis, l'élèvent au-dessus de tous les savants de son temps. Le grand-duc de Toscane le rappelle près de lui et le nomme son mathématicien ordinaire.

Galilée eut le tort de quitter Padoue, où il était en sûreté, pour Pavie où le guettaient les envieux. Le grand-duc de Toscane était obligé d'avoir des ménagements avec Rome. Or Rome ne pouvait admettre les découvertes de Galilée qui étaient en contradiction avec les Ecritures. Galilée fut attaqué avec violence. Ses ennemis, des ecclésiastiques pour la plupart, affirmèrent que ses expériences n'étaient que des visions. On le somma de répudier la doctrine de Copernic à laquelle ses découvertes donnaient tant de force. Galilée la défendit au contraire dans une lettre qu'il adressa à la grande-duchesse de Toscane. Traduit à Rome devant une assemblée de théologiens nommés par le pape, puis devant le terrible tribunal de l'Inquisition, il est obligé d'abjurer ses doctrines, le 22 juin 1633, et est condamné à la prison perpétuelle.

Cette sentence ne fut pas exécutée avec rigueur. Jamais il ne fut jeté dans les cachots. Il jouit même d'une liberté relative et put continuer ses travaux dont il confia les relations à des étrangers. Quelques-unes de ces relations furent publiées en France, d'autres en Hollande. Il fut rendu à la liberté complète en 1638.

Mais, dès 1636, il était devenu aveugle. Il n'en continua pas moins son enseignement à ses disciples qui ne le quittèrent jamais. Tout ce que l'Europe comptait de noble et de distingué allait le visiter dans sa retraite, rendant ainsi un constant hommage au savant persécuté. Il mourut le 9 janvier 1642, à l'âge de 78 ans, l'année même de la naissance de Newton (1).

Jugement Galilée *mérite l'admiration et la reconnaissance des hommes. On ne lui doit pas seulement ses immortels ouvrages et ses précieuses découvertes. Il déploya toujours une activité infatigable pour trouver des adeptes, pour répandre le plus possible ses lumières et exciter partout l'enthousiasme scientifique et l'ardeur dans les recherches. Ce fut un véritable apôtre de la science, et, par là même, un bienfaiteur de l'humanité.*

----

(1) Cet illustre mathématicien, astronome et physicien, né en Angleterre, découvrit les lois de la pesanteur, en 1686, et imagina le calcul infinitésimal.

SAINT VINCENT DE PAUL (1576-1660)

❧ ❧ ❧

Bienfaisance Dès sa plus tendre enfance, Vincent de Paul se montra bon, charitable, bienfaisant.

Pendant l'hiver de 1586, la guerre civile désolait le pays. Catholiques et protestants se livraient des combats fratricides. Les champs, mal cultivés, avaient donné de mauvaises récoltes. Les paysans étaient malheureux.

Le jeune Vincent — il avait alors dix ans — s'efforçait de soulager les infortunes dont il était témoin. Un jour il disposait d'une petite fortune : trente sous. Il destinait ce modeste trésor à l'achat de jouets, si chers à l'enfance ; mais ayant rencontré un pauvre paysan qui paraissait dans une très grande misère, il lui donna tout cet argent sans en réserver la moindre partie.

Tous les samedis, Vincent allait chercher au moulin la farine nécessaire pour les besoins de la semaine. — On connaissait déjà son inaltérable bonté. — Sur son chemin, de pauvres villageois, que les guerres avaient ruinés, sollicitaient sa bienfaisance. S'il avait réuni quelques économies, il s'empressait de les partager entre ces indigents ; mais ses modiques ressources étaient vite épuisées. Il ouvrait alors le sac qu'il portait sur ses épaules et il donnait de la farine à pleines mains.

On disait, dans le pays, que la bienfaisance était née avec lui.

❧

Biographie E 24 avril 1576 naissait à Ran-
quine, hameau du canton de
Pouy, près de Dax (Landes), un
enfant dont la vie entière devait être consacrée à la
bienfaisance. On l'appela Vincent. L'Eglise en a fait un
saint. L'Histoire ne doit pas hésiter à le mettre au rang
des bienfaiteurs de l'humanité.

Son père, Guillaume de Paul, et sa mère, Bertrande
Moras, étaient de pauvres villageois. Vincent les aida
dans les travaux des champs ; il garda les troupeaux de
ses parents.

Cœur sensible et bon, il s'efforça, tout jeune encore,
de secourir les humbles, les malheureux. Sa bonté,
autant que la vivacité et la pénétration de son esprit, ne
tardèrent pas à le signaler à l'attention des Cordeliers
de Dax qui l'accueillirent dans leur maison et firent
son éducation.

Revêtu du sacerdoce en 1600, il est nommé à une
cure, mais il y renonce en faveur d'un compétiteur
malheureux.

Déjà son renom de bienfaisance et de bonté s'étend
dans tout le midi. Un homme de bien l'institue son
héritier. Vincent va à Marseille pour régler la question
de l'héritage avec un débiteur de la succession. A son
retour, qu'il effectue par mer, des pirates turcs le font
prisonnier avec tous ses compagnons de voyage et
l'emmènent en captivité en Barbarie (1) d'où il s'enfuit

---

(1) *Barbarie ou Etats barbaresques.* — Région du nord de l'Afrique,
comprenant le Maroc, l'Algérie, la Tunisie, la Tripolitaine. — Ce
nom ne vient pas de *barbare*, mais de *Berbère*, nom des anciens
habitants de ce pays.

avec la famille d'un renégat (1) qu'il a ramené à la religion catholique.

Tour à tour aumônier de Marguerite de Valois, précepteur des enfants du comte de Joigny (dont le premier fut duc de Retz et le dernier cardinal de Retz, archevêque de Paris), curé de Chatillon-les-Dombes, missionnaire, aumônier général des galères, président du Conseil de Conscience du roi Louis XIII, il emploie le crédit que lui assurent ses hautes relations à faire le bien autour de lui. Il visite les prisons, tire les galériens de leur « enfer anticipé » et fonde même une maison pour les galériens de Paris. Il crée des asiles de nuit.

❧

La peste, la guerre et la famine désolaient la Lorraine, la Picardie et la Champagne. Vincent de Paul se dévoue pour en adoucir les rigueurs : Il fait distribuer pour plus de deux millions de secours.

En 1618, la confrérie des « Gardes des Pauvres » s'organise sous sa direction pour soigner les malades envers lesquels il voulait « qu'on en usât comme une mère pleine de tendresse en use à l'égard de son fils unique ». Sous son active impulsion, et grâce au dévouement d'une femme de grand cœur, Louise de Marillac, cette confrérie devient la congrégation célèbre des « Filles de la Charité ».

---

(1) *Renégat.* — Celui qui a renié la religion chrétienne. On dit aussi *renégat* de celui qui abandonne son parti, ses amis.

Vers le milieu du XVIIe siècle, la misère fut effroyable ; à Paris, des milliers de malheureux mouraient de faim. Des enfants étaient abandonnés dans les rues. Vincent de Paul songea à soulager toutes ces misères. On le vit, la nuit, parcourir les quartiers pauvres de la ville à la recherche des enfants abandonnés. Il en avait ainsi recueilli plusieurs dans différentes maisons. Mais les ressources lui manquaient. Il convoqua une assemblée de dames généreuses, leur présenta ses enfants : « Je vous les donne, dit-il en pleurant ; allez-vous les repousser ? » L'œuvre des « Enfants trouvés » était ainsi créée (1648).

Il restait à secourir les vieillards qui, par milliers, se réfugiaient à Paris.

Il fonde, en 1653, un hospice pour 80 vieillards de l'un et de l'autre sexe. Mais les demandes qu'il reçoit dépassent de beaucoup les ressources dont il dispose. Il fait alors appel à la générosité de la reine. Anne d'Autriche lui donne la Salpêtrière qui est transformée et aménagée et qui reçoit, en 1657, plus de 5.000 mendiants sur les 20.000 qui désolaient la capitale : c'est l'origine des « Incurables ».

Malade pendant les dernières années de sa vie, Vincent de Paul était encore l'âme des communautés qu'il présidait. On le regardait comme « l'Intendant de la Providence » et comme le « Père des Pauvres ». Il mourut le 27 septembre 1660, à l'âge de 85 ans. — On a pu dire avec raison que sa vie est l'histoire même de la bienfaisance.

Réflexion

DANS *la cité la mieux organisée, il y aura toujours des aveugles, des sourds-muets, des idiots, des fous, des malades incurables. Il y aura donc toujours place pour la charité. Or la charité demande un réel amour du prochain ; elle exige un apprentissage. Apprenons de bonne heure à être charitables.*

FILIPPI.

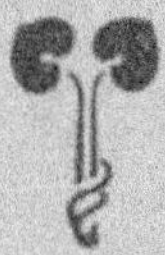

COLBERT (1619-1683)

❖ ❖ ❖

Courageuses remontrances

« ... V OTRE Majesté a tellement mêlé ses divertissements (1) avec la guerre de terre (2), qu'il est bien difficile de les diviser ; et si votre majesté veut bien examiner en détail combien de dépenses inutiles elle a faites, elle verra bien que, si elles étaient toutes retranchées, elle ne serait point réduite à la nécessité où elle est... Si votre majesté était bien informée de tous les désordres que ces marches perpétuelles de troupes causent dans les provinces, combien de paysans de Champagne et des autres frontières ont déjà passé et se disposent de passer dans les pays étrangers (3), elle verrait bien de quelle importance il lui est de remédier à un si grand mal. »

❖

---

(1) Pour entretenir le luxe de sa cour et distraire l'oisiveté des courtisans, Louis XIV a prodigué l'argent à pleines mains (fêtes somptueuses, féeries, mascarades, château de Versailles, machine de Marly, etc.) ; alors que son peuple souffrait de la misère, il engloutit 750 millions à Versailles, loin du peuple de Paris qu'il redoutait.

(2) Les guerres continentales furent perpétuelles sous ce règne ; outre celles de la minorité (guerre de Trente-Ans, Fronde, guerre contre l'Espagne), Louis XIV a continuellement menacé l'Europe par de folles guerres d'agression et de conquêtes (guerre de Flandre, guerre de Hollande, guerre de la Ligue d'Augsbourg et guerre de la Succession d'Espagne, qui fut épouvantable et désastreuse). En mourant, le roi dut reconnaître qu'il avait ruiné la France « en aimant trop la guerre ».

(3) Cette émigration vers les pays pacifiques (Allemagne, Angleterre, Suisse et Hollande) ne prit tout son essor qu'un peu plus tard, quand Louis XIV révoqua l'Édit de Nantes, en 1685.

Biographie

Jean-Baptiste Colbert, fils d'un drapier de Reims, ayant lui-même travaillé dans les manufactures, s'éleva par son seul mérite aux plus hautes charges de l'Etat. On peut affirmer, sans crainte d'exagération ou d'erreur, que c'est à ce petit bourgeois de Reims (1) que Louis XIV a dû le plus pur de sa gloire et les vingt plus belles années de son règne.

N'ayant reçu qu'une instruction pratique qui le préparait à l'industrie et au commerce, il sut compléter lui-même sa propre culture par un travail persévérant, au milieu du constant et énorme labeur qu'il accomplit au profit de l'Etat.

Mazarin, qui se connaissait en hommes, en avait fait l'intendant de sa fortune personnelle, et il put dire sans forfanterie à son lit de mort en recommandant Colbert au jeune roi : « Je vous dois tout, sire, mais je crois m'acquitter en quelque manière en vous donnant Colbert. »

Au milieu d'une cour fastueuse, qui n'aimait que les plaisirs et les fêtes, parmi la brillante cohue (2) des flatteurs qui entouraient le roi, il fut jusqu'à sa dernière heure l'homme du travail, de la probité, de la sincérité et du devoir. Les courtisans, dont il essayait d'entraver les prodigalités (3) et l'influence fâcheuse, le détestaient

---

(1) Ville de 110.000 habitants ; centre de filatures de laine et vins de Champagne ; sous-préfecture de la Marne.

(2) Assemblée tumultueuse et mêlée.

(3) Folles dépenses faites sans raison et disproportionnées aux ressources dont on dispose. Colbert était le premier à approuver les dépenses utiles et profitables à la gloire nationale (construction du Louvre, pensions aux écrivains et aux artistes), mais il désapprouvait les largesses consenties aux grands au dépens du Trésor public, sans aucun service en retour.

cordialement et le ridiculisaient en l'appelant le *Masque de fer* et l'*Homme de marbre*.

Et en effet, son visage impassible (1) ne laissait rien transparaître de l'ardeur dont il brûlait pour la gloire du roi et pour le bien du peuple.

« Cet homme, né pour le travail au-dessus de tout ce qu'on peut imaginer », se montra un homme d'Etat de premier ordre en assurant la direction des services correspondant à huit de nos ministères actuels : les finances, la marine, les colonies, le commerce et l'industrie, les beaux-arts et les belles-lettres, l'administration générale de l'intérieur, les travaux publics, l'agriculture, sans parler de ses empiètements sur le domaine de la justice et de la guerre.

Il était bien le ministre qui convenait à un roi dont la maxime était : « C'est par le travail que l'on règne. » Colbert s'astreignit toujours à plus de seize heures de labeur quotidien et imposa même régime à tous ses commis. « On est saisi d'étonnement et de respect, dit son historien, à la vue de cette administration colossale qui semble avoir concentré en quelques années le travail et le progrès de tout un siècle. »

Ecoutez comme il parle aux membres de sa famille qui ne remplissent pas tous les devoirs de leur charge : « Les esprits de rien ne trouvent rien à faire au milieu de beaucoup de travaux. C'est là ton caractère. Je vois bien clairement que je ne suis pas à la fin des peines que tu me donneras; mais tu changeras ou tu souffriras beaucoup, » écrit-il à son

---

(1) Qui ne laissait pas voir les émotions et les pensées intérieures.

fils cadet. C'est le même ton avec tous : parents,
amis, subordonnés. Sans cesse il recommande à tous,
en termes très énergiques, de prendre bien garde à
remplir dignement tous leurs devoirs envers le roi et
la France.

Quels conseils virils il donne aux intendants (1) des
provinces ! Comme il s'efforce dans sa correspondance
avec eux de protéger les petits contre les grands ! Tantôt
il s'élève contre le privilège des colombiers (2); tantôt
il cherche à diminuer les taxes qui accablent les habitants des villes maritimes; tantôt il s'efforce de préserver
le peuple contre la disette; tantôt, enfin, il interdit de
saisir les bestiaux des paysans et leurs instruments de
labour. Quel soin il prend des forêts qui garantissent
notre prospérité agricole! comme il tente d'améliorer
l'élevage seul capable d'enrichir les campagnes! comme
son cœur saigne au spectacle de toutes ces guerres qui
ruinent continuellement son œuvre.

Aussi quelle vigoureuse impulsion ce génie inlassable n'imprime-t-il pas à toutes les branches de l'activité nationale ! Véritable continuateur de Sully et de

---

(1) A côté du gouverneur noble, dont les attributions étaient
purement militaires, chaque province était administrée par un représentant du roi qui s'appelait intendant et détenait tout le pouvoir
civil.

(2) C'était un des maux dont souffrait l'ancienne France. Le
paysan de 1789 réclamait la suppression du pigeon qui mange le blé
en graine, du gibier qui le dévore en herbe et du moine qui le
prend en gerbe. C'étaient là ses trois plus grands ennemis à la
veille de la Révolution.

Henri IV, il ranime le commerce en favorisant la
marine par des primes aux armateurs et la fondation
de grandes compagnies commerciales, en diminuant
les douanes intérieures, en améliorant les routes, en
faisant creuser le canal du Midi (1) et en développant
notre domaine colonial, surtout en Amérique et aux
Indes (2). Il favorise l'agriculture. Il crée de toutes
pièces des industries nouvelles : porcelaines de Sèvres
et glaces de Saint-Gobain ; draps d'Abbeville, de Sedan,
d'Elbeuf et de Louviers ; toiles de Picardie ; papier
d'Angoulême ; horlogerie de Châtellerault (3) ; forges
du Berry et des Ardennes ; soieries de Lyon, de Nîmes
et de Tours ; tapisseries des Gobelins (4) et de Beau-
vais ; partout il enrichit notre pays et le dote de nouvelles sources de revenus. Il rétablit la marine militaire
et lui donne une force redoutable par l'inscription maritime qui subsiste encore aujourd'hui et par l'installation des ports de Dunkerque, Brest, Rochefort et
Toulon. Il fonde l'Académie (5) des inscriptions et

---

(1) Conçu et exécuté par l'ingénieur Paul Riquet et son rival
Andréossi, grâce à l'appui de Colbert, pour relier l'Atlantique à la
Méditerranée.

(2) Au Canada, il étend notre domaine dans le bassin du Mississipi
et l'accroît de la Louisiane ; aux Indes, il prend pied solidement et
cherche à atteindre les îles de l'océan Indien, surtout Madagascar.

(3) Aujourd'hui manufacture d'armes.

(4) A Paris.

(5) Sociétés de gens de lettres, d'artistes, de savants illustres
recrutés par l'élection ; — leur réunion forme l'Institut de France,
qui renferme nos plus grands hommes ; il comprend cinq sections ou
Académies (Française ou de Lettres (fondée par Richelieu), des
Inscriptions, des Beaux-Arts, des Sciences Morales, des Sciences).
— En dehors se trouvent l'Académie de médecine et l'Opéra, ou
Académie de musique et de danse.

belles-lettres, l'Académie de musique, l'Observatoire (1), l'Ecole de Rome (2), pensionne les écrivains, les savants, les artistes même étrangers, achève le Louvre et Versailles, enrichit la Bibliothèque Nationale et contribue ainsi plus que tout autre à la gloire durable de ce siècle grandiose. Il codifie enfin nos coutumes et nos lois.

Mais le plus solide de son œuvre, c'est peut-être encore la reconstitution de nos finances nationales : après avoir supplanté Fouquet et réprimé les abus des traitants (3), il réussit, en établissant un budget et un meilleur régime de perception, à fournir au roi, sans ruiner le pays et sans endetter la France, tout l'argent nécessaire à ses dépenses considérables et à ses guerres incessantes.

Pendant vingt ans, il fut le bon génie du roi, ne cessant de lui faire entendre des critiques sincères et la voix de la raison, luttant pied à pied contre le penchant du roi pour les prodigalités et contre l'influence funeste de Louvois, toujours grandissante. Pendant tout le temps

---

(1) Edifice destiné à l'étude des astres et des phénomènes météorologiques.

(2) Ecole française où nos artistes vont se perfectionner en étudiant les chefs-d'œuvre de l'art italien.

(3) Les traitants étaient de riches financiers qui passaient avec l'administration royale un *traité* aux termes duquel ils s'engageaient à fournir au Trésor l'argent dont celui-ci avait besoin ; ils se remboursaient eux-mêmes de leurs avances en percevant, à leurs frais, les impôts dont étaient grevées les populations ; mais ils se remboursaient aussi, de la même façon, de leurs frais qu'ils grossissaient, le plus souvent, impunément et de la plus odieuse manière.

qu'il fut en faveur, les graves fautes furent évitées (1).

Pourtant, comme Enguerrand de Marigny (2), comme Jacques Cœur (2), comme Semblançay (2), il meurt disgracié en s'écriant douloureusement à son lit de mort : « Si j'avais fait pour Dieu ce que j'ai fait pour cet homme, je serais sauvé mille fois, et je ne sais ce que je vais devenir ! » Sans doute son œuvre immense n'est pas exempte de tout reproche, mais l'admiration unanime de la postérité a vengé l'ingratitude du monarque et aussi du peuple d'alors qui s'acharna contre sa dépouille.

On dut ensevelir Colbert en cachette pour le dérober à la colère des marchands de la Halle ; mais 32 ans plus tard, quand Louis XIV mourut, après avoir ruiné son œuvre, réduit la moitié de la France à mendier, diminué de 3 millions d'habitants la population du pays, le peuple vengea Colbert en insultant à son tour aux funérailles du grand roi orgueilleux et ingrat qui, depuis Colbert, n'avait plus écouté que la voix des flatteurs et celle de ses caprices. — Colbert avait consolidé la royauté et la France ; Louis XIV les avait amenées au bord de l'abime.

❧

---

(1) La plus grave de toutes fut la révocation de l'Édit de Nantes, qui jeta hors de France la population industrieuse et intelligente des protestants, que Colbert avait toujours ménagée.

(2) Le premier sous Philippe le Bel, le second sous Charles VII et le troisième sous François Ier ; le premier et le dernier furent pendus, le second emprisonné, après avoir rendu les plus grands services au roi.

COLBERT

(d'après le portrait du Musée de Versailles)

Réflexion

Il faut faire son devoir envers la patrie et envers tous, sans en attendre de reconnaissance en retour : les bienfaiteurs de l'humanité et les grands patriotes ont presque tous été méconnus de leurs contemporains. Colbert nous apprend avant tout à aimer le travail et le bien public sans espoir de récompense.

C. CARON.

VAUBAN (1633-1707)

**Vauban
défenseur
de la
justice**

Oɴ est injuste non seulement quand on prend aux autres ce qui leur appartient, mais encore lorsqu'on leur demande ce qu'ils ne doivent pas ou ce qu'ils ne peuvent pas donner.

C'est cependant ce que l'on a fait sous l'ancien régime : celui qui a le moins est obligé de payer le plus ; et, à la vérité, c'est lui seul qui paie.

En présence de cette injustice révoltante, Vauban est indigné, et il se reconnaît le devoir de le dire à Louis XIV. « Je me sens obligé d'honneur et de conscience de représenter à Sa Majesté qu'il m'a paru que de tout temps on n'avait pas eu assez d'égards en France pour le peuple, et qu'on en avait fait trop peu de cas ; aussi, c'est la partie la plus ruinée et la plus misérable du royaume ; c'est elle cependant qui est la plus considérable par son nombre et par les services effectifs qu'elle lui rend. »

Biographie

Aᴜᴛʀᴇғᴏɪs, le peuple seul payait l'impôt ; il le paya d'abord au clergé pour avoir ses prières, puis au noble pour avoir sa protection, et enfin au roi pour avoir sa justice. Ainsi, il payait à tout le monde pour une protection à peine efficace et pour une justice souvent illusoire. Par suite, la pauvreté du peuple augmenta avec les progrès de la France, et il arriva un moment où sa situation devint si misérable qu'elle arracha des cris de révolte et de pitié aux hommes les plus fidèles à la cause royale, à Racine, à Fénelon et à Vauban.

Vauban fut d'autant plus touché de la misère du peuple qu'il avait été misérable lui-même.

Issu d'une famille pauvre quoique noble, il est orphelin à dix ans; heureusement, il est recueilli par un prêtre auquel il sert de domestique et qui lui donne les premiers éléments d'instruction. L'enfant cherche par son travail à répondre aux soins de son bienfaiteur; il fait des progrès rapides et se fait place dans la carrière des armes qui n'était ouverte qu'aux nobles.

Il est d'abord attaché au chevalier de Clerville, auquel il succède comme Commissaire général des fortifications; alors il devient le collaborateur de Colbert et de Louvois qui le chargent des opérations de sièges et de la défense de la frontière. Il transforme complètement la fortification moderne.

Au cours de ses nombreux voyages dans toutes les parties de la France, il cherche à découvrir les véritables besoins du pays, et il reconnaît que le mal dont souffre le peuple est « dans les abus et les malfaçons qui se pratiquent dans l'imposition et la levée des tailles »; il juge que « ce mal est poussé à l'excès, et que si on n'y remédie, le menu peuple tombera dans une extrémité dont il ne se relèvera jamais ».

En prévoyant ce grand malheur, Vauban est profondément touché, et il cherche à le conjurer en établissant plus de justice dans la répartition des impôts.

Avant de s'adresser au roi, il communique son projet au ministre Chamillard (1) :

— Je crois avoir trouvé le moyen de guérir les maux de la France, en mettant à contribution la richesse afin d'établir la véritable égalité de l'impôt.

— Occupez-vous de défendre le pays et non de le gouverner.

— Mais la meilleure manière de le rendre fort est de le rendre riche, et on tarit la richesse lorsqu'on ruine celui qui la produit. Je veux le montrer au roi.

Il tint parole; mais Louis XIV, trompé par ceux qui profitaient des abus, disgracia celui dont les réformes auraient pu conjurer la Révolution.

Vauban mourut de douleur. Ainsi disparut ce grand citoyen, pour qui Saint-Simon (2) créa le mot de patriote, et qu'il a appelé le plus honnête homme du royaume.

Réflexion

Apprenons *de Vauban, que c'est la justice seule qui justifie les institutions du pays ; car la justice c'est la raison, c'est la vérité, c'est l'humanité. Être juste, c'est être courageux et bon ; c'est être vraiment homme.*

MATHON.

---

(1) L'un des incapables successeurs de Colbert et de Louvois.

(2) Ecrivain français : dans ses « Mémoires » il raconte l'histoire du commencement du XVIIIe siècle.

DUPLEIX Joseph (1697-1763)

Force d'âme

En 1754, Dupleix venait de réparer, à force d'énergie, les revers qu'il avait subis l'année précédente ; mais la Compagnie des Indes, en les apprenant, avait décidé son rappel et envoyé Godeheu pour lui succéder. Dupleix l'ignorait, et quand les vaisseaux de France vinrent mouiller devant Pondichéry, il s'avança tout joyeux, avec sa suite, pour souhaiter la bienvenue au nouvel arrivant qu'il connaissait déjà et qu'il croyait son ami. Celui-ci, répondant froidement à l'accueil qu'il recevait du gouverneur, lui présenta des lettres officielles. Dupleix y lut sa destitution et son rappel. En un moment s'écroulaient des projets grandioses, fruits de trente années de labeur et d'expérience. Il se contint néanmoins, et la pâleur traduisit à peine son émotion.

A la requête de Godeheu, il réunit le Conseil de Pondichéry. Le nouveau gouverneur lut les ordres de la Compagnie et du Ministre de France, au milieu de la stupeur générale. Un grand silence suivit. Dupleix était demeuré impassible. Tout d'un coup il se leva, cria d'une voix forte : « Vive le Roi ! » et sortit. Ce bel acte de soumission à une autorité légitime, bien qu'injuste et ingrate, termine noblement une illustre carrière.

❖

Biographie

La jeunesse de Dupleix nous est peu connue. Il est né à Landrecies (Nord) d'une famille aisée. Il était fils cadet ; il avait donc à se créer une situation par lui-même, sans trop compter sur l'aide pécuniaire de ses parents. Au surplus, son père ne paraît pas lui avoir porté beaucoup de tendresse. Il le destina au commerce et l'envoya dans l'Inde à vingt-quatre ans, en très petit équipage, avec peu ou point d'argent.

La France possédait des comptoirs en différents points de l'Inde, notamment à Pondichéry, qui était déjà une petite ville et le centre de ses possessions. Suivant les coutumes de cette époque, une Compagnie avait le monopole du commerce avec l'Inde. En retour, elle assumait les charges d'administration et de défense des comptoirs. L'État contrôlait, mais ne payait rien. Les sacrifices coloniaux comparables à ceux que s'imposent les puissances modernes n'entraient pas dans la pensée des gouvernements d'autrefois. En dépit de son monopole, la Compagnie des Indes était pauvre, parce qu'administrée par des ignorants elle ne savait pas faire le commerce ; parce que la faveur, plus souvent que le mérite, disposait de ses emplois ; parce qu'enfin ses agents dans l'Inde, sur mer et en France, la pillaient à leur profit du mieux qu'ils pouvaient. On voit combien, dans ces conditions, il était difficile à un seul homme de la rendre prospère et d'en faire l'instrument d'une vaste domination française dans l'Inde. A cette domination, d'ailleurs, personne ne songeait.

Grâce au crédit de son père, Dupleix, à son arrivée, occupa une place élevée dans l'administration de Pondichéry. Au bout de peu de temps on lui confia la direction des Comptoirs de Chandernagor. Ils étaient presque insignifiants, Dupleix les rendit très actifs. Tout en travaillant pour la Compagnie, il ne négligeait pas ses propres intérêts ; il s'enrichissait par un négoce habile et audacieux ; malheureusement des naufrages réduisirent beaucoup ses profits.

En 1742, Dupleix devint gouverneur de Pondichéry. Jusque-là il n'avait été qu'un marchand avisé, un administrateur intelligent et zélé, ne se piquant pas d'une intégrité à peu près inconnue à cette date : ce n'était pas un grand homme. Mais son expérience mûrit, ses idées vont s'élargir, il concevra bientôt quels éminents services il peut rendre à son pays. La Compagnie, se dit-il, restera pauvre aussi longtemps qu'elle n'aura pas, dans l'Inde, des revenus qui lui permettent de parer aux dépenses nécessaires et d'acheter sans emprunt les marchandises qu'elle revend en France. Comment lui procurer ces revenus ? En lui donnant des terres. Or, rien n'est plus facile : l'Inde est en proie à l'anarchie ; les princes se battent entre eux. Il faut donner à quelques-uns l'appui d'une poignée de soldats français, que la valeur, la tactique, l'armement rendront redoutables à des milliers d'Hindous. Les princes soutenus payeront en argent et en terres, — et ainsi, presque sans bourse délier, avec de très légers sacrifices militaires, un vaste empire français s'édifiera dans l'Inde.

C'étaient là des vues de génie. Nous ne suivrons pas Dupleix dans l'histoire passionnante des efforts qu'il fit pour les réaliser. Il obtint de grands succès, il subit de grands revers. Il fit face avec une admirable intelligence et une activité inlassable aux difficultés que lui créaient l'insuffisance de ses troupes, la médiocrité de ses officiers et de ses soldats. Il fut mal secondé, en général.

La Bourdonnais le trahit par intérêt personnel. Les Anglais se mirent en travers de ses projets. En France on ne le soutint pas. Il triomphait pourtant quand la Compagnie et le ministre, ignorants de la situation véritable, le remplacèrent dans l'Inde (1754).

Dupleix revint en France, vieilli, ruiné. La fin de sa vie se passa en procès pour se faire restituer les sommes qu'il avait dépensées pour la Compagnie. On l'abreuva d'humiliations et d'insultes. Quand il mourut, sa maison était saisie, ses meubles allaient se vendre et le traité de Paris venait de livrer l'Inde aux Anglais. On ne peut guère imaginer de fin plus amère.

Réflexion   *Il est beau de lutter avec une inlassable énergie pour ce que nous croyons bon; et, si le malheur nous accable, il est beau de mourir sans avoir faibli.*

L. Fauchère.

James COOK — La côte des Iles Sandwich, où périt l'illustre navigateur.

(d'après le tableau de John Gerbhert (Londres)

James COOK (1728-1779)

**Habileté
et sang-froid**

Pendant la guerre de Sept ans (1756-1763), Cook faisait partie de l'armée anglaise qui assiégeait Québec (1). L'amiral anglais voulut s'assurer s'il pourrait placer sur le fleuve Saint-Laurent des vaisseaux armés de canons ; pour cela il importait de sonder le fleuve à l'insu des Français. Ce travail périlleux ne pouvait s'exécuter que la nuit ; il fut confié à Cook, dont l'habileté et le sang-froid étaient connus. Il lui fallut sept nuits pour remplir sa mission. Juste au moment où il terminait ses recherches, il fut surpris et poursuivi par des Indiens (2) au service des Français ; il n'eut que le temps de s'enfuir à force de rames jusqu'au rivage ; à l'instant où il mettait pied à terre, les Indiens atteignaient l'autre bout de la barque. Mais sa besogne était achevée ; il remit à l'amiral une carte du fleuve aussi complète et aussi exacte que s'il l'eût dressée en plein jour et à loisir.

Biographie

C'était une âme fortement trempée que celle de James Cook, le plus célèbre des navigateurs anglais.

Il montra de bonne heure son indomptable énergie.

---

(1) *Québec*, fondée au Canada par le Français Champlain en 1608, est aujourd'hui une ville de 65.000 habitants, très commerçante et peuplée, en majorité, par des habitants d'origine française.

(2) Les Indiens ou Peaux-Rouges sont les indigènes de l'Amérique du Nord. — Les Européens les ont à peu près anéantis.

Fils d'un simple garçon de ferme, il fut élevé à la dure; à treize ans, il entrait en apprentissage chez un mercier; puis, sentant que sa vocation l'appelait sur mer, il s'enrôla comme matelot. Malgré les fatigues de son rude métier, il tâchait d'acquérir seul l'instruction que sa famille n'avait pu lui faire donner. Il avait peu de livres, mais la vivacité de son intelligence et sa ténacité compensaient l'insuffisance de ses ressources : il acquit, par ses propres efforts, de solides connaissances en mathématiques, en astronomie et dans tout ce qui concerne l'art de la navigation. Ses rares qualités, sa vigueur, son courage, son endurance, la netteté de son esprit, finirent par attirer l'attention sur lui ; pendant la guerre de Sept ans, il rendit de tels services qu'il fut nommé officier. Bientôt après, en 1768, une expédition ayant été décidée pour l'exploration de l'Océan Pacifique, Cook fut jugé capable de la bien diriger.

Aujourd'hui, la surface de la terre est presque entièrement connue, mais il n'en était pas de même au xviiie siècle. Non seulement on ne savait encore presque rien sur l'intérieur des continents autres que l'Europe, mais on n'avait que des notions très vagues sur la majeure partie des océans. Le champ était donc largement ouvert aux navigateurs ; Cook s'y lança avec toute la vaillance de son âme intrépide : au mois de juin 1769, il doublait le cap Horn (1), et s'engageait sur la grande plaine liquide du Pacifique.

Prenons une carte de cet océan, suivons le trajet de

---

(1) Le cap Horn est situé au sud de l'Amérique du Sud.

l'illustre marin, et tâchons de nous représenter la
grandeur de son entreprise (1).

Il fallait une belle audace pour s'aventurer à travers
ces espaces inconnus, sur une mer qui couvre le tiers
du globe, avec un simple bateau à voiles, qui tantôt
était le jouet des vagues monstrueuses, et tantôt, par
les calmes plats, ne pouvait plus avancer. Le scorbut
était toujours à craindre, cette terrible maladie des
marins privés pendant longtemps de végétaux frais. Le
péril était encore aggravé par les nombreux écueils qui
se dressent dans les mers tropicales : dans ces mers
chaudes, des myriades de petits animaux, appelés
polypes, construisent jusqu'à fleur d'eau des rochers
de corail sur lesquels les vaisseaux risquent de se
briser. Si l'on arrivait à une terre, de nouvelles difficultés se présentaient ; l'ennemi, maintenant, c'était
l'homme. Pour renouveler les provisions d'eau douce,
de fruits et de viande fraîche, pour faire les observations scientifiques, il fallait entrer en relations avec les
sauvages, pratiquer avec eux des échanges ; or, les
naturels des îles étaient fourbes, voleurs, souvent
cruels.

Cook surmonta tous ces obstacles à force d'énergie,
de sang-froid et d'habileté. Dès son arrivée aux îles
de la Société (2), il se mit en rapports avec les habitants ;

---

(1) Pour la lecture de ce morceau, il est indispensable de se servir
d'une carte, et d'y chercher la place de tous les lieux cités.

(2) Les îles de la Société, dans la Polynésie, appartiennent à la
France ; la principale, Tahiti, a 12.000 habitants ; le climat y est
délicieux.

toujours maître de lui, toujours patient, mais inflexible quand il le fallait, il sut se faire respecter de ces sauvages ; durant trois mois, il étudia à loisir leurs mœurs et leur pays.

Ensuite, il se mit à la recherche de nouvelles terres, et aborda à la Nouvelle-Zélande(1). Il passa six mois à faire le tour de cet archipel, dont il dressa la carte avec la conscience admirable qu'il apportait à tous ses travaux. Cette conscience faillit, peu après, causer sa perte : le navire était arrivé en vue de l'Australie (2) ; malgré les innombrables récifs qui bordent la côte orientale, Cook voulut étudier celle-ci avec son soin accoutumé ; il en suivit les contours sur une longueur de 2.000 kilomètres. Une nuit, le vaisseau heurta un écueil ; il n'échappa au naufrage que par une chance inespérée, et grâce au sang-froid du capitaine.

Après tant de traversées, le navire était presque hors de service ; les planches du fond étaient tellement usées, qu'elles n'avaient plus que l'épaisseur d'une semelle de soulier. Le retour put cependant s'effectuer, péniblement, par Batavia (3) et le cap de Bonne-Espérance.

Cook entreprit encore deux autres voyages, qui consacrèrent sa gloire : dès 1772, il repartit pour

(1) La Nouvelle-Zélande est une colonie anglaise depuis 1840. Elle compte près de 900.000 habitants, presque tous d'origine anglaise, et doit sa prospérité surtout à l'élevage des moutons.

(2) Presque aussi grande que l'Europe, l'Australie est une des principales colonies de l'Angleterre ; elle compte 4 millions d'habitants. Elle a été colonisée surtout par les *convicts*, criminels déportés.

(3) Batavia est dans l'île de Java (aux Hollandais) ; 116.000 habitants.

l'Océan Pacifique, s'avança, trois étés de suite, vers le sud et le plus loin possible; il brava les froids terribles, les brouillards impénétrables, les banquises hautes de cent mètres, et ne revint qu'après s'être assuré qu'aucun grand continent n'existait dans l'hémisphère austral.

Enfin, en 1776, il tenta de découvrir un passage entre le Pacifique et l'Atlantique, par le nord de l'Amérique. Après une navigation périlleuse, au milieu des obstacles que dressaient devant lui le froid, les glaces flottantes, les courants contraires, il fut arrêté par un mur de glace. Il revint alors passer l'hiver aux îles Sandwich (1), qu'il se proposait d'explorer : ce fut dans une de ces îles qu'il fut massacré, en 1779, par les indigènes.

⁂

Réflexion   L'ANGLETERRE *est fière à juste titre d'avoir produit un homme tel que James Cook; elle glorifie en lui les qualités qui ont fondé sa propre puissance : l'esprit pratique, le courage tenace, le sang-froid, en un mot une âme fortement trempée, qui surmonte tous les obstacles.*

TURQUET.

---

(1) Les îles Sandwich ou Hawaï appartiennent aux États-Unis. — Leur situation stratégique dans l'Océan Pacifique est de première importance.

L'ABBÉ DE L'ÉPÉE (1712-1789)

Désintéressement

Rien ne donne une idée plus juste du caractère et du désintéressement de l'abbé de l'Epée que la réponse qu'il fit un jour à l'empereur d'Autriche, Joseph II.

Celui-ci connaissait les travaux du courageux abbé. Il alla visiter son établissement et fut frappé de la gêne qui régnait dans cette maison où cependant les pauvres infirmes avaient toutes les choses nécessaires à la vie. Il offrit à l'abbé de l'Epée de venir à Vienne où il lui promettait honneur et richesse.

« Je suis déjà vieux, répondit l'abbé de l'Epée. Si votre Majesté veut du bien aux sourds-muets, ce n'est pas sur ma tête, déjà courbée vers la tombe, qu'il faut le placer ; c'est sur l'œuvre même. Il est digne d'un grand prince de perpétuer ce qui est utile à l'humanité. »

Sensible à ces nobles paroles, l'empereur envoya un de ses sujets à Paris, pour étudier l'œuvre et les méthodes de l'abbé de l'Epée. Il confia ensuite à ce disciple du bienfaiteur français la direction du premier établissement de sourds-muets qui fut fondé en Autriche.

Biographie

Charles-Michel, abbé de l'Epée, n'est pas un de ces génies puissants dont le nom s'impose à l'admiration des foules. Travailleur intelligent et modeste, il chercha et trouva le moyen de faire l'éducation des sourds-muets. On a prétendu qu'il connut les travaux de l'Espagnol Pereira qui, comme lui et avant lui, s'est occupé de trouver un langage pour les sourds-muets; mais cela n'est pas certain. Dans tous les cas, l'abbé de l'Epée a conservé à ses procédés un caractère original. Il a aussi complété les travaux de ses devanciers. Cela suffit pour que l'humanité reconnaissante le mette au rang de ses bienfaiteurs.

Il est né à Versailles en 1712. Il se consacra tout d'abord à l'étude du droit, puis résolut d'entrer dans les ordres; mais son esprit indépendant ne pouvait accepter la dure discipline ecclésiastique qui comprime tout essor de la pensée vers le progrès. Censuré par l'archevêque de Paris, il reprend sa liberté, ne conserve de son passage dans l'état ecclésiastique que le titre d'abbé qu'il porta toujours dignement, et se met à l'étude d'une langue pour les sourds-muets.

Il consacre à cette œuvre non seulement son intelligence, mais encore son modeste patrimoine et sa vie. Il ne se contente pas de rechercher des infirmes et de les instruire; il pourvoit à leur nourriture, à leur entretien. Et tandis qu'il leur donne des habits décents et qu'il leur fournit des aliments abondants et sains, il se vêt lui-même d'habits grossiers, passant des hivers sans feu et parfois des soirées sans pain.

Il ne trouva, en France, qu'indifférence coupable. Le gouvernement de Louis XV ne lui donna aucun appui, ni matériel ni moral. N'ayant point, comme saint Vincent de Paul, le don d'apitoyer les foules, il ne demanda rien à la charité publique et n'en obtint rien. Il reçut pourtant de plusieurs cours étrangères des témoignages flatteurs pour son généreux dévoûment.

L'impératrice Catherine de Russie, l'empereur Joseph II d'Autriche voulurent l'attirer dans leurs Etats. Il refusa, préférant vivre comme un père au milieu de ses élèves, malgré sa pauvreté chaque jour plus grande et malgré l'oubli dédaigneux des corps savants.

Sa mort, survenue en 1789, passa inaperçue. L'année suivante seulement, sur la pieuse initiative d'un de ses disciples, la Constituante décréta que l'établissement fondé par l'abbé de l'Epée serait désormais un établissement national. Elle l'adopta, le dota, et cette institution devint le modèle de toutes les institutions similaires créées depuis lors en Europe (1).

On a souvent comparé l'abbé de l'Epée à Valentin Haüy. Les œuvres de ces deux bienfaiteurs ont, en effet, quelques points de ressemblance. Tous les deux ont trouvé le moyen de faire l'éducation d'une catégorie spéciale d'infirmes, de les tirer de l'ignorance profonde où on les abandonnait avant eux, d'en faire des éléments sociaux utiles. Mais, par son caractère, par sa grande bonté, par son désintéressement, par sa modestie, par ses souffrances aussi, l'abbé de l'Epée mérite plutôt d'être placé à côté de saint Vincent de Paul. Tous les deux ont consacré leur vie, leur repos, leur fortune, à faire le bien autour d'eux sans désir et sans espoir de récompense.

---

(1) L'Institution des Sourds-Muets est sise à Paris, 254, rue Saint-Jacques ; cet établissement relève toujours de l'Etat ; le bâtiment a été reconstruit en 1823 ; dans la cour a été érigée une statue de l'abbé de l'Epée, c'est l'œuvre d'un sourd-muet, Félix Martin.

Maximes

1. — Le seul bonheur qu'on a vient du bonheur qu'on donne.

(E. Pailleron).

II. — L'adversité peut tout chasser d'une âme, excepté la bonté.

Résolution

FAISONS *le bien autour de nous, non point pour en obtenir une récompense, mais pour l'amour du Bien en lui-même.*

Filippi.

Benjamin FRANKLIN (1706-1790)

❧ ❧ ❧

**Humbles débuts
et terme glorieux
d'une vie
bien remplie**

Par une humide journée d'hiver, en 1723, un jeune ouvrier venait chercher du travail à Philadelphie (1). Il arrivait à pied, ses vêtements souillés de boue, l'escarcelle légère. Il était harassé, il avait faim, et tout en avançant dans les rues fangeuses, il dévorait à belles dents une miche de pain, seul repas en rapport avec ses ressources.

Soixante-sept ans plus tard, Philadelphie considérablement agrandie et embellie, devenue la capitale d'un État libre et riche d'avenir, Philadelphie en deuil, au son des cloches voilées de crêpe et au milieu d'une énorme affluence de peuple accouru de toutes parts, rendait les derniers devoirs à son président et bienfaiteur, l'un des fondateurs de la République Américaine et l'un des plus grands savants du xviii° siècle. Les États-Unis portèrent pendant deux mois le deuil de cet illustre citoyen. La France s'associa au chagrin de sa perte ; à la nouvelle de sa mort, la voix éloquente de Mirabeau s'éleva à la tribune de l'Assemblée Constituante pour faire son éloge.

Le grand homme dont les vertus et les services méritaient un si éclatant hommage, c'était l'humble ouvrier de 1723, c'était Franklin.

❧

---

(1) Ville des États-Unis, près de l'Atlantique.

Biographie Il y a peu de vies humaines qui soient aussi dignes d'être proposées en exemple que celle de Franklin, et qui soient aussi fécondes en préceptes bien à la portée de tout le monde.

Franklin naît à Boston (1), seizième enfant d'un modeste artisan. Il puise dans sa famille le goût du travail et de l'économie. A dix ans il a quitté l'école, il moule des chandelles chez son père, puis il devient apprenti chez un imprimeur. Le jeune garçon s'applique consciencieusement à son métier, et tous ses instants de liberté il les consacre à étudier les livres qui lui tombent sous la main et ceux qu'il achète avec les épargnes faites sur sa nourriture. A seize ans, ayant rompu son contrat d'apprentissage, il se rend à Philadelphie. Il n'y séjourne que peu de temps, part pour l'Europe, passe dix-huit mois à Londres et revient s'établir à Philadelphie comme imprimeur.

Ses débuts comme patron furent bien humbles, et l'aisance ne vint pas tout d'un coup. Le travail, l'ordre, la frugalité, l'économie la plus stricte, telles furent les qualités auxquelles il dut sa prospérité et qui lui valurent l'estime de ses concitoyens. Il s'était tracé un emploi du temps, pour ne point perdre une minute et faire le meilleur usage de ses journées. C'est qu'il ne s'absorbait pas entièrement dans ses affaires d'imprimeur. Le goût de l'étude, qu'il avait manifesté très jeune, lui était demeuré. Il lisait, réfléchissait, écrivait; sans maître il apprit le latin, le français, l'italien,

____

(1) Ville des États-Unis, sur la côte de l'Atlantique, au Nord.

l'espagnol. Tout intéressait son intelligence curieuse et pénétrante. Il s'adonna particulièrement à l'étude de l'électricité, dont on commençait alors à observer les phénomènes. Le premier, il reconnut que la foudre est une étincelle électrique. Négligeant les railleries qui accueillirent cette découverte, il poursuivit ses recherches; elles aboutirent à l'invention du paratonnerre.

❦

Il ne faudrait pas d'ailleurs se représenter Franklin plongé dans ses livres et ses expériences pendant tout le temps que lui laissait sa profession. Ce serait méconnaître sa prodigieuse activité aussi bien que son caractère. Il avait la passion du bien public. Son esprit pratique saisissait-il une amélioration à réaliser, admirez avec quelle sagesse il procédait : il étudiait un projet, il en parlait à ses amis, il préparait l'opinion publique par des articles de journaux; dans tout cela il n'avait garde de se mettre en avant. L'idée faisait donc son chemin sans éveiller de susceptibilités jalouses. Parce qu'on n'en connaissait pas l'auteur, personne n'en était l'ennemi et tout le monde s'employait à son succès. Ainsi Franklin se contentait de la satisfaction de faire du bien sans désirer la gloire de l'avoir fait. Peu d'hommes sont capables d'un pareil désintéressement. Cette modestie ne s'acquiert pas sans effort; mais Franklin avait pris autant de peine pour se corriger de ses défauts naturels et devenir bon et sage que pour orner et fortifier son esprit.

Quand les colonies américaines protestèrent contre

l'oppression de l'Angleterre (1), Franklin avait déjà acquis une telle réputation de savoir et d'habileté, et par-dessus tout de dévouement au bien public, que c'est lui qui fut chargé d'aller soutenir leurs droits auprès du Parlement de Londres. Lorsque, l'entente reconnue impossible, la guerre fut déclarée, c'est encore Franklin qui se rendit à Paris pour obtenir le secours de la France. Il l'obtint en effet et le traité de Versailles (1783) consacra l'indépendance des Etats-Unis.

Franklin put mourir avec la conscience d'avoir vécu une vie noble et féconde. Il avait bien servi son pays, il avait aussi bien servi l'humanité.

**Maxime favorite
de Franklin**

*N*E *gaspillez pas le temps, car c'est l'étoffe dont la vie est faite. La perte du temps est la plus grande des prodigalités.*

L. FAUCHÈRE.

---

(1) Voir Biographie de Washington.

MIRABEAU (1749-1791)

❧

**Mirabeau
et le marquis
de Dreux-Brézé**

Même au lendemain du Serment du Jeu de paume, Louis XVI conservait l'espoir d'arrêter la Révolution. Le 23 juin 1789, dans une séance solennelle, il donnait aux députés de la noblesse, du clergé et du tiers, l'ordre de quitter la salle commune des séances et de délibérer, séparément, dans les salles qui leur étaient affectées. C'était interdire le vote par tête, sans lequel toute réforme profonde était impossible. La noblesse et une partie du clergé se retirèrent, mais le *tiers* demeura immobile.

« Monsieur, vint dire au président Bailli le marquis de Dreux-Brézé, grand-maître des cérémonies, vous avez entendu l'ordre du roi ? » — « Je crois, répondit Bailli, que la nation assemblée ne peut recevoir d'ordres. » Et Mirabeau d'ajouter avec feu : « Allez dire à ceux qui vous ont envoyé que nous sommes ici par la volonté du peuple et que nous n'en sortirons que par la force des baïonnettes. » Les cris : « Oui, oui, » sortirent de toutes les poitrines ; l'orateur avait traduit la volonté unanime de l'Assemblée.

❧

Biographie

De tous les orateurs de la Révolution, Mirabeau est, sans contredit, le plus grand ; aucun autre ne l'égale, ni même ne lui est comparable.

Son enfance ne fut pas heureuse, sa jeunesse ne fut pas édifiante. Défiguré de bonne heure par la petite vérole, « laid comme Satan », indépendant de caractère, il fut traité durement par son père, un noble orgueilleux et despote, à qui la laideur de son fils faisait honte. Mêlé à bien des querelles, compromis dans des scandales, peu délicat quand il s'agissait de se procurer de l'argent, Mirabeau fit connaissance, de par la volonté de son terrible père, avec une foule de prisons : le fort de Ré, Manosque, le château d'If, le fort de Joux, le donjon de Vincennes... Comment n'aurait-il pas eu le despotisme en horreur ?

Il écrivit en captivité d'innombrables pages ; il dévora des bibliothèques, et ainsi il acquit un immense savoir, accru encore par des voyages à l'étranger.

La Révolution, que tout faisait prévoir, allait donner à Mirabeau l'occasion de jouer un grand rôle politique. Noble, il chercha d'abord à se faire une place dans son ordre ; mais il soutint le principe de la double représentation du tiers, que les privilégiés rejetaient, et il fut exclu de la noblesse, sous prétexte « qu'il n'avait pas de fief ».

Il se tourna dès lors vers le tiers-état (1), qu'il enflamma par son éloquence, et fut élu député à Aix et à Marseille. Son triomphe lui valut d'enthousiastes ovations ; la foule voulait dételer sa voiture et le saluait

---

(1) *Tiers-État*, le troisième des Etats. — La Société, avant la Révolution, était divisée en trois *états* ou ordres (le clergé, la noblesse, le peuple) : les deux premiers jouissaient de privilèges exorbitants au détriment du tiers ; la Révolution les en déposséda en rendant tous les citoyens égaux devant la loi, en charges et en devoirs.

du cri de : « Vive le père de la patrie. » Il réussit, par la parole seule, à apaiser, à Marseille, puis à Aix, des séditions causées par la cherté du pain.

Comme beaucoup de ses contemporains, Mirabeau espérait que la transformation du pays allait se faire sans violences. Une constitution substituée aux caprices ministériels, les abus supprimés, les servitudes abolies, les impôts allégés, la France régénérée par la liberté, voilà le riant avenir qu'il entrevoyait. « On sent, disait-il, que le plus grand des forfaits, le plus noir attentat contre l'humanité serait de s'opposer à la haute destinée de notre nation, de la repousser dans le fond de l'abîme pour la tenir opprimée sous le poids de ses chaînes. »

Ce n'était, hélas ! qu'un beau rêve. Le tiers vit bientôt, coalisés contre la Révolution, la cour et les privilégiés. Mirabeau se fit le vaillant champion de la liberté ; il fut, à ce moment de crise, le guide, le chef de l'Assemblée nationale.

Il attirait tous les regards. « Son immense chevelure le distinguait entre tous. Son visage empruntait de l'expression à sa laideur même. » « Quand je secoue ma terrible hure (1), disait-il avec une énergique brutalité, il n'y a personne qui ose m'interrompre. » D'ailleurs Mirabeau, maître de lui, ne se laissait aller à aucun mouvement de violence ; même dans les séances les plus orageuses, il demeurait calme, et les colères de l'assemblée, comme les flots à l'assaut des rochers, roulaient autour de lui sans l'émouvoir.

---

(1) *Hure*, au propre, tête de sanglier.

MIRABEAU
(d'après le tableau de Boec)

Quand la résistance ouverte du roi eut cessé, un autre péril apparut aux yeux du grand orateur, celui de l'anarchie : Louis XVI n'osait plus gouverner, le peuple de Paris devenait le maître de la situation. Or, Mirabeau redoutait le gouvernement des foules : « La société, écrivait-il dans une vision prophétique, serait bientôt dissoute, si la multitude s'accoutumait au sang et au désordre, se mettait au-dessus des magistrats et bravait l'autorité des lois ; au lieu de courir à la liberté, le peuple se jetterait bientôt dans la servitude ; or, dans le sein de l'anarchie, un despote paraît un sauveur. »

La politique de la Constituante, qui, par défiance, enlevait au roi tous les pouvoirs, ne lui causait pas moins d'inquiétude : « Rien de plus terrible, à ses yeux, que l'aristocratie souveraine de six cents personnes, qui, demain, pourraient se rendre inamovibles, après-demain héréditaires. »

Il forma alors le dessein de rendre au gouvernement sa force tout en assurant au pays la liberté. Que le roi accepte la Révolution et prenne le parti du peuple, et Mirabeau se fera, à l'Assemblée, le défenseur de l'autorité royale. Projet irréalisable : les constituants admiraient le grand orateur, sans l'estimer ; la reine le détestait ; le roi entendait bien se servir de lui, mais non le suivre. Mirabeau sentait et déplorait son impuissance : « Vous le verrez, dit-il, le roi et la reine périront, et la populace battra leurs cadavres. »

Épuisé par le travail et les plaisirs, le tribun se mit au lit le 28 mars 1791. Une foule anxieuse, avide de nouvelles, entourait dès le lendemain sa maison. Le 2 avril, au matin, il rendit le dernier soupir, emportant dans la tombe « le deuil de la monarchie ».

Spontanément, la capitale tout entière manifesta sa douleur : plus de théâtres, plus de réjouissances. L'Assemblée suspendit ses travaux et décida, le jour suivant, que la nouvelle église de Sainte-Geneviève serait désormais consacrée, sous le nom de Panthéon, à la sépulture des grands hommes et que Mirabeau y serait placé le premier.

L'Assemblée, les ministres, de nombreuses sociétés, suivirent le cercueil, que portaient douze sergents de la garde nationale ; la foule était si compacte, que le cortège ne put atteindre l'église Saint-Eustache qu'à huit heures du soir. C'est de nuit que Mirabeau fut descendu dans le caveau qui lui était réservé.

L'année suivante, on eut la preuve qu'il avait été pensionné par Louis XVI et son corps fut retiré du Panthéon. Mirabeau eut grand tort de se faire payer les services qu'il rendait au roi ; mais, du moins, il ne se vendit point, il ne trahit jamais la cause de la liberté.

Réflexion   *Le génie ne suffit pas pour assurer une gloire incontestée, Mirabeau en est une preuve : l'orateur était prestigieux, le politique perspicace, mais bien des reproches peuvent être adressés à l'homme.*

Rogie.

DANTON (1759-1794)

❧ ❧ ❧

**Ennemi
de la tyrannie**

Autrefois, les punitions corporelles étaient en usage dans les classes. Vers 1775, au collège de Troyes, le professeur de rhétorique voulut sans raison frapper de la férule (1) l'un des grands jeunes gens qu'il instruisait. Tous étaient indignés, mais personne n'osait protester, quand une voix sonore s'éleva contre l'absurde prétention du maître qui dut peu après quitter sa chaire.

Quelques années plus tard, un peu avant la Révolution française, plusieurs jeunes gens prenaient leurs ébats dans la Seine. L'un d'eux, regardant d'un œil menaçant les tours de la Bastille, s'écria d'une voix vibrante : « Ce château-fort suspendu sur notre tête m'offusque et me gêne. Quand donc le verrons-nous abattre ? Pour moi, ce jour-là, j'y donnerai un fier coup de pioche. »

Celui qui, par deux fois, manifestait ainsi avec audace contre la tyrannie s'appelait Danton.

❧

Biographie

Danton est né en 1759, à Arcis-sur-Aube. Orphelin de père à quatre ans, il est surtout élevé par sa mère à qui il garde toute sa vie une affection très vive. Son enfance se passe au grand air de la campagne : il devient robuste et grand amateur de sports.

---

(1) Baguette plate qui servait à frapper sur les mains.

Dès le collège, son talent d'orateur et d'écrivain s'affirme et l'on raconte que ses camarades ne pouvaient s'empêcher d'applaudir quand il lisait ses « discours » (1) français. Jeune avocat, il plaide de préférence pour les pauvres, estimant « que le pauvre est le plus souvent l'opprimé et qu'ainsi il a le droit de priorité à la défense ».

Il se lance avec enthousiasme dans le mouvement révolutionnaire, fait dans son quartier une ardente propagande, répandant à flots son éloquence grandissante dans les « clubs », sortes de comités politiques dans lesquels s'entretient ou s'excite le zèle révolutionnaire. Dès la fuite du roi, en juin 1791, républicain depuis longtemps, il demande vainement la déchéance. Député à l'Assemblée législative, il intervient avec bonheur dans tous les grands débats, révélant une perspicacité et une énergie qui n'ont été égalées par aucun homme d'Etat de la Révolution.

Danton est l'âme de la journée du 10 août 1792, qui hâte l'avènement de la république. Avec le simple titre de ministre de la justice, du 10 août à la fin de septembre, il est en réalité le chef de l'Etat, le fondateur de la Première République et le sauveur de la France.

A l'intérieur, il essaya de calmer les passions populaires très vivement surexcitées par la trahison des nobles et du roi. Il organisa à cet effet le Tribunal révolutionnaire destiné à enlever toute raison d'être à

____

(1) Ce que nous appelons aujourd'hui « compositions françaises ».

la justice par trop sommaire du peuple en délire. Il ne saurait être rendu responsable des massacres de septembre qu'aucune force humaine n'aurait pu empêcher et cet événement si malheureux prouve précisément la justesse de ses vues et l'utilité du Tribunal révolutionnaire.

A l'extérieur, il organise la résistance à l'invasion étrangère. C'est lui qui fait déclarer que la « patrie est en danger ». C'est lui qui suscite le magnifique mouvement des enrôlements volontaires. C'est lui qui, par d'éloquentes proclamations, fait passer toute sa foi patriotique dans l'âme de ces soldats improvisés. Il est, autant que Dumouriez, le vainqueur de Valmy, victoire qui décida peut-être du sort de la Révolution.

Rentré dans le rang, à la Convention, parce que son mandat de député est incompatible avec les fonctions de ministre, Danton continue à jouer le rôle le plus actif et à exercer l'influence la plus heureuse.

Il ne cesse de prêcher la concorde en face de l'ennemi. « L'ennemi est à nos portes et nous nous déchirons les uns les autres. Toutes nos altercations tuent-elles un Prussien ? » Et encore : « Laissez là vos querelles futiles, je ne connais que l'ennemi. Battons l'ennemi. Que m'importe d'être appelé buveur de sang ? Que m'importe ma réputation ? Que la France soit libre et que mon nom soit flétri ! »

Attaqué par les Girondins qui l'accusent d'aspirer à la dictature, il se défend en s'élevant au-dessus des haines de parti, fait décréter « l'unité de la République », offre à ses adversaires une alliance loyale, et plus tard, rendant le bien pour le mal, il parvient un moment à les sauver de la fureur populaire. Seul des Montagnards, il eut le courage de blâmer l'exécution des Girondins, condamnés en son absence.

Esprit universel, Danton défend toutes les grandes causes, celle de l'éducation populaire par l'État, celle de la liberté de la presse, celle de la tolérance, celle de l'humanité. Il repousse la guerre pour la guerre et fait déclarer par la Convention « que le peuple français ne peut jamais faire de guerre offensive ». Mais par une allusion au droit de légitime défense, tout aussi sacré pour les peuples que pour les individus, il ajoute : « Quand je vois un ennemi qui me couche en joue, je tire sur lui le premier si je peux, et je ne fais en cela que me défendre. » C'est ainsi qu'il propose la grande « levée en masse » de 1793 et sauve une deuxième fois la France, terre de la liberté et du droit (1).

Ces grandes qualités d'homme d'État, cette modération, cette humanité vont causer sa perte. Une telle conscience gêne les projets de Robespierre. Il aurait pu, tant il était populaire, attaquer Robespierre le premier ; il ne voulut pas verser de sang. « J'aime mieux être guillotiné que guillotineur », disait-il à ceux qui lui conseillaient de se débarrasser de Robespierre pour

---

(1) L'exécution de Louis XVI avait provoqué contre la France la coalition de presque tous les rois qu'épouvantait l'œuvre de la Révolution française. D'autre part, l'armée (voir note, page 184) était désorganisée par l'émigration et l'indiscipline. La Convention appela aux armes d'abord 300.000 citoyens, puis presque tous les citoyens en « une levée en masse ». — « Le peuple français debout contre les tyrans », telle était, à ce moment, la devise républicaine.

protéger sa propre vie. Il aurait pu fuir aussi. « Eh quoi! répondait-il, emporte-t-on la patrie à la semelle de ses souliers. » Arrêté, jugé avec précipitation par crainte d'un mouvement populaire, il mourut en héros, comme il avait vécu.

Triomphe de la vérité sur la calomnie

Il n'y a pas de calomnie que les adversaires de la Révolution n'aient élevée contre Danton. La vérité triomphe aujourd'hui. Il a donné l'exemple de toutes les vertus civiques, il fut grand par l'intelligence, plus grand encore par le cœur, il aima la France, l'humanité, la justice, et, dans un temps où les passions étaient déchaînées, il sut maîtriser les siennes et obéir toujours à la voix de la raison.

RIQUET.

Camille DESMOULINS (1760-1794)

La cocarde
verte

LE 12 juillet 1789, l'agitation était vive à Paris ; de toutes parts s'élevaient des protestations contre le renvoi du ministre Necker, populaire depuis qu'il avait proposé à Louis XVI la réunion des États Généraux et la double représentation du tiers.

Camille Desmoulins était, dans la cour du Palais-Royal, parmi les plus ardents. Il a raconté ainsi la journée à son père : « Voyant mon zèle, on me prie de monter sur une table ; dans la minute, j'ai autour de moi six mille personnes. Citoyens, dis-je alors, vous savez que la nation avait demandé que Necker lui fût conservé, qu'on lui élevât un monument, et on l'a chassé ! Peut-on vous braver plus insolemment. Après ce coup, ils vont tout oser, et pour cette nuit, ils méditent, ils préparent peut-être une Saint-Barthélemy de patriotes. Aux armes ! prenez tous des cocardes vertes, couleur de l'espérance. »

Le mouvement insurrectionnel s'étendit dans Paris comme une traînée de poudre, et deux jours plus tard la Bastille était emportée.

Biographie

AVOCAT inconnu la veille, C. Desmoulins arriva ainsi, tout d'un coup, à la célébrité. Il allait jouer un rôle important, non le premier toutefois, dans la tourmente qui renversa l'ancien régime.

En 1792, il devint secrétaire de Danton, l'un des

plus grands parmi les révolutionnaires, et il fut nommé
député de Paris. A cause d'un léger bégaiement,
C. Desmoulins monta rarement à la tribune. Le
député Legendre, peu courtois, lui reprochait un jour
son silence. « Mais, mon cher Legendre, tout le monde
n'a pas tes poumons, » répondit Desmoulins. — « Si
tu n'as pas de poumons, il fallait le dire au peuple, qui
aurait donné tes dix-huit francs à un homme qui en
eût. »

C'est dans les clubs, dans la presse surtout que, avec
une ardeur juvénile, il travailla au triomphe de la
liberté. Plein de verve, il fut la plume « la plus leste,
la plus gaie, la plus folle du parti démocratique ».

Ses inspirations ne furent pas toujours heureuses,
certes. Son *Discours sur la Lanterne aux Parisiens* (1)
contient des plaisanteries choquantes sur la potence et
les pendus. Ce qui est plus grave, C. Desmoulins
avait le soupçon trop facile et passait brusquement de
l'éloge outré à la critique injuste. « Saint Mirabeau »,
le « divin Mirabeau », au temps où le grand orateur
attaquait avec véhémence l'ancien régime, n'était plus,
quelques mois plus tard, que « Machiavel-Mirabeau ».

Contre les Girondins ou Brissotins, Desmoulins
réédita, avec une coupable légèreté, des accusations
mensongères ; il les rangea parmi les « fripons », leur
reprocha, à eux qui avaient été les premiers républicains, d'avoir compromis la cause de la liberté. Quand
les Girondins montèrent sur l'échafaud : « C'est moi

---

(1) Pamphlet rédigé par C. Desmoulins et dont le titre fâcheux
rappelle l'exécution sommaire de Berthier et de Foulon. La
Lanterne est supposée faire une harangue au peuple de Paris.

qui les ai tués, » dit-il en pleurant, et ces regrets lui valent notre indulgence.

Il la mérite pour d'autres raisons encore. A une époque où toute pitié était réputée comme une trahison, il eut le courage d'écrire dans le *Vieux Cordelier* (1), dont il était le fondateur : « Je pense bien différemment de ceux qui vous disent qu'il faut laisser la Terreur à l'ordre du jour. Je suis certain, au contraire, que la liberté serait consolidée et l'Europe vaincue si vous aviez un comité de clémence. » Il osa s'attaquer aux amis du tout-puissant Robespierre. « Le chevalier Saint-Just, dit-il plaisamment, regarde sa tête comme la pierre angulaire de la République; il la porte sur ses épaules avec respect comme un saint sacrement, » raillerie qui piqua au vif le susceptible conventionnel.

Mais, étourdi incorrigible, C. Desmoulins, dans le même moment où il réclamait avec éloquence la pitié, fit contre les Hébertistes, ou « enragés », une charge très vive. Leurs exagérations et leurs violences, il est vrai, risquaient de perdre la Révolution. Robespierre profita de ces attaques pour ruiner le parti d'Hébert.

Bientôt vint l'heure du péril pour les Dantonistes. Attaquée au dedans et au dehors, la Révolution se défendait avec une énergie farouche : une démarche, une parole pouvaient conduire devant le tribunal révo-

---

(1) Journal dont les premiers numéros parurent à la fin de 1793

lutionnaire. Mais Danton et son ami Desmoulins jugeaient que la République, en tuant ses meilleurs défenseurs, courait à sa ruine. Un fanatique implacable et orgueilleux, Robespierre, et son bras droit, Saint-Just, à l'éloquence tranchante comme la guillotine, étaient d'un avis opposé : la clémence, suivant eux, enhardirait les adversaires de la Révolution et pourrait perdre la patrie et la République. Ils se préparèrent à écraser la faction des « indulgents ».

« — Le coup est prêt, avait dit à Danton la veuve de Marat ; prévenez vos ennemis, attaquez.

« — Il me faudra donc tuer Billaud et Robespierre ?

« — Ils veulent votre tête ; prenez la leur.

« — Robespierre n'osera pas, s'imaginait Danton. »

Le danger était proche. Un soir, étaient réunis, auprès de C. Desmoulins et de sa jeune femme Lucile, Danton et le futur maréchal Brune. Celui-ci était inquiet.

« — Robespierre, disait-il à Danton, a refusé la réconciliation que tu lui offrais ; ce refus est gros de menaces. Et Desmoulins n'a-t-il pas, crime impardonnable aux yeux du chef des terroristes, plaidé la cause de la clémence ?

« — Laisse faire, Camille, répondit Lucile, laisse-le remplir sa mission, il doit sauver son pays. »

Hélas ! les craintes de Brune étaient fondées ; quelques jours après, la perte des Dantonistes était consommée.

Une fois arrêté, Desmoulins écrivit à la gracieuse Lucile : « J'avais rêvé une République que tout le monde eût adorée. Je n'ai pu croire que les hommes fussent si féroces et si injustes. Comment penser que quelques plaisanteries dans mes écrits, contre des collègues qui m'avaient provoqué, effaceraient le souvenir de mes services ?... Je te reverrai un jour, ô Lucile. » Il avait sur les lèvres une mèche des cheveux de sa femme au moment où il livra sa tête au bourreau.

C'est en vain que la malheureuse Lucile écrivit une lettre indignée à Robespierre, l'un des témoins de son mariage. Elle ne put sauver son mari. Folle de douleur, elle était allée, dans l'espoir de communiquer avec lui, errer autour de sa prison. Elle fut accusée de conspirer pour le délivrer et emprisonnée : « Ce n'est donc pas assez, écrivit la mère de Lucile à Robespierre, d'avoir assassiné ton meilleur ami, tu veux encore le sang de sa femme. » Appel inutile. Lucile fut condamnée à mort ; elle monta en souriant sur l'échafaud dans la pensée qu'elle allait revoir Camille.

⁂

Réflexion   O*n peut justement reprocher à Camille Desmoulins la versatilité de ses admirations et la légèreté avec laquelle il éveilla les soupçons, mais son attachement à la cause de la liberté mérite qu'on lui pardonne beaucoup.*

ROGIE.

SEDAINE (1719-1797)

❧ ❧ ❧

Le frère aîné

L'ARCHITECTE Sedaine, ayant dissipé sa fortune, trouva un petit emploi dans le Berri. Il partit avec ses deux fils. Le malheureux architecte, dévoré d'ennui et de chagrin, mourut peu de temps après, laissant pour toute fortune à ses fils une somme de vingt livres (1).

Les deux orphelins résolurent de revenir à Paris rejoindre leur mère et chercher du travail. Michel, l'aîné, alla trouver le conducteur de la diligence et lui demanda : « Combien coûte le voyage par personne pour aller jusqu'à Paris ? — Vingt livres. » Vingt livres ! c'était toute leur fortune. — « Je paierai ta place, petit frère, dit Michel, et moi j'irai à pied. » Le petit frère, qui avait treize ans, aurait bien voulu, lui aussi, aller à pied ; mais son grand frère lui dit : « Non, tu n'aurais pas la force. »

Le jour du départ, le jeune garçon fut installé tout en haut de la diligence, sous la bâche. C'était au commencement de l'hiver ; la bise soufflait âpre et froide. Le pauvre enfant, mal vêtu, grelottait. Michel suivait la voiture en courant ; la sueur ruisselait sur son visage. Quand les chevaux étaient obligés d'aller au pas, il pouvait devancer la voiture ; il se retournait alors et regardait son frère qui lui souriait. Il s'aperçut bientôt que l'enfant tremblait de tous ses membres.

— « Tu as froid, Honoré ? — Oh ! oui, frère, j'ai bien froid. — Tiens, prends mon paletot, enveloppe-toi bien ;

---

(1) *La livre*, ancienne monnaie dont la valeur était de un franc."

moi, je me réchaufferai en courant. » Et il lui jeta sa veste.

Les voyageurs, émus et pleins d'admiration, se cotisèrent pour payer la place de Michel, qui alla se mettre à côté de son frère.

❧

Biographie Michel-Jean Sedaine est né à Paris le 4 juillet 1719. Il avait à peine 13 ans quand son père, un des architectes les plus honorés de la ville, fut tout à coup ruiné et se vit obligé de se réfugier dans le Berri, où on lui offrait un petit emploi. Le malheureux architecte, dévoré de tristesse, mourut peu de temps après, laissant sans ressources ses deux fils, Michel et Honoré. Le principal du collège où était placé Michel lui proposa de le garder gratuitement. Michel adorait l'étude ; l'offre était séduisante ; mais que deviendrait son frère, qui avait 13 ans ? que deviendrait sa mère, qui était seule, sans fortune ? Il était l'aîné, il devait remplacer son père ; il refusa l'offre qui lui était faite et quitta le collège.

Les deux enfants, seuls dans cette province éloignée, résolurent de revenir à Paris chercher du travail et retrouver leur mère, qui s'y était retirée dans une abbaye. Nous avons raconté comment ils firent le voyage et nous avons dit le dévoûment de l'aîné, Michel. Ils trouvèrent Mme Sedaine dans le plus complet dénûment. Michel la consola et s'empressa de chercher du travail. Son père était très connu des entrepreneurs de maçonnerie ; c'est à eux qu'il s'adressa. Ces braves gens lui trouvèrent rapidement de l'occupation. Il se fit tailleur de pierres. Ses mains blanches et fines durent s'habituer à manier le marteau et le ciseau. Mais il fit vaillamment et gaiement sa rude besogne, parce qu'elle lui permettait d'assurer la subsistance de sa mère et de faire l'éducation de son jeune frère.

D'ailleurs le petit tailleur de pierres n'a pas oublié ses livres; il a emporté ses cahiers de collège. Et pendant que les autres ouvriers vont prendre leur repas de midi ou se reposer de leur pénible labeur, Michel sort de sa poche son maigre dîner et un de ses ouvrages préférés; il lit, tout en mangeant son frugal repas : c'est Horace (1), c'est Virgile (2), c'est Montaigne (3), c'est Molière (4), ses livres favoris. Tous ses loisirs sont ainsi employés à la lecture. Les maçons se moquent de lui et l'appellent le petit « *liseux* ». Michel rit de bon cœur de ce sobriquet et continue ses études.

Un jour, un architecte, M. Buron, le surprit au moment où il lisait Horace : « Que fais-tu là, au lieu de te reposer comme tes camarades ? lui demanda-t-il. — Je traduis Horace, Monsieur. — Montre-moi ton travail. » Michel présenta son manuscrit. « Elle n'est pas mal ta traduction; quel âge as-tu ? — 18 ans, Monsieur. — Ecoute, je savais qu'on te surnommait « *le liseux* », c'est pourquoi j'ai voulu te voir. Veux-tu être mon élève ? Je suis architecte, comme ton père; je viendrai en aide à ta famille. » Michel suivit l'architecte, qui l'admit au nombre de ses élèves et l'associa à ses travaux.

(1 et 2) Horace, Virgile, célèbres poètes latins.
(3) Montaigne, prosateur français du XVIe siècle.
(4) Molière, grand poète comique français du XVIIe siècle.

Ce bienfait ne fut pas perdu pour la famille de l'architecte. Plus tard, Sedaine éleva le petit-fils de Buron, qui devint le célèbre peintre David (1).

En entrant dans l'atelier de l'architecte, Michel Sedaine n'avait pas oublié son Horace. Il continua de consacrer ses loisirs aux lettres et à la poésie, et c'est ce qui le rendit célèbre. Il a écrit un très grand nombre d'ouvrages. Plusieurs de ses œuvres ont été mises en musique ; il fut un des créateurs de l'opéra-comique (2). Deux de ses comédies, *le Philosophe sans le savoir* (1765) et *la Gageure imprévue* (1767) sont encore jouées à la Comédie-Française : elles sont charmantes. Lorsque Diderot, un grand écrivain du XVIII° siècle, entendit pour la première fois la lecture du *Philosophe sans le savoir*, il se jeta enthousiasmé dans les bras de Sedaine, en lui disant : « Mon ami, si tu n'étais pas si vieux, je te donnerais la main de ma fille. »

Une autre anecdote prouve quel cas un autre grand écrivain, Voltaire, faisait du caractère et du talent de l'auteur du *Philosophe sans le savoir*. Un jour, dans une réunion académique, Sedaine avait vivement attaqué les plagiaires (3). En sortant, Voltaire lui dit : « Ah ! Monsieur Sedaine, c'est vous qui ne volez rien à personne ! — Je n'en suis pas plus riche, » répondit Sedaine

---

(1) David a consacré son talent à reproduire surtout les grandes scènes de la Révolution.

(2) Œuvre dramatique, accompagnée de musique.

(3) On flétrit de ce nom ceux qui, incapables de penser par eux-mêmes, empruntent, pour écrire, les idées des autres et s'efforcent de dissimuler cet emprunt.

WASHINGTON à la bataille du Fort-Carillon.

(d'après le tableau de Henri Darien)

un peu confus. Le mot de Voltaire était juste. Dans ses
écrits, Sedaine a le grand mérite d'être lui-même et de
ne rien emprunter qu'à la nature.

Il entra à l'Académie française en 1785. La Révolution lui fit perdre son titre d'académicien ; il en éprouva
une grande peine. Sa mort fut annoncée prématurément;
il eut ainsi le triste avantage de lire de son vivant les
éloges funèbres qui furent écrits sur sa longue et laborieuse carrière. Il mourut le 27 mai 1797.

Sa maison, située dans une ravissante campagne, en
plein bois de Montmorency, à deux kilomètres de Saint-
Leu, fut achetée en 1809 par la famille Guieysse-Frère.
Mme Guieysse-Frère a écrit un livre très intéressant sur
Sedaine et a donné sa maison à une très belle œuvre :
l'Association des Villégiatures du travail féminin. Cette
maison qui abrita le bon Sedaine offre aujourd'hui un
asile aux femmes et aux jeunes filles anémiées par le
travail. Elle ne pouvait pas avoir une plus noble desti-
nation.

Réflexions — *I. La vie de Sedaine offre un
remarquable exemple de ce que peu-
vent le travail et le mérite. Simple
tailleur de pierres à 18 ans, Sedaine était célèbre à 40 ans
et il devint le commensal et l'ami des plus beaux génies du
XVIIIe siècle.*

*II. Le frère aîné doit aide et protection à ses frères plus
jeunes, quand le père et la mère viennent à manquer.*

E. CHARDEAU.

WASHINGTON (1732-1799)

❖ ❖ ❖

Intégrité du Président Washington

QUAND les hommes qui gouvernent un pays distribuent les emplois publics à leurs amis, à ceux qui leur ont rendu des services, sans se préoccuper de rechercher les plus aptes et les plus méritants, on dit qu'ils se rendent coupables de *favoritisme*. Quand ce sont leurs parents qu'ils casent dans des places lucratives, au mépris de la justice, ce favoritisme spécial prend le nom de *népotisme*. Nul ne fut à cet égard plus exempt de reproche que Washington, premier président des États-Unis.

Il avait des neveux qu'il aimait d'autant plus tendrement que lui-même n'avait point d'enfant. L'un d'eux, avocat de talent, mais jeune encore, sollicita de son oncle une place de procureur à la Cour fédérale (1). Washington lui répondit : « Rien « ne justifierait une telle nomination, ni votre âge, ni vos ser- « vices, ni votre réputation. Je ne puis vous préférer aux avocats « plus anciens que vous et plus estimés. Une place ne doit « pas appartenir au plus *aimé*, mais au plus *digne*. »

❖ ❖ ❖

Biographie

L'IMMENSE territoire sur lequel s'étendent les États-Unis d'Amérique était, au XVIIIᵉ siècle, bien différent de ce qu'on le voit aujourd'hui. Le pays compris entre les Apalaches (2) et l'Océan Atlantique formait un

---

(1) *Cour Suprême*, chargée de juger les procès où il s'agit d'interpréter la Constitution et les lois fédérales.

(2) Montagnes qui s'étendent le long de la côte orientale des États-Unis, à une faible distance de la mer.

chapelet de colonies anglaises. En arrière s'étendait la Louisiane française (1), région de forêts et de prairies immenses, parcourues par des tribus indiennes, tenues en respect par une ligne de fortins assez mal défendus. C'est dans une de ces colonies anglaises que naquit Washington. Il était fils d'un planteur qui le laissa orphelin à l'âge de dix ans ; heureusement, il lui restait sa mère, femme énergique, d'un caractère très noble, d'un sens très droit.

Le jeune Washington ne reçut pas une éducation distinguée : les écoles étaient rares et élémentaires en ce temps. Il se cultiva plus tard par la lecture de bons ouvrages. La vie active au grand air, en pleins champs et en pleins bois, souvent au milieu des dangers, lui donna une constitution vigoureuse, du courage et de la décision ; l'observation et une réflexion profonde firent de lui un homme d'État.

La grande lutte connue dans l'histoire sous le nom de Guerre de Sept ans mit aux prises les colons Anglais avec les Français établis en Louisiane et au Canada (2).

Washington prit part, comme officier, à cette lutte contre nos compatriotes. Il y acquit, malgré de sérieux revers, une certaine expérience militaire. Revenu dans sa plantation, il s'adonna à l'étude de l'agriculture et à

---

(1) Découverte par Cavelier de la Salle, qui en prit possession au nom de Louis XIV, elle comprenait à cette époque le bassin du Mississipi ; elle fut, plus tard, vendue par Napoléon 1er aux États-Unis, ce qui empêcha l'Angleterre de s'en emparer.

(2) Découvert par Jacques Cartier, colonisé par Champlain, défendu héroïquement contre les Anglais par Montcalm, qui fut tué sans pouvoir l'arracher à l'ennemi, le Canada français correspondait au bassin du Saint-Laurent.

l'exploitation intelligente de ses terres. Rien ne faisait prévoir alors la gloire qui devait s'attacher à son nom ; mais des circonstances nouvelles surgirent.

L'Angleterre, endettée par la Guerre de Sept ans, voulut, pour payer les frais de la lutte qu'elle avait soutenue en Europe surtout, lever des impôts sur ses colonies d'Amérique.

— Nous ne paierons pas, dirent les colons, parce que c'est injuste.

— Refuseriez-vous de prendre votre part des dettes contractées pour vous défendre ?

— Nous voulons bien contribuer aux dépenses faites dans l'intérêt général, à la condition que nous soyons appelés à voter notre contribution : c'est notre droit.

— Sur quoi le fondez-vous ?

— Sur notre dignité d'hommes d'abord, et sur la loi fondamentale de l'Angleterre, qui déclare illégaux les impôts perçus sans le consentement de ceux qui doivent les payer. Nous sommes Anglais et non représentés au Parlement, celui-ci n'a donc pas le droit de nous taxer.

Les colonies maintinrent fermement cette théorie et confièrent à l'habile Franklin le soin de la défendre. L'Angleterre resta sourde à ses bonnes raisons ; la guerre fut inévitable. Les colons proclamèrent leur indépendance et donnèrent à Washington le commandement de leurs forces. Elles étaient petites, ces forces, et bien mal organisées. Sans la sagesse du général, sans son activité, sans son dédain de la gloire qui lui fit toujours préférer un léger avantage à une grande victoire incertaine, sans sa constance à supporter les

revers et parfois les reproches et les soupçons, il faut
bien dire aussi sans l'appui de la France, les colonies
américaines n'auraient jamais triomphé. La guerre dura
de 1776 à 1783. Washington fut quelquefois obligé
de battre en retraite devant l'ennemi ; il obtint enfin
des succès décisifs. Le traité de Versailles reconnut
l'indépendance des colonies : la patrie américaine était
fondée.

Mais elle n'était pas organisée. Un général ambitieux aurait pu profiter de la gloire acquise et des
difficultés dans lesquelles se débattait son pays pour
s'emparer du pouvoir. Washington était trop noble
pour y songer. Il en accueillit l'offre avec indignation.
Il refusa tout traitement et tout don pour prix de ses
services ; il accepta seulement qu'on lui remboursât ses
dépenses personnelles pendant la lutte. La guerre finie,
il déposa l'épée, rentra dans son domaine et se remit à
ses plantations.

Cependant on ne s'entendait pas pour fonder un
gouvernement et le jeune État menaçait de périr par la
discorde. De nouveau on fit appel au dévoûment de
Washington. Il était le seul homme dont le caractère en imposât à tous. Il présida la Convention chargée
d'élaborer une constitution, et, en 1789, il fut élu, à
l'unanimité, Président de la République. Il l'apprit
sans joie : cet homme simple était indifférent aux honneurs ; ce modeste sentait les difficultés de la tâche et
craignait de ne pas être à la hauteur de ses devoirs.

Au cours de sa magistrature, il se montra scrupuleux

observateur de la légalité, attentif à étudier les véritables intérêts de sa patrie, pour y conformer sa politique sans tenir compte des critiques malveillantes et sans chercher à ménager sa popularité. Il fut soucieux de nommer aux fonctions publiques les hommes les plus compétents et les plus honorables. Il se maintint au-dessus des querelles de partis et combattit l'intolérance politique. Réélu au terme de son mandat, il sacrifia encore une fois au pays ses goûts et ses aspirations au repos, mais il refusa net une seconde réélection dont il jugeait l'exemple dangereux.

Retiré dans ses terres, redevenu simple agriculteur, Washington mourut en 1799, léguant au monde le noble exemple d'une vie consacrée à la grandeur de son pays et le plus parfait modèle du citoyen républicain.

Réflexion APPRENONS *de Washington que le meilleur moyen de s'acquérir l'estime, c'est d'agir avec droiture selon la justice, mais qu'il faut aimer la justice et la sincérité plus encore que l'estime de ses concitoyens.*

L. FAUCHÈRE.

MARCEAU (1769-1796)

❀ ❀ ❀

Une belle vengeance — Marceau, à peine nommé capitaine, avait été arrêté, en 1793, avec vingt-cinq de ses collègues, sur une dénonciation calomnieuse de soldats révoltés.

Le premier, donnant l'exemple de la discipline, il rendit son sabre et il fut emprisonné.

Malgré l'hostilité de l'accusateur public Bourbotte, député à la Convention, il fut acquitté, le 8 juin 1793, à l'unanimité moins une voix, celle de Bourbotte.

Or, peu de temps après, une bataille acharnée se livrait, devant Saumur, entre l'armée républicaine et les troupes vendéennes. Vers le soir, Marceau, réintégré dans son grade, se dirigeait avec ses troupes vers la citadelle ; il entendit, derrière une haie touffue, des cris forcenés et joyeux. C'étaient des Vendéens qui, ayant saisi l'un des délégués de la Convention, discutaient le genre de mort qu'ils lui feraient subir : le feu ou les balles.

Ce prisonnier était Bourbotte.

Marceau le reconnaît, mais il n'hésite pas. Il dit à ses soldats :

« Camarades ! tombons sur ces misérables qui veulent brûler vif un ennemi désarmé ! »

Et il sauve son accusateur.

Celui-ci, d'ailleurs, sut se montrer reconnaissant. Trois jours après, la Convention décidait que Marceau avait bien mérité de la patrie.

❀

Biographie

ARCEAU naquit à Chartres le 1ᵉʳ mars 1769.

Son enfance fut triste. Son père, procureur au bailliage (1) de Chartres, ne se souciait pas de lui; sa mère était morte; sa belle-mère le détestait; sa sœur Emira, seule, l'aimait; c'est elle qui se chargea de son éducation et, comme elle était mariée à un homme de loi, elle voulait, pour garder son frère près d'elle, l'attacher à l'étude de son mari en qualité de clerc.

Mais le jeune homme n'était pas fait pour les occupations sédentaires. Le métier des armes le séduisait. Il s'engagea à 16 ans.

A 20 ans, il n'était que sergent. Au moment où commença la Révolution, il sentit fermenter en lui toutes les aspirations généreuses qui poussaient le peuple à la conquête de la liberté.

Quand les Parisiens se portèrent vers la Bastille, Marceau fut dans leurs rangs, et ses amis, les volontaires d'Eure-et-Loir, le récompensèrent en le nommant leur capitaine.

Bientôt il fut appelé aux frontières. Il contribua à la défense de Verdun. Avec le commandant de Beaurepaire, il voulait résister, mais le Conseil et la population exigèrent la capitulation. Marceau sortit de la ville avec les honneurs de la guerre.

Après la victoire de Valmy, à laquelle il n'assista pas, il fut nommé capitaine de la légion germanique.

---

(1) *Bailliage*, circonscription judiciaire de la vieille France monarchique, où la justice était rendue par le *bailli*.

Photo. Kuba

LA MORT DE MARCEAU
(d'après le tableau de E. Boutigny)

Les soldats en étaient fort indisciplinés. Ils accusèrent leurs chefs d'incivisme et de prévarication.

Il n'en fallait pas plus, à cette époque, pour faire arrêter un officier. Les officiers étaient suspects à la Convention : beaucoup d'entre eux avaient passé à l'ennemi ; ceux qui restaient, braves, audacieux, souvent adorés par leurs soldats, pouvaient être un danger pour le pouvoir civil.

Marceau fut arrêté, mais on reconnut bientôt son innocence et on l'envoya combattre les Vendéens.

Quelques jours plus tard, il était acclamé par la Convention pour avoir sauvé Bourbotte et il fut envoyé comme adjudant général dans la division de Luçon.

Les troupes vendéennes étaient fortes de 40.000 hommes. Le commandement de l'armée républicaine, partagé entre les généraux et les délégués de la Convention, qui se défiaient des généraux, était flottant et indécis. On allait un peu au hasard et les défaites alternaient avec les succès. Marceau eut sa part de toutes les victoires et contribua souvent à empêcher les échecs de se changer en désastres.

Bientôt on reconnut les erreurs du commandement. Marceau fut nommé général en chef et triompha des Vendéens au Mans et à Savenay.

Mais il faisait cette guerre sans enthousiasme. Il préférait lutter contre l'étranger. Bientôt il fut désigné pour faire partie de l'armée de Sambre-et-Meuse.

Il se battit bravement à Fleurus et participa à la conquête de la rive gauche du Rhin.

Il apportait à la guerre les sentiments de justice et d'humanité qui animaient les vrais héros de la Révolution. Conduisant au combat une armée privée de tout, mourant de faim, il réprimait le pillage et savait se faire aimer de ses ennemis comme de ses soldats.

Il mourut jeune.

Un jour que, pour contenir les Autrichiens qui menaçaient l'armée française en retraite dans les défilés d'Altenkirchen, il s'était avancé pour reconnaître le terrain, un chasseur tyrolien lui tira un coup de carabine en pleine poitrine.

On fut obligé de l'abandonner blessé chez le gouverneur prussien d'Altenkirchen. Les généraux autrichiens tinrent à honneur de marquer leur sympathie à leur jeune et noble adversaire. Ils lui firent visite.

L'archiduc Charles lui envoya son médecin et, aussitôt arrivé à Altenkirchen, à 7 heures du matin, il voulut le voir.

Marceau venait de mourir.

Le prince s'inclina avec émotion devant ce héros de son âge, que la mort venait d'enlever. Il fit reconduire le corps aux avant-postes français avec tous les honneurs militaires.

Le jour des obsèques, il y eut une suspension d'armes et la population de Coblentz pleura, avec l'armée, ce jeune général qu'elle admirait et qu'elle aimait.

C'est à Coblentz qu'il fut inhumé, puis incinéré. Ses cendres furent déposées dans un monument dessiné

par Kléber, et qui inspira au grand poète anglais
Lord Byron ces strophes qui résument l'enseignement
que nous donne la vie de Marceau :

« *Près de Coblentz, sur un coteau en pente douce, est*
« *une pyramide, petite et simple, qui couronne le sommet*
« *d'un tertre verdoyant. Sous la base reposent les cendres*
« *d'un héros, notre ennemi... Mais que cela ne nous*
« *empêche pas de dire : « Honneur à Marceau ! » Sur sa*
« *tombe prématurée, des larmes, de grosses larmes ont*
« *jailli de la rude paupière du soldat, déplorant ce trépas*
« *qu'il enviait : tomber en combattant pour reconquérir*
« *les droits de la France.*

« *Sa jeune carrière fut courte, brave et glorieuse. Deux*
« *armées le pleurèrent : ses amis et ses ennemis. L'étranger*
« *qui passe peut s'arrêter ici et prier pour son âme intré-*
« *pide, car il fut le champion de la liberté, et du petit*
« *nombre de ceux qui, armés par elle, n'abusent pas du*
« *droit de répression qu'elle confère à ses défenseurs. Il*
« *conserva la pureté de son âme et c'est pourquoi les hommes*
« *l'ont pleuré* » (1).

LEBOSSE.

---

(1) Childe Harold. Chant III, st. 26 et 27.

HOCHE (1768-1797)

❦ ❦ ❦

Simplicité d'un futur grand homme

Dans les années qui précédèrent la Révolution, les jardiniers des environs de Paris voyaient, à certains jours, arriver un jeune homme de haute stature, au visage mâle et beau : c'était un soldat qui, profitant des nombreux loisirs qui lui étaient faits, venait leur offrir ses services au moment où la besogne pressait le plus.

Il bêchait, sarclait, arrosait. Sa journée terminée, on lui donnait la rémunération de son travail. D'autres fois, il brodait des gilets pour des hommes de qualité. — « Je pourrai ainsi, se disait-il, acheter les livres qui me sont nécessaires pour combler les lacunes de mon instruction première, et pour mieux connaître ces idées d'égalité, de justice et de liberté que les philosophes (1) ont répandues dans leurs écrits. »

❦

Biographie

Ce jeune homme s'appelait Lazare Hoche.

Il naquit en 1768, à Versailles. Son père, ancien soldat, était piqueur de la meute de Louis XV. Il perdit sa mère à deux ans. Une de ses tantes, marchande de légumes et de fruits à Versailles,

---

(1) L'œuvre de la Révolution française fut préparée par les travaux de philosophes et écrivains dont les plus célèbres sont : J.-J. Rousseau, Diderot, Beaumarchais, etc.

le recueillit et s'occupa de lui. Elle était trop pauvre pour l'envoyer au collège. Mais un vieux prêtre lui apprit à lire et lui enseigna un peu de latin.

Dès l'âge de 14 ans, il entra aux écuries (1) du roi. Deux ans plus tard il s'engagea. Son intention était d'entrer dans les troupes coloniales pour visiter ces pays lointains dont la description l'avait enthousiasmé. Mais le sergent racoleur (2) le trompa, et Hoche se trouva avoir signé son engagement pour le régiment des gardes-françaises.

Il prit à cœur le métier des armes, et, par sa gaîté, sa franchise, son courage, il devint vite populaire parmi ses camarades. Ceux-ci étaient victimes des dénonciations et de la brutalité d'un caporal très redouté pour son adresse à l'escrime. Avec une tranquille audace, Hoche le provoqua en duel et le blessa grièvement, non sans avoir reçu un coup de sabre qui lui laissa une profonde cicatrice au front.

Il devint bientôt sergent. Mais les règlements militaires étaient tels que, faute d'un titre de noblesse, il

---

(1) C'est-à-dire dans les cadres de ce régiment de palefreniers et écuyers qui soignaient, dressaient et conduisaient les chevaux de selle, de chasse, de voyage et de bataille du roi et des princes.

(2) Sous l'ancien régime, la conscription n'existait pas : l'armée se recrutait d'abord par engagements volontaires ; les jeunes gens de petite noblesse qui n'avaient pas le moyen, comme les fils de la noblesse riche, de « s'acheter » un grade, s'enrôlaient pour gagner leurs galons sur le champ de bataille. Mais pour compléter les régiments, on avait recours aux *racoleurs*, sous-officiers sans grande moralité, qui touchaient une prime sur chaque engagement qu'ils faisaient contracter aux enfants du peuple. Ils avaient souvent recours aux moyens les plus suspects pour leur arracher la signature qui les *engageait* sous les drapeaux pour une durée très variable.

n'aurait pu s'élever plus haut (1). On conçoit la joie avec laquelle il accueillit la Révolution, qui promettait de détruire les vieux abus.

Son régiment ayant été licencié (2) peu de temps après la prise de la Bastille, Hoche entra dans la garde nationale soldée de Paris, puis il passa dans les régiments de ligne. Lorsque la Patrie fut proclamée en danger, il franchit vite les grades d'adjudant, de lieutenant, de capitaine, et se signala à la défense de Thionville ; fait chef de bataillon au début de 1793, il défendit habilement Dunkerque, et, en six semaines, il fut nommé chef de brigade, général de brigade, enfin général de division chargé du commandement provisoire de l'armée de la Moselle. Il avait 25 ans !

On lui demanda de refouler les Prussiens et de débloquer Landau. Malgré de vigoureux efforts pendant trois jours, il échoue tout d'abord. Mais le Comité de Salut public lui écrit : « Un revers n'est pas un crime lorsqu'on a tout fait pour mériter la victoire. Nous aimons qu'on ne désespère pas du salut de la patrie. Notre confiance te reste. » Il renouvelle sa tentative et, après une belle campagne en plein hiver, il tombe sur les Prussiens, les oblige à évacuer Wissembourg et à lever le siège de Landau. L'Alsace était délivrée.

---

(1) On donnait le nom de « bas-officiers » aux titulaires non nobles des grades inférieurs de l'armée. Un « bas-officier » ne pouvait devenir officier que par brevet spécial du roi. Pour ne pas affaiblir la tradition, le roi préférait même souvent anoblir son exceptionnel protégé.

(2) Licencié, renvoyé.

L'année suivante, Hoche reçut la mission de pacifier l'Ouest, agité par la Chouannerie (1). Il rétablit la discipline dans ses propres troupes, les empêcha de saccager le pays et de troubler les paysans dans leurs croyances; puis il vint en aide aux révoltés qui, las de cette lutte interminable, n'aspiraient qu'à revenir cultiver leurs champs. Par un mélange habile de bienveillance envers les paysans égarés et de sévérité à l'égard de leurs chefs, il réussit à réconcilier la Bretagne et la Vendée avec la République.

Le Directoire lui donna ensuite le commandement de la belle armée de Sambre-et-Meuse, qui accueillit avec joie le glorieux général. Vainqueur des Autrichiens à Neuwied, il se préparait à poursuivre le cours de ses succès, lorsqu'il reçut la nouvelle de la signature des préliminaires de Léoben (2).

La prodigieuse activité qu'il déploya pendant cinq années avait miné sa constitution, cependant robuste. Une maladie de poitrine, dont il avait senti les premières atteintes l'année précédente, s'aggrava brusquement, et Hoche mourut le 19 septembre 1797, à son quartier général de Wetzlar. Il n'avait que 29 ans.

L'armée, dont la douleur fut poignante, fit à son chef de superbes funérailles. On transporta son corps

---

(1) *Chouans* : nom donné quelquefois aux Vendéens. À la fin de la guerre de Vendée, sous prétexte de guerroyer pour leur foi et leur roi, nombre de malfaiteurs, parmi lesquels figura tristement un certain Jean Chouan, exercèrent d'abominables brigandages, d'où le nom de *chouannerie* (guerre à la façon de Chouan).

(2) *Préliminaires*, conditions générales, à préciser et à réglementer ultérieurement, qui servent de base à un traité de paix définitif. — *Léoben*, ville des États autrichiens (Styrie).

au fort de Pétersberg, où il fut déposé à côté de celui d'un jeune héros mort quelque temps auparavant, le général Marceau.

La mort inattendue du général Hoche causa en France une véritable consternation. On le pleura pour les grands services qu'il avait rendus à la patrie, et aussi pour les immenses espérances qu'avaient fait naître ses talents et ses vertus.

D'éminentes qualités distinguaient le général républicain. Sans parler de la bravoure, du patriotisme, de l'amour de la liberté, que d'autres possédaient au même degré, il eut, en plus, le sentiment très vif de l'honneur, qui le retint de toute action basse; une intégrité qui le portait à détester les fripons et à souhaiter pour ses enfants un nom sans tache plutôt que la fortune; une grandeur d'âme qui lui faisait repousser toute idée de vengeance, subordonner son propre avantage au bien de son pays, écarter de la guerre toute rigueur inutile; tandis que Bonaparte, par exemple, stimulait le courage de ses soldats par la promesse d'un riche butin, Hoche leur recommandait d'être généreux et humains.

Cet ensemble de vertus était d'autant plus frappant que Hoche était parti de plus bas. D'une instruction négligée, il s'était élevé, par des études poursuivies même au milieu des camps, à un savoir des plus étendus. S'inspirant de l'exemple des grands hommes de l'antiquité dont il lisait l'histoire, il avait combattu ses tendances natives à la violence du caractère et à l'inconstance de la volonté; il s'était épuré moralement; enfin,

sa raison exercée l'avait mis rapidement en possession
de l'art militaire. Tout en lui portait l'empreinte de la
grandeur.

Réflexion Hoche est un magnifique exemple
*de ce que peuvent le travail et
la volonté pour se former soi-même.*

J. Gros.

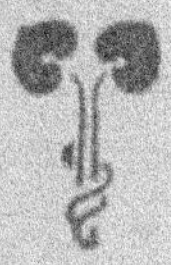

LA TOUR D'AUVERGNE (1743-1800)

❧ ❧ ❧

**L'amitié
d'un brave**

LA TOUR D'AUVERGNE aimait à se reposer des fatigues de la guerre par des études sur l'antiquité et sur la langue celtique (1) ; une étroite amitié le liait au savant Le Brigant, que passionnait aussi la linguistique (2), et qui, naïvement, prétendait trouver dans le dialecte des Bretons le type de toutes les langues.

Un jour La Tour d'Auvergne trouva en pleurs la famille de son ami : quatre des fils Le Brigant avaient déjà donné leur sang à la patrie, et le dernier venait d'être appelé sous les drapeaux. Aussi bon que brave, notre héros oublie son âge — c'était en 1799, il avait donc 56 ans — et il s'offre pour remplacer le jeune homme. Le Brigant, ému au delà de toute expression, partagé entre le désir de conserver l'unique soutien de sa vieillesse et la crainte d'envoyer son ami à la mort, refuse d'abord la généreuse proposition de La Tour d'Auvergne ; celui-ci insiste, il met dans ses paroles tant de cœur que son sacrifice est enfin accepté.

En toute hâte, il court à Paris, obtient du ministre de la guerre la substitution demandée, et va rejoindre en Suisse l'armée de Masséna. Il devait trouver, l'année suivante, une mort glorieuse.

❧

---

(1) La langue parlée par les habitants de la Basse-Bretagne en France, et de la Cornouaille en Angleterre. Ces populations descendent des *Celts* qui habitaient, au temps de César, le pays situé entre Seine et Garonne, et le sud de l'Île de Grande-Bretagne.

(2) *Linguistique.* L'étude scientifique des langues.

Biographie

D^E la légion de héros que la Révolution a produits, il n'en est pas de plus justement populaire que La Tour d'Auvergne.

Il naquit en Bretagne, à Carhaix, en 1743. Après avoir fait de bonnes études, il entra dans la carrière des armes ; il était capitaine quand éclata la guerre d'Amérique. Son plus grand désir était alors de mettre, comme La Fayette, son épée au service des « insurgents (1). » Empêché de partir pour le Nouveau Monde, il alla servir, en qualité de volontaire, dans les rangs de l'armée espagnole qui assiégeait les Anglais à Mahon. Son intrépidité lui valut l'admiration générale. On le vit un jour, sous une grêle de balles, aller chercher un camarade blessé, le charger sur ses épaules et le rapporter aux avant-postes.

Mais c'est surtout pendant les guerres de la Révolution que La Tour d'Auvergne mérita le titre glorieux de « premier grenadier de France ».

Quand l'Europe monarchique se coalisa pour étouffer en France les idées révolutionnaires, et que la nation fut appelée sous les armes pour repousser l'agression, La Tour d'Auvergne jugea que sa place était parmi les combattants. Des nobles lui adressèrent de pressantes sollicitations pour l'amener à émigrer : « Je m'étonne, répondit-il, que vous soyez assez hardis

---

(1) Nom donné, au temps de la guerre d'Amérique, aux Américains insurgés contre les Anglais.

pour me faire une aussi infâme proposition. Prenez tel parti qui vous plaira; je ne me règle point sur les autres. Toute l'armée émigrerait, que je n'émigrerais pas. »

Il fit partie de la division des Pyrénées occidentales. Comme il se refusait à accepter un grade supérieur à celui de capitaine, le général Servan eut l'idée de réunir en une seule masse toutes les compagnies de grenadiers, soit environ huit mille hommes, et de le placer à la tête de cette troupe d'avant-garde. La Tour d'Auvergne et ses grenadiers firent des merveilles : la frontière fut rapidement délivrée, Irun occupé, La Biscaye conquise. Les huit mille braves de La Tour d'Auvergne sont restés célèbres dans l'histoire sous le nom de « colonne infernale ».

Telle était leur réputation qu'à plusieurs reprises l'ennemi se laissa désarmer sans combattre. Une fois c'est dans le Val d'Aran, une autre fois près de la Bidassoa : il suffit à La Tour d'Auvergne de faire coucher en joue des soldats espagnols et de leur intimer l'ordre de se rendre pour les amener à déposer les armes. Une audace plus incroyable encore lui permit d'occuper, sans verser une goutte de sang, le fort Saint-Sébastien, entouré par la mer : se jetant dans une barque, il va lui-même annoncer au commandant que, s'il n'ouvre les portes incontinent, le bombardement va commencer. Effrayé, l'officier espagnol capitule aussitôt; pour sauver l'honneur, il supplie seulement les Français de tirer quelques coups de canon sur le fort, avant qu'il le leur livre.

Chez La Tour d'Auvergne, l'humanité, la fierté, le désintéressement égalaient la bravoure.

Il était bien un soldat de la Révolution, ce capitaine qui traitait ses grenadiers comme des égaux, et qui, au lieu de rançonner l'ennemi, allait, dans l'intervalle des combats, s'entretenir familièrement avec les paysans des villages occupés, étudier leurs mœurs et leur langue, amuser les enfants. Par son courage, il faisait redouter la France ; il la faisait aimer par sa bonté et sa simplicité.

A tous sa fierté imposait le respect. Il lui arriva, au retour de l'Espagne, d'être pris par un corsaire anglais et emmené en Angleterre. On voulut lui enlever sa cocarde tricolore. Il l'enfila jusqu'à la garde de son épée, et se mettant en défense : « Qu'on vienne la prendre si on l'ose » ; elle lui fut laissée.

Un représentant de la Convention offrit un jour à La Tour d'Auvergne d'appuyer les demandes qu'il croirait devoir présenter : « Vous êtes donc bien puissant ? lui dit le héros. — Certes. — Eh bien ! sollicitez pour moi... — ... un régiment ? — Non, une paire de souliers. »

Peu de temps avant sa mort, La Tour d'Auvergne reçut de Carnot, ministre de la guerre, une lettre lui annonçant que le premier Consul l'avait nommé « le Premier Grenadier de la République » et lui avait décerné un sabre d'honneur. Il accepta le sabre, mais non le titre ; dans le corps des grenadiers, « on ne connut jamais, dit-il, ni premier ni dernier ».

De quelle admirable façon il entendait l'amitié : sa conduite à l'égard de Le Brigant en témoigne avec éloquence.

Frappé au cœur, d'un coup de lance, il périt en Allemagne, à Oberhausen, en 1800; il n'avait pas eu la douleur de voir l'armée oublier peu à peu la patrie pour se donner tout entière à Napoléon. Le grenadier qui l'ensevelit lui tourna la face vers le ciel en disant : « Il ne faut pas que celui qui n'a jamais tourné le dos à l'ennemi de son vivant le lui tourne après sa mort. »

Jusqu'en 1814, chaque matin, à l'appel des grenadiers, l'officier criait : « *La Tour d'Auvergne!* » et le porte-drapeau répondait : « *Mort au champ d'honneur!* »

Garibaldi, à qui fut remise l'épée de La Tour d'Auvergne, rendit un bel et juste hommage au vaillant officier.

« *J'ai reçu, écrivait-il en 1860, l'épée de La Tour d'Auvergne, cette épée que les consuls de la République décernèrent au plus brave de l'armée française, au plus brave de cette armée qui foulait sous ses pas de géant et ensevelissait dans la poussière trônes et tyrans de l'Europe.* »

ROGIE.

KLÉBER (1751-1800)

**Obéissance
héroïque**

Eɴ 1793, pendant la guerre de Vendée, Kléber commandait l'avant-garde de l'armée républicaine. Il fut un jour, avec ses deux mille hommes, attaqué par vingt mille royalistes. Quoique blessé, il soutint pendant cinq heures une lutte furieuse, mais fut enfin obligé de reculer. La retraite menaçait de devenir une déroute ; les soldats arrivèrent pêle-mêle à une rivière. Il fallait, à tout prix, par un unique pont, leur donner le temps de traverser cette rivière et arrêter l'élan des Vendéens. Kléber appela le colonel Chouardin. « Tu vas, lui dit-il, défendre avec tes hommes l'entrée de ce pont ; tu pourras être tué, mais le salut de l'armée est entre tes mains. »

Chouardin et ses soldats obéirent. Une heure plus tard, le gros des troupes républicaines arrivait à son tour et trouvait les cadavres de tous ces braves : ils s'étaient fait tuer, jusqu'au dernier, là où Kléber leur avait dit de mourir.

Pour inspirer de pareils dévouements, il fallait pouvoir en donner l'exemple, et toute l'armée savait que Kléber en était capable.

Biographie

Sɪ l'on veut comprendre toute la grandeur du courage militaire, on n'a qu'à étudier la vie de Kléber. Jusqu'en 1792, rien n'avait fait prévoir le rôle que ce vaillant soldat allait jouer pendant 8 ans. Malgré sa haute taille, sa force athlétique, son allure martiale et

son tempérament fougueux, qui le rendaient si propre
à une carrière aventureuse, il semblait voué à une vie
tranquille et casanière. Fils d'un simple maçon de Strasbourg, il avait appris le métier d'architecte et l'exerçait
obscurément dans sa ville natale. La monotonie de cette
existence fut, il est vrai, rompue un moment : Kléber,
ayant eu la bonne fortune d'entrer à l'école militaire
de Munich, fut nommé, en 1776, lieutenant dans l'armée autrichienne ; mais il se lassa vite de servir dans
une armée où tout l'avancement était réservé aux
nobles ; il démissionna et reprit sa profession d'architecte.

Alors éclata l'ouragan de la Révolution. Une nouvelle France surgissait ; la nation se soulevait contre la
tyrannie, les privilèges et les souverains étrangers qui
se liguaient pour rétablir chez nous l'ancien régime.
Mais la situation était critique : à l'Europe coalisée
notre pays ne pouvait opposer qu'une armée désorganisée par la fuite de presque tous les officiers (1).
Le patriotisme le sauva. Un souffle d'héroïsme parcourut la nation, mit debout des milliers de volontaires
enthousiastes et suscita des chefs dignes de conduire
ces héros.

Kléber fut un de ces chefs. Il fit ses débuts au
fameux siège de Mayence (2), en 1793. Vingt mille Fran-

---

(1) Sous l'Ancien Régime, les officiers, étant presque tous de la
noblesse (voir note page 174), étaient hostiles à la Révolution, et la
plupart d'entre eux émigrèrent.

(2) L'armée française s'était avancée jusqu'au Rhin ; des revers
l'obligèrent à reculer ; mais elle ne voulut pas abandonner la place
forte de Mayence, très bien située sur le Rhin.

ASSASSINAT DE KLÉBER

(d'après le tableau de H. de Callias)

çais, enfermés dans cette forteresse, opposèrent aux Prussiens une résistance héroïque. « Ils vécurent sous une voûte de feu, » tant le tir des assiégeants était terrible ; « il n'y avait pas dans Mayence une place large comme un chapeau où l'on pût être en sûreté pendant une heure. » En outre, la famine devint affreuse ; on fut réduit à manger les cadavres des chevaux et les rats des égouts. Cette infecte nourriture même vint à manquer et personne ne parlait encore de se rendre. L'enthousiasme révolutionnaire soutenait les troupes, qui se sentaient capables de faire des prodiges avec des chefs comme Kléber. Celui-ci les enflammait de son ardeur ; avec sa fière prestance, son regard de feu, sa chevelure semblable à une crinière, sa voix éclatante, il entraînait les plus irrésolus. Il avait autant de sang-froid que de bravoure ; dans les plus grands dangers, au milieu du fracas des batailles, il gardait un esprit lucide, dont les facultés semblaient grandir avec le péril.

Au bout de quatre mois, la garnison dut cependant capituler ; mais elle n'accepta que des conditions honorables et s'engagea seulement à ne pas combattre aux frontières pendant un an. Kléber fut alors envoyé contre les Vendéens ; pour réduire ces malheureux, dont le fanatisme décuplait l'énergie, il dut faire appel à tous ses talents et à toute la vaillance de ses braves « Mayençais ».

Il finit par écraser la révolte et courut aussitôt après à la frontière du Nord. A peine arrivé, il prenait part, en 1794, à la grande bataille de Fleurus (1), où il entraîna

---

(1) En 1794, la France reprenait l'offensive contre l'Europe coalisée et Jourdan remportait la grande victoire de Fleurus (Belgique).

ses troupes d'un élan si impétueux qu'il décida en
grande partie de la victoire. En 1796, l'armée de Jourdan reculait devant les Autrichiens (1), dans la région du
Mein ; ce fut Kléber qui assura l'ordre dans la retraite
et qui évita un désastre. Quand l'armée poursuivie
arriva sur les bords du Rhin, elle trouva tous les ponts
détruits et fut prise de découragement. Alors Kléber
lui cria : « Soldats ! faisons voir aux Autrichiens qu'arrêtés par un fleuve c'est sur eux que nous nous précipi-
tons ; ouvrons-nous dans leurs rangs un passage que
le Rhin nous refuse encore ! » Cette fière attitude raf-
fermit les courages ; les Autrichiens furent contenus ;
un pont fut jeté sur le grand fleuve et la retraite s'effec-
tua dans un ordre admirable.

L'expédition d'Égypte fut le couronnement de la
carrière de Kléber ; les bords du Nil virent ses plus
fameux exploits. A la bataille du Mont Thabor, il
repoussa pendant six heures, avec 2.400 hommes seulement, le choc de l'innombrable cavalerie musulmane.
Devenu général en chef après le départ de Bonaparte,
il fut sur le point de désespérer en se voyant à la tête
de troupes épuisées, enfermées dans un pays hostile. Il
négocia, mais les Anglais exigèrent que l'armée française se rendît prisonnière. Cette prétention réveilla en

---

(1) En 1796, le Directoire lança contre l'Autriche trois armées
commandées par Bonaparte (en Italie), par Moreau (le long du
Danube), par Jourdan (vallée du Mein). Bonaparte fit une campagne
magnifique, mais Jourdan, sous les ordres de qui Kléber combattait,
fut obligé de battre en retraite.

Kléber le héros un instant découragé : « Soldats !
s'écria-t-il, on ne répond à de telles insolences que par
des victoires ! préparez-vous à combattre ! » La lutte
reprit aussitôt ; à Héliopolis, Kléber renouvela ses
prouesses du Mont Thabor et dispersa comme une
poussière les hordes des Mameluks. En peu de jours il
reconquit toute l'Égypte et-il s'occupait à l'organiser,
quand un fanatique l'assassina, le 14 juin 1800.

Réflexion

K LÉBER *fut un rude soldat, un merveilleux entraîneur d'hommes ;
il ne connut jamais la peur, et sa vie
nous donne un admirable exemple d'énergie et de courage.*

*Mais nous devons admirer surtout son désintéressement :
comme ses nobles émules, Hoche, Marceau et tant d'autres,
Kléber ne combattait pas pour sa gloire personnelle, mais
pour le triomphe des idées généreuses que la France répan-
dait alors dans le monde. Ces hommes, serviteurs dévoués
de la Révolution, toujours prêts à se sacrifier pour elle, ont
accompli des prodiges parce que...*

... la liberté sublime emplissait leur pensée. (V. Hugo.)

TURQUET.

PHILIPPE LEBON (1767-1804)

❖ ❖ ❖

Contrastes   Là campagne est plongée dans les ténèbres. Entrons dans la ville. De nombreux becs de gaz ou des globes électriques aux formes variées fournissent une clarté si intense qu'on y voit presque comme en plein jour ; toutes ces lumières donnent une sensation de bien-être et de sécurité.

Si, par la pensée, nous remontons dans le passé, quelle différence !

Au moyen âge, par exemple, il n'y a pas d'éclairage public. Les rares passants, que leurs affaires obligent à circuler dans les rues étroites et tortueuses après le coucher du soleil, se munissent de torches de résine, et, plus tard, de lanternes à main qui répandent une vague clarté : c'est à peine si la masse d'ombre en est trouée de loin en loin, et dans les recoins obscurs se dissimulent les malandrins à la recherche de quelque mauvais coup à faire.

Vers le milieu du règne de Louis XIV, le lieutenant de police La Reynie établit à Paris des *lanternes publiques*, placées de distance en distance et suspendues en travers des rues à une corde qui glisse sur une poulie. A la tombée de la nuit, on descend la lanterne vitrée pour y placer une chandelle allumée, puis on la remonte assez haut pour que personne n'y puisse atteindre ; le bris des lanternes publiques entraîne d'ailleurs la peine des galères. Dans les grands enterrements, on est obligé de les enlever à cause de la hauteur des corbillards (1). La population

---

(1) *Corbillard*, char sur lequel on transporte les morts dans les villes.

parisienne est satisfaite de ce mode d'éclairage et les villes de province imitent Paris.

Un siècle plus tard, nouvelle amélioration : dans la lanterne, ce n'est plus une chandelle que l'on place, mais une lampe à huile de navette, et la lumière est renvoyée par un réflecteur métallique ; de là le nom de *réverbères*. Il faut toujours descendre les lanternes une à une à hauteur d'homme, nettoyer la cage de verre, récurer la plaque réfléchissante, verser l'huile dans la lampe, et, pendant ce temps, les voitures doivent attendre.

Biographie

L E réverbère allait bientôt être détrôné par les recherches du savant Lebon. Né en 1767, dans un petit village de la Champagne, Philippe Lebon acheva ses études à l'école des Ponts et Chaussées, d'où il sortit avec le titre d'ingénieur. Nommé à Paris, il fut attaché au service du pavage des rues. Mais la physique et la chimie l'attiraient. Il étudia les aérostats (1), qui faisaient alors leur apparition, indiqua les moyens de perfectionner la machine à vapeur, et imagina la machine à gaz s'enflammant par l'étincelle électrique.

Il eut aussi l'idée de remplacer l'huile des réverbères par un gaz obtenu en brûlant du bois en vase clos ; enflammé, ce gaz donnait une belle lumière. Lebon fit ses essais dans un vieil hôtel seigneurial de la capitale, illuminant les appartements, les cours, les jardins avec des becs de gaz disposés en forme de rosaces ou de

---

(1) *Aérostat*, qui se tient dans l'air, nom donné aux premiers ballons inventés par les frères Montgolfier et que l'on gonflait avec de l'air chaud.

gerbes de fleurs. La foule, qui suivait ses expériences, était enthousiasmée. Les étrangers accouraient aussi pour y assister. Il prit un brevet d'invention.

Mais le gouvernement et les riches, qui auraient pu l'aider à exploiter sa découverte, étaient plus réservés. Leur opposition causa bien des déboires au malheureux savant. Soutenu par sa femme, il reprenait courage. S'adressant au public, il publia un prospectus montrant les avantages de sa découverte; il décrivait l'installation centrale dans laquelle se fabriquerait en grand le gaz qui, circulant dans d'innombrables tuyaux, irait illuminer les cités. Le succès paraissait proche.

Malheureusement, le soir même du couronnement de Napoléon 1er, le 2 décembre 1804, Lebon fut trouvé mort aux Champs-Elysées. Il semble aujourd'hui prouvé qu'il mourut subitement d'une attaque de goutte. Mais le bruit courut à cette époque qu'il avait été assassiné par des ennemis désireux de lui ravir sa découverte.

Les étrangers avaient observé ses essais. L'un d'eux, l'Allemand Winsor, établi à Londres, créa une Société pour l'éclairage par le gaz extrait non plus du bois, mais de la houille. Il vint ensuite à Paris, et, en 1817, le passage des Panoramas était éclairé au gaz. Toutefois ce procédé, malgré sa supériorité, se répandit lentement à cause de l'opposition que firent les sociétés de réverbères.

Réflexion — Hélas ! *le progrès est lent, car il se heurte aux habitudes, que l'on change à regret, et aux intérêts privés, que toute innovation menace. Aussi, la plupart des inventeurs ont une vie tourmentée, et seule la foi en leur œuvre les soutient. Rarement ils jouissent du fruit de leur labeur. Il est souvent arrivé aux inventeurs français, en particulier, d'avoir été méconnus ou haïs de leur vivant par leurs compatriotes, et leurs découvertes n'ont été appliquées dans notre pays qu'après avoir franchi les frontières, au delà desquelles elles ont trouvé l'accueil favorable qui leur avait été refusé en France.*

J. Gros.

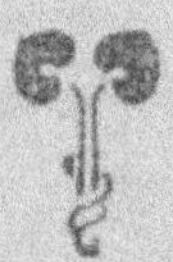

NAPOLÉON (1769-1821)

❖ ❖ ❖

Première bataille

C'était pendant l'hiver 1783-1784. La neige, cette année-là, était tombée en abondance et les cours de l'école de Brienne en étaient couvertes.

L'élève Bonaparte eut l'idée d'organiser une bataille simulée ; il fit élever par ses camarades des murailles de neige, creuser des tranchées, construire des redoutes. On se divisa en deux armées : l'une gardant le camp fortifié, l'autre fut chargée de l'attaquer. On devine quelles munitions furent choisies.

Bonaparte dirigeait les opérations et, debout sur un tas de neige, donnait des ordres scrupuleusement suivis.

La bataille dura quinze jours. Elle s'arrêta seulement lorsque le dégel eut anéanti les remparts improvisés et fondu les munitions.

Déjà se manifestaient les goûts et les qualités du futur général : amour des combats, désir du commandement, autorité naturelle devant laquelle ceux-là mêmes qui ne l'aimaient pas s'inclinaient cependant.

Biographie

Un an après l'annexion de la Corse à la France, le 15 août 1769, naissait à Ajaccio Napoléon Bonaparte. Sa famille jouissait à peine d'une modeste aisance ; il était le quatrième de douze enfants et rien ne laissait prévoir sa brillante destinée.

Pourtant, dès sa jeunesse, les traits essentiels de son caractère étaient profondément marqués.

D'une intelligence très vive, il jugeait promptement, prenait sans hésiter des décisions presque toujours irrévocables et s'intéressait aux objets les plus divers.

Il voulait arriver et avait en lui-même une grande confiance, une croyance superstitieuse en son étoile (1); son désir du commandement s'affirmait sur ses camarades de classe et sur ses frères et sœurs.

Malgré son égoïsme, il possédait un très fort sentiment de la famille; cette solidarité corse entre frères et sœurs explique le souci qu'il aura toujours d'assurer l'avenir des siens pourvu qu'ils lui soient soumis.

On eût cependant bien étonné la plupart de ses professeurs si on leur eût annoncé que Bonaparte devait être plus tard le maître de l'Europe.

Le jeune élève du collège d'Autun, puis de l'Ecole militaire de Brienne et de celle de Paris, semblait seulement destiné à être un brillant officier.

Lieutenant d'artillerie lorsqu'éclata la Révolution de 1789, il embrasse avec chaleur le parti populaire dont il voit l'avenir, dit-il à son capitaine. « Les révolutions sont un bon temps pour les militaires qui ont du courage et de l'esprit. »

Aussi cherche-t-il à nouer des relations utiles. Au moment où triomphent les Jacobins, il est très lié avec

---

(1) Une superstition, qui subsista longtemps et qui n'a point encore tout à fait disparu, veut que l'existence de chacun de nous subisse l'influence de l'astre qui se trouve au zénith au moment de notre naissance... d'où encore l'expression : né sous une bonne... une mauvaise étoile.

Robespierre le Jeune et avec Barras. Néanmoins, il ne réussit pas vite et se décourage. Un moment, il songe à conquérir la gloire dans la Corse, révoltée contre la France; mais il y est tenu en méfiance, parce qu'il a été élevé « à l'étranger ».

Enfin, le siège de Toulon est pour lui une occasion de prouver son génie militaire naissant et il y gagne le grade provisoire de général de brigade (22 décembre 1793).

Mais bientôt suspect par ses talents mêmes et par ses attaches avec les Montagnards qui viennent d'être renversés (9 thermidor), il est arrêté quelques jours plus tard (22 thermidor, 9 août 1794).

On le relâche toutefois, parce qu'on le considère comme un homme à ménager; mais ne voyant aucun espoir de réussir en France, il songe alors à fonder sa fortune en Turquie : il demande à être chargé d'une mission militaire; il va l'obtenir quand tout à coup les événements politiques le mettent en relief.

Les royalistes deviennent inquiétants à la faveur de la réaction thermidorienne; on a recours à Bonaparte pour sauver la République. Il la sauve le 13 vendémiaire, et le voilà « Général de l'Armée de l'Intérieur », responsable à vingt-six ans de la sécurité du gouvernement.

Il prend donc le parti de rester en France.

Quelques mois plus tard, le 9 mars 1798, il épouse Joséphine de Beauharnais. Ce mariage lui assure la faveur des hommes au pouvoir et lui vaut le commandement en chef de l'armée de l'Italie.

Dès lors sa fortune est assurée. Avec une armée
dénuée de tout et découragée, il fait une des plus belles
campagnes de l'histoire : quatre armées vaincues, l'Italie
conquise, l'Autriche réduite à la paix, le Directoire lui-
même tremblant devant son général, tel en est le résultat.

N'oublions pas toutefois à quel prix ces succès sont
acquis. Il n'a rendu le courage à ses soldats qu'en leur
montrant « les plus fertiles plaines du monde » comme
une belle proie à conquérir et en leur promettant
« honneur, gloire et richesses ». Or ce n'étaient point
là les récompenses intéressées qu'offraient à leurs soldats
les vrais généraux de la République.

Mais Napoléon fonde ainsi sa popularité. Déjà, au
18 fructidor, il tient entre ses mains le sort du gouvernement. Après sa campagne d'Egypte, revenu grandi
par l'absence et par la légende, il est de force à le
renverser le 18 brumaire (9 novembre 1899) et il installe son pouvoir sur les ruines de la liberté.

Consul, puis empereur (1804), il voudra dominer
l'Europe comme il a dominé la France ; pour imposer
son autorité, il ne cessera de porter partout la guerre.

C'est l'Angleterre qu'il veut vaincre d'abord, mais
l'Autriche et la Russie interviennent. Il les écrase à
Austerlitz (1805) et pour marquer sa puissance distri-
bue une partie de l'Europe à ses frères et à ses généraux.
La Prusse se révolte : il la détruit en onze jours (Iéna,
Auerstaedt, 1806) et défait encore une fois la Russie
(Eylau-Friedland).

Le traité de Tilsitt (1807) marque la fin de cette
campagne. Alexandre, vaincu, se déclare l'ami de son

vainqueur, et tous deux se partagent le monde : l'un aura l'Occident et l'autre l'Orient.

L'année suivante, à Erfurt, les deux souverains renouvellent leurs protestations d'amitié. Devant tous les rois de l'Europe qui, pour la plupart, sont sujets de Napoléon et dont les autres se confondent en craintives flatteries, les deux empereurs se donnent l'accolade, et Talma, avec la troupe du Théâtre Français, joue devant un « parterre de rois ».

L'éclat de ces fêtes somptueuses semble bien convenir à la puissance alors considérable de l'Empereur des Français. Il a vaincu toute l'Europe et l'a divisée suivant ses amitiés, ses haines, ses caprices personnels. Il a reculé les bornes de la France jusqu'à l'Elbe et jusqu'au Tibre. Tous les monarques sont devenus, par force, ses amis. L'empereur d'Autriche lui donne sa fille Marie-Louise (1810) et Marie-Louise lui donne un fils, le roi de Rome (1811).

En France, non plus, rien ne lui résiste. Il est « le seul représentant de la Nation », lui seul fait les lois ; les députés sont admis seulement à donner des conseils. Il a une cour, comme Louis XIV, avec une noblesse nouvelle qu'il a créée et l'ancienne qu'il a soumise.

Le petit officier corse est devenu le maître du monde ; les flatteurs qui célèbrent sa puissance comparent son nom à celui des plus grands conquérants et le considèrent comme investi d'une mission divine.

Cependant deux peuples ne veulent pas se soumettre : l'héroïque Espagne qui fait à notre armée une guerre terrible d'embuscades ; l'Angleterre, maîtresse des mers et qui ne désarme jamais.

Napoléon réduit l'Espagne et entre en vainqueur à Madrid ; mais au prix de quels sacrifices d'hommes ! ! !

Contre l'Angleterre il a décrété le Blocus continental (1806) et veut la faire périr en détruisant son commerce. Les résistances de la Russie l'empêchent seules de triompher. Il voudra donc briser aussi la Russie.

Il rassemble en Allemagne une armée formidable de 700.000 hommes. Tous les pays de l'Occident lui ont fourni des troupes. Les rois sont venus à Dresde le saluer avant son départ. Ils lui parlent tête nue, lui seul reste couvert. Ils sollicitent des faveurs, ils quêtent des paroles aimables. Napoléon les écrase de sa grandeur et de son dédain.

Il part, comme jadis Alexandre, à la conquête de l'Orient. Son armée s'enfonce dans les plaines immenses de la Russie.

Un ennemi sur lequel il ne comptait pas l'y attendait : l'hiver. Obligé de quitter Moscou incendié, Napoléon ne ramena en Allemagne, après une retraite terrible, que des tronçons de l'immense armée.

Aussitôt qu'ils le voient vaincu, ses amis d'hier se retournent contre lui, les peuples asservis se révoltent.

Après une campagne en Allemagne terminée par la grande défaite de Leipzig (1813), Napoléon est réduit à se défendre en France.

Ses ennemis hésitent à l'attaquer ; ils se souviennent de 1793 ; ils proposent la paix. Napoléon la refuse ; il a confiance lui aussi dans le patriotisme de ses compatriotes.

Mais, seuls, les peuples libres sont capables de cet effort dont la France avait donné l'exemple vingt ans auparavant. Asservi et épuisé, notre pays ne put repousser les envahisseurs qui pénétrèrent en maîtres à Paris (1814).

Napoléon est exilé à l'île d'Elbe. Il en revient l'année suivante et, une fois encore, tente de s'imposer à la France et au monde.

Une fois de plus, il fut vaincu.

Le 18 juin, après deux victoires sur les Prussiens, il attaque l'armée anglaise de Wellington à Waterloo.

Pendant neuf heures, Napoléon conserva l'espoir de vaincre. A la fin de la journée, les Anglais, auxquels les Prussiens étaient venus se joindre, résistaient encore.

Napoléon fit avancer la garde, élite de son armée,...

la garde, espoir suprême et suprême pensée.

Décimée par l'artillerie anglaise, la garde fléchit.

Un cri sinistre d'affolement court alors dans toute l'armée : « La garde recule ! »

Partout à la fois l'armée plie.

Et tout d'un coup, on entend crier : « Nous sommes trahis ! Sauve qui peut ! Sauve qui peut ! »

Ce fut une débandade indescriptible. On fuit, on se heurte, on se bouscule. Toute l'armée anglaise descend du plateau comme une avalanche en criant : « Pas de quartier ! »

Quelques bataillons, seuls, résistent. Les autres, sabrés par les Prussiens et les Anglais, se sauvent en désordre, jetant leurs armes, leurs cuirasses, abandonnant les caissons, les voitures, les chevaux, les canons.

Napoléon faillit être pris. Il dut abandonner sa berline (1) et fuir à cheval. Il s'arrêta dans une clairière, près d'un feu de bivouac, attisé par quelques grenadiers de la garde.

Alors, lui qui avait vaincu toute la terre, se mit, pour la première fois peut-être, à pleurer, silencieusement, songeant à son armée perdue, à son pays amoindri, à sa vie brisée.

Ainsi finit cette splendide épopée. Celui qui l'avait vécue fut enfermé par les Anglais dans une île perdue de l'Océan, à Sainte-Hélène.

Il y mourut, jeune et malheureux, le 5 mai 1821.

Son tombeau est à Paris, aux Invalides, depuis le 15 décembre 1840, conformément au vœu qu'il avait formulé sur son lit de mort :

« Je désire que mes cendres reposent sur les bords de la Seine, au milieu de ce peuple français que j'ai tant aimé. »

La France surtout l'avait trop aimé!... Puisse cette terrible leçon enseigner aux jeunes générations que jamais une nation ne doit remettre ses destinées entre les mains d'un seul homme, quel que soit le génie de cet homme.

---

(1) Sorte de voiture.

Réflexion

Les empires fondés par l'épée ont péri par l'épée ; la guerre ne fonde rien, elle attise les haines des peuples, et nous portons encore le fardeau des colères que les conquêtes napoléoniennes ont suscitées contre nous en Europe, il y a cent ans.

LEBOSSÉ.

Valentin HAÜY (1745-1822)

**Ce que
peut la pitié
sincère**

Les incidents les plus imprévus font naître souvent les vocations les plus fécondes.

En 1784, M⁰ Parades, jeune fille autrichienne, aveugle depuis l'âge de deux ans, vint à Paris et se fit entendre dans un concert. Non seulement elle y déploya un talent de musicienne remarquable, mais elle se livra aussi à des expériences d'une nouveauté impressionnante. Elle lisait rapidement au moyen de têtes d'épingles placées en forme de lettres sur de grandes pelotes, et elle expliquait avec une précision étonnante des cartes en relief inventées par un aveugle, Weissembourg de Manheim.

Valentin Haüy eut l'occasion de voir et d'entendre la pauvre aveugle. Il fut enthousiasmé par les expériences auxquelles il assista. Encore sous l'impression qu'il venait de ressentir, il rencontra, sur le boulevard du Temple, un groupe de jeunes aveugles jouant de divers instruments. Ce spectacle l'émut. — « Pourquoi, se dit-il, ne ferait-on pas pour ces malheureux ce que l'on a fait pour M⁰ Parades ? Le sens du toucher, bien développé, ne peut-il pas remplacer le sens de la vue ? » — Cette idée s'implanta fortement dans son esprit et le décida à se consacrer à l'éducation des jeunes aveugles.

Biographie

Valentin Haüy fut pour les aveugles ce que l'abbé de l'Epée avait été pour les sourds-muets. Il leur a donné les moyens de comprendre le monde extérieur que leurs yeux ne peuvent point voir, et, à ce titre, il mérite aussi d'être placé au rang des bienfaiteurs de l'humanité.

Il naquit à Saint-Just (Oise) le 13 novembre 1745. Ses parents, pauvres tisserands sans fortune, lui firent donner une modeste éducation. De bonne heure il dut travailler pour assurer sa subsistance. Doué d'un beau talent de calligraphe (1), il vint à Paris et fonda une école de calligraphie. C'est à Paris qu'il eut l'occasion d'assister aux expériences de Mlle Parades. Ces expériences furent une véritable révélation pour lui.

Convaincu que le sens du toucher peut, dans une certaine mesure, remplacer le sens de la vue, il conçoit le projet de tirer les jeunes aveugles de l'ignorance profonde où on les avait laissés jusque-là. Il imagine, dans ce but, un système d'alphabet en relief et se livre à de patientes expériences sur un aveugle de naissance, le jeune Lesueur.

Les progrès réalisés par cet enfant furent surprenants, de sorte que Valentin Haüy put bientôt rendre les incrédules juges des résultats qu'il avait obtenus. Une société philanthropique se forma; elle lui donna une maison, rue Notre-Dame-des-Victoires, et les moyens de recueillir et d'instruire douze enfants.

Dès la même année il put présenter ses élèves au roi Louis XVI et à sa cour, et il excita l'admiration des courtisans. Des encouragements lui furent prodigués. Il fut nommé interprète et secrétaire du roi, membre du bureau académique d'écriture, et reçut les moyens d'augmenter le nombre de ses pensionnaires.

---

(1) *Calligraphie.* L'art de la belle écriture.

En 1786, il publie un « Essai sur l'éducation des Aveugles » dont il fait hommage au roi. Cette brochure, composée par ses élèves et se vendant à leur profit, était imprimée en relief. Les aveugles pouvaient la lire. Elle eut un grand retentissement.

Le duc de La Rochefoucauld-Liancourt obtient, en 1790, que les aveugles et les sourds-muets soient réunis dans la même maison. Cette expérience devait être funeste. La mésintelligence ne tarda pas à se mettre entre les élèves et même entre les professeurs. Un décret de la Convention en date du 27 juillet 1794 sépara les deux établissements.

A partir de ce moment, l'institution des jeunes aveugles décroît. Administrateur bien intentionné, mais inhabile, Valentin Haüy introduit dans sa maison des innovations qui y apportent le désordre. Il fallait sauver son œuvre : on lui accorda une pension de 2.000 livres et l'administration de son établissement fut confiée au Docteur Guillié.

Accablé d'inquiétudes, de contrariétés, de chagrins domestiques, il part, en 1802, pour Saint-Pétersbourg, puis pour Berlin, où on l'appelle pour fonder des instituts pour jeunes aveugles. Ses projets avortent. Aussi malheureux dans ses spéculations privées que dans son ménage, il revient alors en France où il trouve un asile et quelque repos chez son frère, le savant minéralogiste René-Just Haüy.

Il est mort infirme, à Paris, le 18 mars 1822. Son œuvre, du moins, lui a survécu. De nombreuses villes possèdent aujourd'hui des instituts de jeunes aveugles.

Réflexion

Seules les âmes généreuses comprennent qu'il ne doit pas y avoir de déchets dans l'humanité. Ceux-là surtout ont bien mérité d'elle qui se sont le mieux efforcés de relever la condition des infirmes et de tous autres déshérités de la nature, de les faire, dans la plus large mesure, participer aux joies communes et de les utiliser dans l'effort commun. Et leur œuvre de pitié utile mérite qu'on leur excuse bien des faiblesses.

FILIPPI.

Lazare CARNOT (1753-1823)

❦ ❦ ❦

« Voilà mon second père !... »

Au retour d'un voyage en Suisse, le grand Carnot traversait la Bourgogne pour se rendre à Paris. Il s'arrêta au village de Nolay, où il était né, et qu'il avait quitté depuis bien longtemps.

Ses compatriotes le reçurent avec joie. Il revit ses camarades d'enfance. Il voulut faire un mélancolique pèlerinage à la maison paternelle, que sa mère, puis son père avaient quittée pour toujours ; aux sites pittoresques des environs, aux vallons où il courait autrefois. Puis il monte le chemin qui mène à la modeste école où les premiers éléments de l'instruction lui furent donnés. Il y retrouve son ancien maître, blanchi et courbé par l'âge, encore entouré de petits enfants auxquels il faisait la classe. Dans un élan de gratitude, il se jette à son cou, et le montrant aux jeunes garçons étonnés : « Voilà, dit-il, après mes parents, l'homme à qui je dois le plus, voilà mon second père. C'est ici, dans cette petite école, que j'ai appris à aimer la patrie. »

Il l'aima ardemment, en effet, et la servit par l'épée et par le livre.

❦

Biographie

Fils d'un notaire de Nolay (Côte-d'Or), qui eut 18 enfants, Lazare Carnot se destina à l'armée. Il alla à l'école militaire de Mézières, et en sortit comme lieutenant du génie. En 1789, il n'était encore que capitaine. N'étant pas noble, il n'aurait pas pu s'élever plus haut sans la Révolution. Aussi, disciple de

J.-J. Rousseau, admirateur passionné de Washington, le libérateur des Etats-Unis, accueillit-il avec ardeur les idées nouvelles (1). Les électeurs du Pas-de-Calais, où il se trouvait alors en garnison, l'envoyèrent à la Législative, puis à la Convention, où il vota la mort du roi.

Après l'exécution de Louis XVI, la situation de la République étant devenue très critique, la Convention créa un Comité de Salut public de 9, puis de 12 membres, qui devint le véritable gouvernement de la France. Carnot y fut appelé. On connaissait ses sentiments républicains; un *Mémoire sur nos places fortes* avait montré sa compétence dans les questions de défense nationale. On lui laissa la haute main sur les opérations militaires, le choix des généraux, le mouvement des armées.

Du fond de son cabinet, il dicte les plans de campagne, fait prévaloir partout l'offensive (2), sait découvrir parmi les jeunes officiers ceux dont on pouvait faire des généraux, — Jourdan, Hoche, Bonaparte; — et, travaillant 18 heures par jour, il fait face au labeur écrasant qu'exigeait la direction de la lutte contre toute l'Europe coalisée.

Au besoin, il prêchait d'exemple en payant de sa personne. A Wattignies, il est au milieu des troupes qui montent à l'assaut de la hauteur, agitant sur la pointe de son sabre son chapeau aux plumes tricolores; au second assaut, on le voit, un fusil de grenadier à la main, entraînant le centre de l'armée, arriver sur le

---

(1) *Les idées nouvelles*, les idées de liberté et d'égalité.
(2) *L'offensive*, action d'attaquer.

plateau, couvert de sang, noir de poudre ; la bataille était gagnée.

L'étranger fut chassé, et les frontières de la France s'étendirent jusqu'aux Alpes et au Rhin. Carnot reçut le titre mérité d'*organisateur de la victoire*. Il devint membre du Directoire, puis ministre de la guerre sous le Consulat. Mais lorsqu'il vit Bonaparte s'efforcer de rétablir le pouvoir personnel, il se sépara de lui : seul de tous les membres du Tribunat, il vota contre l'Empire et se réfugia à la campagne avec ses livres.

Il n'en sortit qu'en 1814. L'ennemi venait d'entrer en Champagne. Carnot offrit ses services à l'Empereur, qui le nomma gouverneur d'Anvers. L'ancien conventionnel défendit victorieusement cette place forte, et ne la quitta que sur l'ordre du gouvernement royal.

Aux Cent-Jours (1), il devint le ministre de l'Intérieur de Napoléon. Les Bourbons ne le lui pardonnèrent pas. Après Waterloo, il fut chassé de France, et mourut en exil à Magdebourg, en Prusse (1823). En 1889, les cendres du proscrit furent ramenées en France et transférées au Panthéon (2) en même temps que celles de Marceau et de La Tour d'Auvergne.

Ce fut une cérémonie émouvante. En Carnot, on n'honorait pas seulement le directeur des armées de la Révolution qui sauva son pays de l'invasion étrangère,

---

(1) Période qui s'étend depuis le retour de Napoléon de l'Ile d'Elbe, jusqu'à son embarquement pour Sainte-Hélène.

(2) C'est là, à côté de son illustre aïeul, qu'est inhumé le Président Sadi Carnot, assassiné à Lyon, le 24 juin 1894, par l'italien Caserio.

le patriote qui plaça toujours l'intérêt de la France
au-dessus de ses préférences politiques, le républicain
convaincu mort en exil, l'homme probe mort pauvre,
— mais aussi le savant, l'homme de pensée qui voulait
atténuer les rigueurs de la force par la bonté, et élever
le peuple en dignité par l'instruction.

C'est Carnot qui, parlant des Vendéens, disait qu'il
fallait les ramener en respectant non seulement leur
vie et leurs biens, mais aussi leurs idées et leurs coutumes, ce qui ferait cesser peu à peu leur hostilité contre
la Révolution.

« *Nous, Français, disait-il encore, nous ne recon-
naissons de souverains que les peuples eux-mêmes;
notre système n'est point la domination, c'est la frater-
nité. Il n'y a pour nous ni princes, ni rois, ni maîtres
quelconques ; nous ne voyons sur la surface du globe
que des êtres égaux en droits.* »

Il avait foi dans l'instruction :

« *L'éducation nationale seule peut développer dans
le cœur de la jeunesse les principes de son bonheur :
l'amour ardent mais éclairé de la patrie, la piété
filiale, le goût de la simplicité, le sentiment de la bienveillance.* »

Il en concluait que la force de la nation repose sur
l'éducation populaire. En 1815, il créa la *Société pour
l'instruction élémentaire*, qui existe encore aujourd'hui;
ouvrit à Paris la première école laïque officielle, sous
le nom d'*école mutuelle* ; et, pour que les enfants bien
doués, mais pauvres, pussent développer pleinement
leurs facultés, il projetait d'assurer la gratuité de
l'enseignement dans les lycées et les Facultés. Il voulait

LAZARE CARNOT, en 1815
(d'après un portrait des galeries du Musée de Versailles)

organiser la lutte contre l'ignorance, comme il l'avait organisée contre les ennemis de la France.

Réflexion — Lₐ leçon qui découle de la vie du grand Carnot peut se résumer dans ces lignes qu'il écrivait un jour :

« Je n'ai point usé du long exercice du pouvoir qui m'a été confié pour amasser des richesses, pour élever mes parents aux emplois lucratifs ; mes mains sont nettes et mon cœur pur. Mon but a toujours été de faire aimer la République en lui donnant pour base une liberté réelle. J'ai désiré que les citoyens fussent dirigés dans leur conduite par des institutions converties en habitudes plus que par les menaces de la loi. J'ai pensé qu'il valait mieux laisser les préjugés se dissiper par les lumières de la raison que de les extirper avec violence. »

J. GROS.

DAUMESNIL (1776-1832)

(LA JAMBE DE BOIS)

**Une
fière réponse**

EN 1814, la France est envahie et l'armée de Blücher, le général « En avant », investit la place de Vincennes, arsenal et trésor de guerre. Daumesnil, qui a perdu une jambe à la bataille de Wagram, commande la garnison.

Quand Blücher croit avoir, par une violente canonnade, démoralisé les défenseurs, il envoie un parlementaire pour les sommer de capituler. « Je vous rendrai la place, répondit Daumesnil à l'officier prussien, quand vous m'aurez rendu ma jambe. » — « Nous vous ferons sauter, » dit alors le parlementaire. — « Soit ! répliqua le commandant du fort sans s'émouvoir et en montrant un magasin qui contenait les poudres, je vais commencer et nous allons sauter ensemble. »

Inutile de dire que l'ennemi n'insista pas.

Biographie

ON peut dire de Daumesnil, comme de Bayard, qu'il fut un soldat sans peur et sans reproche.

Il avait à peine quinze ans quand il fut insulté à Périgueux, sa ville natale, par un artilleur. Notre collégien, fort chatouilleux, provoqua en duel le grossier soldat, se précipita sur lui avec fureur et le tua. N'osant

reparaître devant ses parents et en proie à un véritable
désespoir, il partit aussitôt pour Toulouse, à pied, sans
argent, et s'engagea dans un régiment en marche pour
l'Espagne. Une blessure grave lui valut bientôt un mois
de convalescence qu'il vint passer dans sa famille. Je
laisse à penser avec quelle joie il fut reçu par sa mère.

Ses forces revenues, il courut à l'armée d'Italie, et il
eut l'honneur de faire partie d'une troupe d'héroïques
soldats, la compagnie des *guides*, chargée d'éclairer
l'armée, de surprendre l'ennemi, de démasquer les
pièges et les embuscades. Sa vaillance le fit remarquer
du général Bonaparte, dont il devint l'un des admira-
teurs, et qu'il accompagna plus tard en Egypte.

Plusieurs fois, il sauva la vie à son général. A Arcole,
il se jeta dans l'Alpone, où se noyait Bonaparte, et le
ramena au rivage. Une bombe ennemie vint tomber,
au siège de Saint-Jean-d'Acre, à quelques pas du général ; Daumesnil se précipite devant son chef, lui faisant
un rempart de son corps ; la bombe éclate, et, comme
par miracle, ne blesse personne. Notre héros est, à ce
moment et en toute justice, proclamé « *le brave* ».

Une part lui revient des lauriers de Marengo, d'Iéna,
d'Eylau, de Friedland, d'Eckmühl. Il avait reçu plus
de vingt blessures et conquis le grade de colonel quand,
à Wagram, il eut la jambe gauche emportée par un
boulet de canon (1809). C'en était fini, pour Daumesnil,
des hardies chevauchées à travers l'Europe ; mais l'empereur lui confia, en 1812, la garde de Vincennes,
avec le grade de général.

Avec quelle énergie il résista, en 1814, aux sommations des Prussiens, nous le savons déjà.

Nouvelle invasion, en 1815, après Waterloo. Cette fois, l'ennemi essaya de la corruption : un million fut offert secrètement à Daumesnil s'il consentait à livrer Vincennes. « Un Français ne s'achète point, répondit-il indigné ; je ne vous rendrai pas ma place. A défaut d'autres richesses, votre lettre servira de dot à mes enfants. » Il sortit de Vincennes avec les trois couleurs, et seulement après en avoir reçu l'ordre du gouvernement des Bourbons.

Mis à la retraite par la Restauration, il fut rappelé au service au lendemain de la Révolution de 1830, et une nouvelle fois la place de Vincennes lui fut confiée. Les anciens ministres de Charles X y étaient emprisonnés. En un jour d'émeute, le peuple de Paris vint réclamer, en poussant des cris de mort, ces ennemis de la liberté. Daumesnil ne pouvait, sans déshonneur, livrer les hommes dont il avait la garde ; mais son cœur saignait à la seule pensée de faire tirer sur des Français. Le brave commandant sut parler à l'émeute. « Il y a quinze ans, j'ai gardé là-dedans, dit-il, des armes et des millions que les Prussiens voulaient enlever ; c'était ma consigne. Aujourd'hui, ma consigne est de garder mes prisonniers. Vous n'aurez leur tête qu'avec la mienne. » Retournée par ces paroles, la foule acclame le général : « Vive Daumesnil ! Vive la jambe de bois ! »

Daumesnil n'était pas seulement un vaillant et loyal soldat, mais aussi un homme de cœur. Après Wagram, il avait été transporté à Vienne avec son ami Corbineau, amputé, lui aussi, d'une jambe.

Un jour, l'appareil qui entourait la jambe de Corbineau se dérange ; une hémorragie se produit, suivie d'une syncope. Daumesnil s'en aperçoit ; il appelle de toutes ses forces. C'est en vain ; les serviteurs sont dehors, badauds attirés par la rentrée solennelle de Napoléon à Vienne. Par un suprême effort, Daumesnil sort de son lit, se traine jusqu'à la porte, parvient à descendre deux étages, puis, à bout de forces, tombe évanoui. Les gardes-malades rentrent enfin ; des médecins sont appelés en toute hâte et les officiers sont sauvés. Revenu à lui et riant aux larmes, Daumesnil dit à Corbineau : « Savez-vous, mon général, que j'ai été voir les illuminations ? »

C'est à Vincennes que la mort vint le frapper. En 1831, le choléra éclata en France. « Ne craignez rien, disait plaisamment le général aux soldats ; l'entrée de la citadelle est interdite au choléra. » Mais le fléau pénétra dans le fort, et Daumesnil fut l'une de ses premières victimes.

La France fit au valeureux officier d'imposantes funérailles ; Vincennes rappela par un monument funèbre les grandes dates de la vie du héros, et la ville de Périgueux plaça son portrait dans la salle du conseil municipal.

⁂

En quelques mots, le président Dupin fit un bel éloge de Daumesnil : « *Il ne sut ni se rendre, ni se vendre.* »

ROGIE.

JACQUARD (1752-1834)

**Inventeur
persécuté**

LA plupart des grands inventeurs ont été méconnus de leur vivant. Ils n'ont trouvé que l'indifférence et l'oubli, souvent la persécution. Jacquard, l'ouvrier lyonnais, fut de ce nombre. Il inventa un métier qui devait opérer une révolution dans l'industrie du tissage. Quand son ingénieuse machine fut exposée pour la première fois, en 1801, à Paris, le jury lui accorda seulement une médaille de bronze et voici en quels termes s'exprimait le rapporteur : « Une médaille de bronze est accordée à M. Jacquard, inventeur d'un mécanisme qui supprime un ouvrier dans la fabrication des tissus brochés. »

A Paris, c'était l'indifférence ; à Lyon, la ville natale de Jacquard, ce fut la persécution. Quand Jacquard revint à Lyon avec son métier, qui devait transformer l'industrie lyonnaise et la rendre si florissante, il fut fort mal accueilli. Sa merveilleuse machine supprimait l'ouvrier chargé de faire mouvoir les cordes et les pédales, c'est-à-dire un ouvrier par métier. Les ouvriers ignorants ne comprirent pas que cette simplification dans les rouages de la fabrication devait multiplier le travail et la production. Ils traitèrent Jacquard d'ambitieux, d'ennemi des travailleurs ; ils s'ameutèrent contre lui : « C'est notre travail qu'il veut nous enlever ! disaient-ils ; il veut nous réduire, nous et nos familles, à la mendicité ! A mort ! l'inventeur. » Et trois fois la vie de Jacquard fut menacée. L'exaspération devint telle que le Conseil des prud'hommes crut devoir détruire publiquement le nouveau métier ; il le fit apporter sur la place des Terreaux et mettre en pièces aux acclamations de la foule égarée.

« Le fer fut vendu comme du vieux fer et le bois comme du
bois à brûler. »

Aujourd'hui, le métier Jacquard est en usage dans toutes les
villes manufacturières de France et du monde.

Biographie

JOSEPH-MARIE JACQUARD naquit à
Lyon, le 7 juillet 1752. Son
père était maître ouvrier en étoffes
d'or, d'argent et de soie, et sa mère était « lisseuse de
dessin », autre branche de la même industrie. Lyon
était à cette époque, comme aujourd'hui, le grand
centre de la fabrication des riches étoffes de soie et
de velours.

L'ouvrier en soie, ou canut, avait, au XVIIIᵉ siècle, une
existence misérable. Il travaillait de 4 heures du matin
à 9 heures du soir, dans des salles basses, mal éclairées,
tout à fait insalubres. Le métier à tisser était très com-
pliqué, chargé de cordes et de pédales, qui obligeaient
l'ouvrier à des contorsions pénibles. Le maître ouvrier
était assis sur un escabeau élevé ; il lançait ses jambes à
droite et à gauche pour faire prendre aux fils de la
chaîne (1) les diverses positions qu'exigeait le brochage
ou le façonnage de l'étoffe. Un ou plusieurs aides étaient
en outre indispensables pour faire mouvoir les cordes et
les pédales. Cette fatigante besogne était généralement
confiée à des jeunes filles appelées « tireuses de lacs (2) » ;

---

(1) Le tissu est composé de la *chaîne*, fils tendus sur le métier,
et de la *trame*, fils que le tisserand entrelace avec la navette dans
les fils de la chaîne.

(2) *Lacs*, vieux mot français signifiant fil de tissage ou de filet.
Son diminutif *lacet* est seul resté en usage.

elles étaient obligées de rester la journée entière dans des attitudes forcées, qui déformaient leur taille, ruinaient rapidement leur santé et abrégeaient leur vie. On reconnaissait les ouvriers en soie à leur teint blême, à leurs membres grêles, à leur dos voûté.

Une amélioration dans leur travail n'était possible que par une révolution dans le mécanisme de leurs métiers. Cette transformation nécessaire, tout le monde la souhaitait.

❧

Ce fut un enfant du peuple, un simple artisan, Jacquard, qui l'accomplit. Jacquard, nous l'avons dit, était fils d'un maître ouvrier en soie. Il ne voulut pas suivre la profession de son père. Il entra d'abord dans un atelier de relieur. Puis, après son mariage, il dirigea un commerce de chapeaux de paille, dans une petite maison provenant de l'héritage paternel. La Révolution vint interrompre son commerce. Lyon, comme on le sait, se révolta contre la Convention. Assiégée et prise par Dubois-Crancé, la ville fut en grande partie livrée aux flammes; la maison de Jacquard fut détruite par l'incendie. Lui-même, inscrit sur une liste de proscription, n'échappa à la prison et peut-être à la mort qu'en quittant sa ville natale. Un de ses fils, soldat dans l'armée du Rhin, le fit inscrire sur le contrôle du bataillon de volontaires où il servait. Jacquard alla combattre dans les armées de la République; il eut la cruelle douleur de voir tomber son fils à ses côtés, mortellement frappé par une balle.

❧

DAUMESNIL A VINCENNES

(d'après le tableau de G. Melingue)

Après la paix, signée à Bâle en 1795, Jacquard rentra dans la vie civile. Protégé par ceux-là mêmes qui l'avaient proscrit, il put revenir à Lyon et s'occuper de l'étude de la mécanique, pour laquelle il avait toujours eu un goût particulier. Un événement, qui se produisit en 1800, devait développer ce penchant, décider de son avenir et de celui du tissage de la soie à Lyon. Il lut, un jour, la traduction d'un journal anglais annonçant que la Société royale de Londres proposait un prix pour la construction d'une machine propre à fabriquer les filets de pêche. Ne pourrait-il pas réaliser le programme anglais?

Il tâtonne, il cherche; enfin la machine est trouvée. Tout entier à la joie de son succès, il ne pense pas à faire connaître son invention; il se borne à donner à un de ses amis un morceau du filet qu'il a fabriqué. Cet ami le montre comme une curiosité; on se le passe de main en main; ce morceau de filet est enfin envoyé à Paris par les autorités lyonnaises.

Un beau jour, Jacquard est appelé par le préfet de Lyon, qui l'interroge, lui montre le filet revenu de Paris, lui demande à voir la machine qui a servi à le fabriquer. Jacquard emploie trois semaines à rétablir son appareil et à en compléter le mécanisme. Puis la machine est transportée devant le préfet, qui put lui-même, à son grand étonnement, ajouter une maille au filet déjà commencé. Le préfet, enthousiasmé, envoya le métier à Paris. Peu de jours après, l'ordre vint d'envoyer l'inventeur lui-même, et l'ordre était si pressant, qu'on se méprit sur son caractère. Les autorités crurent que Jacquard était un conspirateur; on l'obligea à partir sans délai, sans avoir le temps d'aller chez lui faire ses préparatifs de voyage.

A son arrivée à Paris, Jacquard fut conduit au Conservatoire des Arts et Métiers, où était déjà sa machine. Il fut mis en présence du Premier Consul, Bonaparte, et du ministre Lazare Carnot. « C'est toi, lui dit celui-ci, qui prétends faire un nœud avec un fil tendu ! » Jacquard, très ému, ne sut pas répondre ; mais il mit son métier en mouvement et il fit ce que le grand Carnot jugeait impossible. Le Premier Consul et le ministre félicitèrent l'inventeur et lui promirent leur protection.

Jacquard fut installé au Conservatoire. Au milieu de ces merveilles de l'industrie, il se livra avec ardeur à l'étude de la mécanique. Il modifia et simplifia son premier métier ; il chercha et trouva un mécanisme plus simple pour le tissage des soies brochées. Un châle magnifique fut tissé pour Joséphine, la femme de Bonaparte. Le métier à tisser, le métier Jacquard était enfin trouvé. Il parut à l'exposition de 1801 et obtint seulement une médaille de bronze.

Nous avons raconté les résistances que rencontra Jacquard et les persécutions dont il fut l'objet, quand il voulut introduire son métier dans les ateliers de Lyon. Les étrangers, l'Angleterre en particulier, lui firent des offres magnifiques ; il les refusa. Il attendit avec patience et désintéressement que sa ville natale lui rendit justice. En 1812, la concurrence étrangère obligea les manufacturiers lyonnais à simplifier leur fabrication. Deux industriels intelligents, MM. Dépouilly et Schirmer, adoptèrent le métier Jacquard.

En 1813, la grande ville manufacturière de Manchester, en Angleterre, l'accueillit avec enthousiasme. A l'exposition de 1819, il obtint une médaille d'argent et son inventeur reçut la croix de chevalier de la Légion d'honneur. C'était la juste récompense d'une longue vie de lutte, de persévérance et de désintéressement. Peu à peu le métier Jacquard a été appliqué à toute l'industrie du tissage et s'est répandu dans le monde entier. Toutes nos villes manufacturières l'ont adopté.

Sur la fin de sa vie, Jacquard se retira à Oullins, à quelques kilomètres de Lyon. Il y mourut le 7 août 1834, à l'âge de 82 ans. Sa statue fut inaugurée le 16 août 1840, sur la place de Sathonay, à Lyon, sa ville natale, qui lui a enfin rendu ce tardif hommage.

Jugement JACQUARD *a été un vrai bienfaiteur des ouvriers. Son invention a diminué leurs fatigues; elle a rendu leur métier moins insalubre. Elle a développé l'industrie du tissage; elle a fait la fortune de Lyon et des grandes villes manufacturières.*

E. CHARDEAU.

JACQUES LAFFITTE (1767-1844)

❦ ❦ ❦

Générosité délicate

En 1823, un sous-officier, qui venait de toucher 5.400 francs destinés à la solde de son régiment, perdit cette somme dans une maison de jeu. Désespéré et ne sachant comment échapper au déshonneur, il rencontra un ami qui lui conseilla de s'adresser au banquier Laffitte, dont la générosité lui était connue.

« Ceci est grave, Monsieur, dit Laffitte au sous-officier ; 5.400 francs ne se trouvent pas aisément ; si je vous les prête, quand me les rendrez-vous ? — Hélas ! Monsieur, je ne puis disposer que de ma décoration, qui me rapporte 250 francs par an ; je vous promets de vous verser chaque année cette somme jusqu'à ce que je me sois acquitté envers vous. — Eh bien ! je vais essayer de vous sauver, » dit Laffitte, qui lui avança les 5.400 francs.

Le sous-officier s'empressa de les porter à son régiment, où personne ne connut sa faute.

Cinq mois plus tard, il apportait les 250 francs promis. « Je n'ai que faire de si peu, lui dit Laffitte ; repassez dans un an ; au lieu de 250 francs, vous m'en apporterez 500. »

L'année écoulée, le sous-officier se rend de nouveau chez le banquier, lui présente les 500 francs. « Allons, dit Laffitte, je vois que vous êtes un honnête homme ; gardez cet argent, et que la leçon vous profite, » ajouta-t-il en lui tendant la main.

❦

Biographie ON a pu dire sans exagération de Jacques Laffitte que sa vie fut « un cours de morale en action ». Ce fut une noble vie, remplie par les vertus qui font l'honnête homme et le bon citoyen.

Ses débuts furent bien humbles : il était le fils d'un charpentier de Bayonne, père de dix enfants, et quand il vint à Paris, en 1788, il n'avait pour toute ressource que son énergie, jointe à un rare esprit d'ordre et à une vive intelligence.

Ces qualités, si précieuses dans les affaires, le firent bientôt distinguer par le banquier Perregaux, qui l'admit comme employé. Perregaux le chargea de travaux de plus en plus importants ; il le prit même pour associé et, à sa mort, en 1804, lui laissa la direction de sa banque. Dès lors, la fortune de Laffitte était faite ; il ne cessa de l'accroître, car le succès stimulait ses brillantes facultés ; il devint immensément riche.

Cette richesse était honnêtement acquise ; la probité de Laffitte était au-dessus de tout soupçon. Il en reçut des témoignages illustres ; Louis XVIII, à l'époque des Cent-Jours, lui confia de grandes sommes d'argent ; après Waterloo, Napoléon déposa entre ses mains les restes de sa fortune et refusa le récépissé que Laffitte voulait lui remettre : « Je vous connais, lui dit-il ; je sais que vous n'aimiez pas mon gouvernement ; mais je vous tiens pour un honnête homme. »

L'activité et la loyauté de Laffitte étaient rehaussées par une générosité inépuisable. On ne saurait compter les services qu'il a rendus ; il avait d'innombrables obligés dans toutes les classes de la société. Il aimait surtout à secourir les jeunes gens de talent, mais pauvres, dont les débuts étaient pénibles comme les siens l'avaient été.

Cette générosité, il eut l'occasion de l'exercer, non seulement envers des particuliers, mais au profit de la France elle-même. Il fut le contemporain de l'époque la plus émouvante de notre histoire, celle qui vit la Révolution, les guerres de l'Empire, les invasions de 1814-1815, la Terreur blanche(1), la Révolution de 1830. La France avait alors besoin, plus que jamais, du dévouement de ses enfants; Laffitte ne lui marchanda pas le sien : il mit sa grande fortune au service de son pays. Ainsi, en 1814, nommé gouverneur de la Banque de France, il refusa les cent mille francs attachés à cette place. Peu après, de grands embarras surgirent, quand il fallut des millions pour payer les indemnités de guerre; dans l'affolement général, on ne savait où trouver de l'argent; les plus riches banquiers hésitaient à souscrire : Laffitte avança les sommes nécessaires, sans exiger de garantie.

Sa fortune et son mérite le désignaient pour jouer un grand rôle dans les affaires publiques. Il fut député à partir de 1816 et, dans ces temps troublés, il vit claire-ment son devoir et le remplit courageusement.

---

(1) Terreur organisée par la réaction monarchique, au lende-main de la Restauration.

Sorti du peuple, il resta attaché aux principes de la Révolution ; il fut donc l'adversaire du despotisme et des privilèges, et combattit les mesures rétrogrades de la Restauration ; il lutta pour la liberté de la presse, s'opposa à la loi du double vote (1), à l'expédition d'Espagne (2), aux ordonnances de Charles X (3) ; en 1830, il exerça sur les événements une influence prépondérante, et réussit à faire proclamer roi Louis-Philippe.

La carrière politique de Laffitte atteignit alors son point culminant : il fut ministre pendant quatre mois. Mais bientôt il s'aperçut que Louis-Philippe ne tenait pas ses promesses libérales ; il le combattit à son tour, et regretta en pleine tribune d'avoir contribué à son élévation.

Laffitte, par sa conduite franche et courageuse, grandissait toujours dans l'estime publique. Comme il avait été ruiné dans la tourmente de 1830, une souscription nationale lui évita la douleur de vendre sa maison. En 1844, quand il mourut, le peuple lui fit des funérailles imposantes ; son nom fut donné par la municipalité de Paris à l'une des principales rues de la capitale.

____

(1) Cette loi accordait un double vote aux grands propriétaires terriens.

(2) Une armée française alla en Espagne (1823) rétablir le pouvoir absolu du roi.

(3) Par ces ordonnances, Charles X suspendait les Chambres (1830).

Jugement

Laffitte a donné l'exemple de nobles vertus : cœur grand et généreux, il n'a jamais obéi à des idées ambitieuses et intéressées ; il a profité de la fortune acquise par son travail acharné pour soulager d'innombrables infortunes et pour venir en aide à son pays. Il fut un homme admirable et un bon citoyen.

TURQUET.

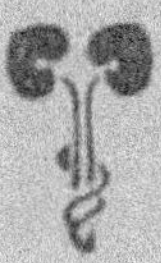

DROUOT (1774-1847)

❦ ❦ ❦

Un brillant examen

Nous sommes en 1791. La France de la Révolution est menacée de tous côtés par l'Europe monarchique. On pressent qu'il va se passer de grandes choses et que, pour la France, les temps héroïques sont proches.

En cette année, le savant Laplace présidait à Metz le jury d'examen pour l'entrée à l'école d'artillerie. Dans la salle se pressaient ceux des fils de la riche bourgeoisie qui avaient fait les plus solides études dans les collèges du temps. Ils avaient pour la plupart la mine fière et cette mise élégante qui voulait égaler la distinction extérieure de la noblesse. Tout à coup, la porte s'ouvre, et l'on voit entrer un jeune paysan, vêtu de serge grise et chaussé de gros souliers ferrés. Evidemment, il s'est fourvoyé. Il paraît fort gêné sous les rires ironiques. — « Que désirez-vous ? demande le sévère commandant Laplace. — Subir l'examen, monsieur. — Vous connaissez donc le programme ? — Je crois le connaître. »

Son tour arrivé, le petit paysan répond, en mathématiques, avec une vigueur d'esprit remarquable ; et, dans ses réponses sur les devoirs envers la patrie, il laisse deviner aussi une rare noblesse de caractère. — « Comment vous êtes-vous préparé ? — Presque seul, monsieur. Il y a cinq ans que j'ai quitté le collège de Nancy. » Laplace devient songeur. N'a-t-il pas devant lui la vivante image du peuple de France, libéré, qui prend conscience de ses nouvelles destinées ? N'est-ce pas aussi l'âme de la Lorraine héroïque qui anime cet adolescent ? Laplace proclame reçu le premier Antoine Drouot, de Nancy. Il l'embrasse avec émotion et lui prédit un bel avenir.

Drouot devait être l'un des meilleurs officiers d'artillerie de son temps.

Biographie   Fils d'un pauvre boulanger chargé de famille, il avait, dès l'âge de 12 ans, partagé les rudes travaux de son père. Il continua néanmoins à étudier, le soir, à la lumière d'une chandelle ou même à la lueur du four, et se prépara ainsi au difficile examen qui devait lui ouvrir la plus brillante carrière.

Drouot sert comme officier en 1793, sombre année où la jeune République, pour faire front à tous ses ennemis, « lâche 14 armées », hérissant ses frontières « d'un peuple de héros ». Il se fait remarquer à Fleurus (1), à Hohenlinden (2); il se distingue à Wagram (3) et s'illustre à la Moskowa (4). Quand les vieilles troupes d'infanterie et la brillante cavalerie de la Grande Armée ont été presque anéanties dans les lugubres plaines de Russie, Napoléon espère tout encore de la supériorité de son artillerie, et il en confie le commandement à Drouot. « C'est le meilleur de mes officiers, » dit-il. Aux jours de désastre, les plus braves

---

(1) Fleurus, petite ville de Belgique. Victoire de Jourdan sur les Autrichiens en 1794.

(2) Hohenlinden, village de Bavière où Moreau battit les Autrichiens en 1800.

(3) Wagram, village d'Autriche. Victoire de Napoléon sur les Autrichiens, en 1809.

(4) La Moskowa, petite rivière sur les bords de laquelle fut livrée, en 1812, la plus sanglante bataille de la campagne de Russie.

sont là, debout, inébranlables comme des rocs dans la débâcle. C'est Ney qui, à l'arrière-garde, a repoussé les Cosaques; Eblé qui a protégé le passage de la Bérézina; c'est Drouot qui sauve l'armée à Hanau en écrasant 80.000 Bavarois qui barraient les ponts du Mein.

La France est envahie par plus de 500.000 coalisés. Pour la défense du sol sacré, Napoléon fait des prodiges, et il est admirablement servi par la science militaire et l'ardent patriotisme du commandant de l'artillerie. La campagne de France est une des plus belles de notre glorieuse épopée.

Drouot accompagne Napoléon à l'île d'Elbe (1) et lui reste fidèle et dévoué jusqu'au bout, même après le retour qu'il a désapprouvé. Il ne se plaint pas, lui, d'être « fatigué », par des guerres interminables. Il n'a demandé ni titres ni faveurs; mais il s'offre aux heures de péril, toujours prêt au sacrifice de sa vie. « Je n'ai jamais craint ni la pauvreté ni la mort, » assurait-il plus tard avec une parfaite sincérité. Napoléon l'avait surnommé le « Sage de la Grande-Armée », l'estimant entre tous pour son désintéressement, sa loyauté, son dévoûment. Il lui légua par testament 100.000 francs, sachant bien qu'il en serait fait un noble usage.

Après 1815 (2), Drouot se retira modestement à Nancy, refusant les plus hautes fonctions et tous les honneurs. Ce soldat de génie borna son ambition à être un homme de bien. Il vint en aide à ses frères et à ses neveux pour qui il eut toujours une tendre affection.

---

(1) Après l'abdication de l'empereur, à Fontainebleau, 1814.
(2) Après la défaite de Napoléon à Waterloo.

Ses revenus annuels s'élevaient à 12.000 francs environ; il se réserva 2.400 francs pour ses besoins personnels et consacra le reste à des œuvres de bienfaisance. Il était surtout très heureux de pouvoir soulager les anciens soldats dans le dénûment; il fonda pour eux plusieurs lits dans les hospices. Enfin il partagea avec les pauvres ses dernières ressources.

Vers la fin de sa vie, un jour qu'il n'a plus rien à donner, il sort son grand uniforme, en enlève les galons d'or pour secourir un malheureux. « Quel dommage! mon oncle. Mes enfants auraient été si fiers de le conserver. — Oui, mon neveu, mais ils auraient peut-être oublié qu'ils sont les petits-fils d'un boulanger. »

Drouot fut un vrai « Sage » par l'élévation de son esprit et la bonté de son cœur.

Réflexion — *Qui dira ce qu'il y a de plus admirable en lui, de l'intelligence et du courage qui lui permirent de monter si haut, ou de la modestie et de la générosité qui le distinguèrent toujours parmi les plus grands ?*

CHADEYRAS.

Georges STEPHENSON (1781-1848)

❧ ❧ ❧

Inauguration sensationnelle

Il y a moins d'un siècle, on voyageait dans de lourdes et grossières voitures auprès desquelles nos mauvais omnibus sont des modèles de perfection. Les voyages étaient alors pénibles, longs et coûteux.

La première ligne de chemin de fer fut inaugurée en Angleterre, le 22 septembre 1825, à Darlington (1). Une lourde locomotive suivie de quelques wagons reposait sur des rails entre deux haies de curieux. Certains de ces wagons portaient des marchandises; dans d'autres avaient pris place une fanfare, des jeunes gens portant une bannière, les actionnaires de l'entreprise et l'Ingénieur.

A un signal donné, le train se mit en marche, les curieux saluèrent son départ d'enthousiastes applaudissements; des cavaliers qui suivaient le convoi furent bientôt distancés. Dans cette première course, la locomotive couvrait une distance de 40 kilomètres à l'heure.

Le succès de cette entreprise revenait à l'ingénieur Georges Stephenson, à qui les Anglais ont décerné le titre de « Père des chemins de fer ».

❧

Biographie

Fils d'un pauvre ouvrier chauffeur, employé à la pompe à feu d'une houillère, il était né à Wylam, près de Newcastle, en 1781. Son père devait pourvoir à la nourriture de six enfants avec le modique

---

(1) *Darlington.* — Petite ville du Comté de Durham.

salaire de 15 francs par mois. Aussi, dès l'âge de 7 ans, Georges fut occupé à garder les vaches.

Son esprit observateur et inventif s'éveilla de bonne heure; on le voyait sans cesse occupé à construire de petites machines, à édifier de minuscules moulins qu'il installait dans le ruisseau voisin. Quand il fut admis, à 14 ans, comme aide-chauffeur auprès de son père, son premier soin fut d'étudier la machine dont il avait la garde. Ainsi le goût de l'étude devint de plus en plus impérieux en lui. Il eut, à 18 ans, le courage d'aller à l'école où il apprit très vite à lire, à écrire et à calculer. Nommé plus tard mécanicien dans une usine, il travaillait la nuit à raccommoder les vêtements et les chaussures des ouvriers, ou encore réparait des horloges et des montres pour gagner de quoi acheter des livres.

Grâce à sa persévérance dans le travail et à ses habitudes d'économie, Stephenson réussit à amasser un petit pécule qui lui permit de se marier. Mais des malheurs successifs viennent le frapper, qui rendent de nouveau sa situation précaire. Sa femme meurt, lui laissant un jeune fils à élever, et son père devient aveugle. Il devra, avec son modeste salaire, pourvoir aux besoins de ses vieux parents et d'un jeune enfant. Sa robuste volonté ne se laisse point abattre, il redouble d'activité et poursuit avec ardeur ses études de mécanique.

⚜

Une circonstance toute fortuite le mit en évidence. L'eau avait envahi une mine et les ingénieurs ne parvenaient pas à l'épuiser. Ils avaient installé à cet effet une puissante machine dont le fonctionnement était fort imparfait. Georges Stephenson la démonte, corrige ses imperfections, l'installe dans de meilleures conditions et les puits sont rapidement mis à sec. Il acquit ainsi une grande réputation d'habileté et, en 1812, il fut nommé ingénieur.

A partir de cette date, son activité scientifique est prodigieuse ; il imagine de remplacer les rails en bois sur lesquels circulaient alors les voitures chargées de houille, par des rails en fer, et invente une lampe de sûreté (1) pour les mineurs. Mais son œuvre maîtresse est sa fameuse locomotive qu'il mit sur pied en 1814. C'était d'abord une machine très imparfaite, lourde et encombrante, consommant beaucoup de combustible et ne donnant qu'une faible vitesse. Par des perfectionnements successifs, elle devint la locomotive presque parfaite qu'il présenta aux directeurs des chemins de fer de Liverpool en 1829 et qui obtint le prix. Stephenson, son fils Robert et les ingénieurs qu'il avait formés furent appelés de toutes parts, en Angleterre, en Belgique et en France, pour y diriger la construction des voies ferrées. Ainsi, après 20 années de travail opiniâtre et persévérant, Stephenson réussit à construire une locomotive qui n'a reçu depuis que des perfectionnements de détail. C'est grâce à lui que l'Angleterre d'abord, puis l'Europe entière, furent dotées d'un réseau de voies ferrées.

---

(1) *Lampe de sûreté.* — Cette lampe, inventée par Davy, et où la flamme est enveloppée d'une toile métallique, est employée par les mineurs dans les galeries grisouteuses où les lampes ordinaires provoqueraient de terribles explosions.

A partir de 1840, sa santé fut ébranlée par une pleurésie (1) dont il ne guérit pas complètement. Il passa ses dernières années à la campagne. Fort dans la maladie et dans la douleur comme il l'avait été dans le travail, il se montrait hospitalier, gai et souriant, aux nombreuses personnes qui venaient lui rendre visite. Il mourut le 12 août 1848. Son fils Robert Stephenson devait être aussi un illustre et savant ingénieur.

L'Angleterre honore avec raison la mémoire de Georges Stephenson qui, en dotant sa patrie et les pays voisins de lignes de chemins de fer, a fait faire à la civilisation un progrès immense. Mais ce que nous devons admirer, c'est moins son génie inventif que la persévérance et le courage dont il fit preuve en travaillant à s'instruire dans les conditions les plus défavorables, et que la ténacité qu'il mit à perfectionner ses inventions pour les rendre de plus en plus pratiques.

❖ ❖ ❖

Conseil — E*NFANTS, conservez dans votre mémoire l'histoire, toute de lutte et de labeur patient, que vous venez de lire ; elle vous fera comprendre le prix de l'étude, et vous apprendra qu'une volonté forte et persévérante est la condition de tout progrès.*

A. JACQUEMARD.

---

(1) *Pleurésie.* Inflammation de la membrane qui enveloppe le poumon.

BAUDIN (1801-1851)

❧ ❧ ❧

**Baudin
l'ami du peuple**

Trop souvent on reproche à ceux qui s'élèvent de mépriser le milieu d'où ils sortent. Mais telle n'est pas la pensée de Baudin, qui aime profondément le peuple, et qui voit en lui la meilleure sauvegarde de la République.

« Quoi qu'il arrive, disait-il, en faisant allusion à la multitude dont parlait Thiers, et quel que soit le procédé qu'elle préfère pour revendiquer la souveraineté dont elle est injustement dépouillée, notre place est dans les rangs de la vile multitude. Nous agirons, nous vivrons, nous mourrons, s'il le faut, pour la vile multitude. »

Ces belles paroles nous montrent dans quel état d'esprit il monta sur la barricade, où il tomba pour la défense de la liberté.

❧

Biographie

Il faut être respectueux du pouvoir qui représente la loi ; mais lorsque l'autorité manque à ses obligations, les citoyens ont le devoir de défendre la loi contre l'autorité elle-même.

C'est ce qu'on a fait en 1789, en recommandant « la résistance à l'oppression » (1), en 1830, en refusant l'obéissance à l'autorité « qui s'est dépouillée du

---

(1) Déclaration des Droits de l'homme et du citoyen.

caractère de la loi » (1), en 1848, en décrétant la « révolution du mépris » (2). C'est pour défendre cette même cause que Baudin a versé son sang.

Né en 1801, à Nantua, il sortait de cette intelligente et forte famille des instituteurs qui ont fait la République ; il apprit de son père à aimer le peuple, le travail et la liberté.

Après avoir fait de bonnes études, il entre à l'école de médecine du Val-de-Grâce (3) et il en sort comme chirurgien militaire ; il remplit ses fonctions avec beaucoup d'humanité ; mais son caractère indépendant s'accommode assez mal de la sujétion militaire, et il donne sa démission pour aller exercer la médecine à Paris.

En 1849, ses compatriotes de l'Ain l'envoient à la Législative, où il ne tarde pas à se faire remarquer par l'ardeur de sa foi démocratique. Il est un des premiers à résister au coup d'État.

Le 2 décembre 1851, Victor Hugo rédige une proclamation qui commençait par ces mots : « Louis-Napoléon est un traître », et qui finissait par ceux-ci : « Aux armes ! »

Cette proclamation, affichée dans les rues de Paris, soulève la population et les représentants du peuple se mettent à la tête des révoltés. Le matin du 3 décembre, Baudin se rend au faubourg Saint-Antoine afin d'orga-

---

(1) Protestation des journalistes, rédigée par Thiers, Châtelain et Cauchois-Lemaire.
(2) Mot de Lamartine ; discours au banquet de Mâcon.
(3) Célèbre monument de Paris, transformé en hôpital et en école de santé militaire.

niser la résistance ; et, apercevant un groupe d'ouvriers qui ne paraissait pas vouloir se mêler au mouvement, il s'écrie : « Citoyens, la République est menacée ! Aux armes ! »

Voyant qu'on hésite encore, il tend son fusil à un jeune homme.

« — Croyez-vous, lui dit celui-ci, que je vais me faire tuer pour vous conserver vos 25 francs ?

« — Eh bien ! mon ami, tu vas voir comme on meurt pour 25 francs. »

Alors il monte sur une barricade, l'écharpe au vent et le drapeau tricolore à la main ; mais, presque aussitôt, il tombe foudroyé pendant que les ouvriers, entraînés par son exemple, chantent ces belles paroles de la *Marseillaise* :

> Liberté, liberté chérie,
> Combats avec tes défenseurs...

Oui, la liberté combat toujours avec ceux qui la défendent. Après sa défaite momentanée, elle animera la grande voix de Gambetta qui, en glorifiant Baudin (1), se fera contre l'Empire le vengeur du droit opprimé.

En 1889, les restes de Baudin furent transportés au Panthéon au milieu des grands hommes qu'honore la patrie reconnaissante.

---

(1) Il s'agissait de lui élever un monument. Une souscription fut ouverte par neuf journaux, dont les rédacteurs furent traduits en police correctionnelle. Gambetta fut le défenseur de Charles Delescluze, rédacteur en chef du *Réveil*.

Réflexion

LE devoir du citoyen est de défendre la République ; pour cela, il faut qu'il acquière l'instruction qui éclairera son vote, et sans laquelle il ne saurait y avoir de liberté.

MATHON.

THIMONNIER (1793-1857)

Quelques réflexions

Nous savons bien des choses inutiles. Nous avons retenu bien des noms qui ne valent pas l'honneur d'être conservés. Nous connaissons l'histoire de nombreux guerriers, de rois barbares et de rois fainéants ; et nous ignorons la vie et même le nom de la plupart des modestes inventeurs, des travailleurs d'initiative féconde qui ont rendu le plus de services à l'humanité. A qui devons-nous l'horloge, la brouette, les métiers à tisser, à filer... ? Bien peu le savent. Par un sentiment de terreur ou d'admiration, les générations passées ont gardé la mémoire des grands destructeurs ; mais trop souvent elles ont oublié les créateurs, les travailleurs ingénieux qui ont le plus mérité de leurs semblables. Et nous jouissons des bienfaits de la civilisation, sans songer que les instruments de notre bien-être ont, le plus souvent, coûté des trésors d'intelligence et de courage, et n'ont été créés qu'au prix de luttes, de sacrifices et de douleurs.

Le tailleur ou la ménagère qui, grâce à la machine, cousent avec une rapidité et une régularité merveilleuses, se sont-ils demandé qui a eu l'idée de cette invention ? Savent-ils que c'est un Français, Thimonnier, qui le premier réalisa la couture mécanique ? Leur pensée reconnaissante n'est sans doute jamais allée à la mémoire de ce modeste et malheureux inventeur.

Biographie

Tʜɪᴍᴏɴɴɪᴇʀ, né près de Lyon en 1793, fit de courtes études et apprit le métier de tailleur qu'il exerça dans le Rhône, puis à Saint-Etienne. Il était observateur et chercheur. En regardant les jeunes filles de son pays broder au crochet, il songea à la possibilité de faire mieux et plus vite, au moyen d'une machine à coudre et à broder. Il caressa longtemps son idée. Parviendrait-il à la réaliser, lui qui n'avait aucune connaissance spéciale en mécanique? « Je le pourrai, se dit-il, parce que je le veux; parce que j'y penserai sans cesse et que j'y travaillerai jour et nuit, s'il le faut. » Dès lors, il néglige son métier et perd sa clientèle. Au commencement de ses recherches, vers 1825, on le considère comme un paresseux ou un original qui ferait mieux de travailler sagement comme les autres. En 1827, complètement ruiné, il cherche toujours. Alors, les moins malveillants le traitent d'halluciné. Deux ans plus tard, tous pensent qu'il a perdu la raison. Enfin, en 1830, après plus de quatre années de recherches incessantes, il pousse le cri de triomphe, le cri de suprême joie de l'inventeur ou du savant : « J'ai trouvé ! » Il prend un brevet d'invention ; il est heureux et croit ses peines terminées. Elles ne font que commencer.

Soit manque d'esprit pratique, soit malchance, Thimonnier ne jouira jamais du succès définitif ; et il luttera encore près de 3o ans ! Un ingénieur des mines examine la machine, la juge fort bien comprise, félicite l'inventeur et l'emmène de Saint-Etienne à Paris. Une société financière fonde aussitôt un atelier de couture

mécanique que dirige Thimonnier. En 1831, quatre-
vingts machines en bois cousaient, rue de Sèvres, des
vêtements militaires. Les ouvriers tailleurs s'émurent.
« On veut nous enlever notre pain, clament-ils. Sus
aux machines concurrentes ! » Et, sans réflexion sur
des avantages certains pour eux, sans respect aussi pour
le travail d'autrui, ils se ruent sur l'atelier de couture
et en brisent les machines.

Rappelez-vous les malheurs de Denis Papin, de
Jacquard... C'est, dans le passé, l'éternelle histoire des
inventeurs et des penseurs, et des apôtres, bien supérieurs à leur temps et victimes de l'ignorance et de la
brutalité de leurs contemporains :

> Vieux soldats de plomb que nous sommes,
> Au cordeau nous alignant tous,
> Si du rang sortent quelques hommes,
> Tous nous crions : A bas les fous !
> On les persécute, on les tue,
> Sauf, après un lent examen,
> A leur dresser une statue
> Pour la gloire du genre humain.

Béranger.

L'association Thimonnier est dissoute. L'ingénieur
meurt ; l'inventeur, menacé, traqué, fuit vers son pays
natal. Il y perfectionne sa machine. En 1848, elle est
en métal et « fournit, dit le brevet d'invention, 300
points à la minute ; elle brode, coud depuis la mous-
seline jusqu'au drap et au cuir ». La Révolution de
février éclate, et Thimonnier se trouve encore dans

l'impossibilité d'exploiter son invention. Il prend part à l'exposition de Londres de 1851 ; mais, par une fatalité persistante, la machine n'arrive qu'après le jugement du jury.

Ce malheureux Français meurt dans la misère en 1857. On aimerait à croire qu'il n'est pas mort désespéré, qu'il a eu la pleine conscience d'avoir utilement vécu.

Pensée

LES *pierres que ses contemporains jettent à l'homme de génie servent à construire le piédestal des statues que lui élèvera la postérité.* (H. Berlioz.)

F. CHADEYRAS.

Abraham LINCOLN (1809-1865)

On avait prêté au jeune Lincoln la *Vie de Washington*. Il avait alors treize ou quatorze ans et gagnait sa vie en cultivant avec son père une petite ferme qu'ils venaient de défricher sur les bords du Mississipi. C'était au cœur du continent américain, dans un pays presque désert. Les livres y étaient rares, comme on pense. Lincoln dévorait le sien pendant tous ses instants de loisir. Un jour, une pluie torrentielle s'abattit sur la pauvre cabane paternelle et le précieux volume fut détérioré. Comment le rendre désormais ? Le jeune garçon, tout honteux, offrit de le payer, pourvu qu'on voulût bien lui faire crédit, car il n'avait pas un liard. On lui proposa d'en gagner le prix sur-le-champ : « Vois-tu cette grande prairie ? fauche-la et garde le livre. » Lincoln accepta plein de joie ; trois jours de travail obstiné le rendirent heureux possesseur d'un ouvrage dont beaucoup de jeunes gens trouveraient la lecture bien austère. Il en fit son plus assidu compagnon, il y puisa les grandes leçons morales et civiques qui convenaient à sa nature généreuse.

Devenu Président des États-Unis, Lincoln passait un jour dans une ville célèbre par une victoire de Washington. On l'acclamait. Avant que de répondre, il tira de sa poche un vieux volume fatigué : « Messieurs, dit-il, c'est dans ce petit livre que j'ai appris à aimer mon pays. » C'était celui qu'il avait si vaillamment gagné et tant de fois relu.

Biographie

Figurez-vous un géant de plus de deux mètres, aux larges mains de travailleur, aux pieds démesurés, la figure comme taillée à la hache et encadrée d'une barbe broussailleuse, les vêtements mal ajustés, totalement dépourvu d'élégance enfin : voilà le peu aristocratique Président Lincoln. Néanmoins il était séduisant, parce que ses yeux rayonnaient d'intelligence, de franchise et de bonté. Toute sa personne rappelait ses humbles origines et exprimait fortement ce principe bien américain que la vraie noblesse est dans le mérite, non dans la naissance.

Il était fils et petit-fils de pionniers (1), pauvres gens qui avaient travaillé toute leur vie à défricher, sans atteindre à l'aisance, et qui lui avaient légué, à défaut de fortune, une intelligence ouverte et le trésor d'une nature foncièrement honnête, bonne et courageuse. Il eut tour à tour pour maîtres les trois plus savants hommes de son voisinage. Il épuisa toute leur science : l'un lui enseigna à lire, un autre à écrire tant bien que mal, le troisième le poussa jusqu'à la règle de trois. Lincoln fit le reste tout seul avec les livres qu'il put se procurer. A vingt-deux ans, on le voyait apprendre la grammaire pour charmer ses rares loisirs.

Pendant son enfance, il mania la bêche et la pioche aux côtés de son père. Il fut ensuite batelier, commis d'un meunier, arpenteur. Tout en gagnant sa vie, il étudia le droit et se fit avocat. Excellent avocat d'ail-

---

(1) Ce nom désigne les premiers arrivés dans un pays neuf à exploiter, et, par extension, ceux qui, en général, préparent la voie aux autres dans toute branche de l'activité humaine.

leurs, assez instruit, d'une éloquence simple, qui savait
être grave, mais le plus souvent restait familière et
plaisante, vrai défenseur de la veuve et de l'orphelin, et
si scrupuleux qu'il ne se chargeait jamais d'une cause
injuste. Il n'avait pas trente ans qu'il était déjà pour
tout le monde, non pas M. Lincoln, mais l'*honnête Abe* (1).
Aussi l'opinion publique ne tarda-t-elle pas à le dési-
gner pour un rôle politique. Il devint député de l'Illi-
nois, puis membre du Congrès (2).

Or, vers le milieu du xixe siècle, une question d'une
gravité extraordinaire divisait les Etats-Unis, celle de
l'esclavage. Depuis trois cents ans, en Amérique, on se
servait des nègres (3) comme esclaves sur les plantations.
En plein xixe siècle, il y avait des hommes qu'on faisait
travailler sous le fouet autant qu'on le voulait, qui ne
possédaient rien, qui pouvaient être séparés de leurs
femmes et de leurs enfants par le bon plaisir d'un maître
et le hasard des ventes, et qu'on avait le droit de faire
mourir de privations, de mauvais traitements ou de
chagrin.

Le Nord des Etats-Unis proclamait que c'était une
honte pour un pays civilisé, une injure monstrueuse à
la dignité humaine; le Sud soutenait que c'était une
nécessité pour les blancs et un bien pour les nègres.
Le Nord, sans supprimer l'esclavage là où il existait,

---

(1) Diminutif d'Abraham.
(2) Assemblée comprenant les représentants des états américains.
(3) Ces esclaves provenaient des Antilles (esclaves rouges,
Caraïbes, etc.) ou de la côte occidentale d'Afrique (esclaves noirs).

voulait seulement en limiter le développement ; le Sud prétendait au contraire étendre cette institution aux nouveaux états de la Confédération.

Les deux partis se firent d'abord une guerre électorale acharnée et Lincoln se distingua comme champion de l'*Antiesclavagisme*. En 1860, il fut élu Président des États-Unis. Toutes les concessions possibles pour maintenir la Constitution contre les prétentions du Sud à l'égard de l'esclavage, il les fit, mais sans succès.

Le Sud voulut sortir de l'Union pour agir à sa guise ; il déclara la guerre aux états du Nord. Cette guerre (1) fut sanglante, elle dura de 1860 à 1865. L'homme pacifique qui avait tout tenté pour l'éviter, la conduisit avec une énergie sans pareille, conscient de travailler pour le salut de son pays et pour la cause de l'humanité. Le Nord l'emporta finalement, et le résultat de ses victoires fut l'abolition de l'esclavage (1er février 1865). Ce triomphe de la dignité humaine avait coûté bien du sang. Il lui fallut une dernière et grande victime : le 14 avril, Lincoln était assassiné par un fanatique.

Pensée

L'HONNÊTETÉ, *l'intelligence, l'énergie font le grand homme d'État. Les déloyaux, les médiocres, les faibles, quelles que soient d'ailleurs leurs autres qualités, ne sauraient convenir pour diriger un pays.*

L. FAUCHÈRE.

---

(1) Elle est désignée sous le nom de Guerre de *Sécession* (mot anglais qui veut dire séparation).

ABD-EL-KADER (1806-1883)

❧ ❧ ❧

Le respect de la foi jurée

En échange de sa liberté, Abd-el-Kader, vaincu, avait fait le serment de ne plus revenir en terre algérienne et de ne plus nous combattre. Il tint sa parole jusqu'à son dernier jour.

Retiré en Syrie, il se distingue si bien en défendant nos protégés, les chrétiens d'Orient, contre le fanatisme musulman, qu'il reçoit le grand cordon de la Légion d'honneur (1860).

En 1870, des émissaires prussiens viennent le trouver à Damas. « La France est aux abois, lui disent-ils, ses armées sont défaites sur le Rhin ; le moment est propice pour soulever l'Algérie contre son joug et reconstituer votre empire arabe. »

Si l'émir (1) avait accepté cette proposition, nous n'aurions pu faire appel à nos vaillantes troupes algériennes pour sauver du moins notre honneur national, la France eût été amputée peut-être d'autres provinces et elle eût perdu, sans doute, sa plus belle colonie. Mais l'émir à l'âme chevaleresque eût peine à retenir ses larmes au récit de nos désastres ; il feignit d'être obligé de sortir quelques instants, puis reparut revêtu de ses insignes de grand cordon de la Légion d'honneur (2).

Il fit ainsi comprendre à nos ennemis quelle indignation il éprouvait pour ces propositions odieuses, et quelle sympathie il conservait à notre patrie humiliée et meurtrie.

---

(1) Titre de grands chefs musulmans, descendant de Mahomet par les femmes, signifie prince.

(2) La Légion d'honneur fut organisée, en 1802, par Bonaparte Consul, sur le modèle des anciens ordres de chevalerie, pour récompenser les services civils et militaires.

Jusqu'à sa mort, il ne cessa de nous marquer une fidélité et un attachement qui honorent à la fois le vaincu et le vainqueur.

⁂

Biographie — El-Hadj-Abd-el-Kader a été, de 1832 à 1845, le véritable héros de la résistance arabe en Algérie, et nul plus que lui n'a été pour la France un adversaire redoutable au cours de la conquête algérienne.

Né près de Mascara, il était fils du marabout (1) Maheddin, très vénéré des Arabes (2). Une légende faisait remonter jusqu'à Mahomet lui-même les origines de sa famille. A 8 ans, il fit le voyage de La Mecque (3), qui confère une sorte de sainteté dans le monde musulman et, en 1822, il rentre à Mascara précédé d'une immense réputation de science et de vertu.

Habilement, le jeune chef s'entoure de tout le prestige qui est nécessaire pour frapper les imaginations

---

(1) *Marabout* : Titre donné à de saints et savants personnages de la religion musulmane. — Par extension : monument où est enterré ce personnage et où l'on vient en pèlerinage.

(2) Les Arabes, peuple originaire de la plus occidentale des trois péninsules de l'Asie méridionale et appartenant à la même race (sémite) que les Juifs, débordèrent en Afrique et en Europe aux VIIe et VIIIe siècles et fondèrent des empires célèbres en Espagne (Cordoue, Grenade) ; dans l'Afrique du Nord (Fez, Kairouan) et en Egypte.

(3) A La Mecque, en Arabie, est le tombeau de Mahomet, fondateur de la religion de l'Islam ; chaque année, de nombreux pèlerins (Hadji) viennent de tous les pays musulmans faire leurs dévotions près de ce tombeau.

orientales : un derviche (1) de Bagdad (2), à ce qu'il raconte, l'aurait salué du titre de sultan ; un marabout affirme l'avoir vu en songe sur un trône éclatant ; un autre jure que l'ange Gabriel lui est apparu et qu'il ordonne aux Arabes de le choisir pour chef. Il devint ainsi, en 1832, l'émir des tribus qui entourent Mascara.

Aussitôt, avec une rare éloquence, des accents inspirés et une parole ardente, il prêche contre nous la guerre sainte. Avec une folle bravoure, il se rue contre nos troupes oranaises et, courant au devant du danger, sans jamais être atteint, il apprend aux Arabes à mépriser les boulets et les balles des Français. Ceux-ci, par une faute diplomatique impardonnable, négocient avec lui, reconnaissent sa puissance, lui abandonnent toute la province d'Oran, et consacrent ainsi sa renommée en 1834.

Aussitôt il se révèle admirable homme d'Etat : un peu comme notre Vercingétorix gaulois, il travaille à reconstituer son peuple, à en faire une véritable nationalité et à organiser un royaume moderne. Il crée des finances, une armée régulière, une administration hiérarchisée (3) à la façon féodale, dompte tous les rebelles, écrase ses rivaux et unit tous les Arabes dans une haine commune contre la France.

---

(1) Moine musulman, savant fanatique, parfois simple escroc ou bateleur, vivant de la superstition ou de la naïveté des croyants.

(2) Grande ville de la Mésopotamie : un des centres les plus célèbres de l'Islam.

(3) Où tous les rangs et tous les grades forment une échelle et sont subordonnés rigoureusement les uns aux autres.

Ce fut un délire, de la Tunisie au Maroc, quand les indigènes apprirent notre désastre de La Macta (1) et la victoire de l'émir : dès lors, une lutte inexpiable devait être engagée contre lui, sous peine de voir l'Algérie nous échapper tout entière. Malheureusement, le traité signé par Bugeaud (2) à La Tafna (3), fut plus désastreux encore (1839), car il lui abandonnait une grande partie de l'Algérie.

Il serait trop long de conter par le menu comment Bugeaud sut réparer cette faute, comment l'émir, toujours plein de sang-froid et d'audace, ne se laissait ni griser par ses victoires, dont il tirait profit pour rehausser encore le courage et l'enthousiasme de ses partisans, ni abattre par les défaites dont il savait toujours tirer un nouvel enseignement. Qu'il nous suffise de dire que, de part et d'autre, des prodiges d'héroïsme furent accomplis dans cette guerre sans merci qui dura de 1839 à 1847 : en 1843, la *smalah* (4) de l'émir tombe entre nos mains et lui-même nous échappe à grand'peine pour aller soulever le Maroc (5) contre nous ; en décembre 1847, abandonné par le sultan du Maroc, vaincu à son tour et poursuivi à la fois par les Marocains et les Français, Abd-el-Kader, las d'errer et de guerroyer en chef de bande toujours prêt à l'attaque et toujours

----

(1-3) Rivières d'Algérie qui se jettent dans la Méditerranée.

(2) Bugeaud fut le plus illustre des généraux qui menèrent à bien la conquête de l'Algérie. Il fut créé duc d'Isly, en récompense de ses admirables services.

(4) *S'malah*. Nom arabe désignant tout ce qui compose la richesse d'une tribu nomade : femmes et enfants, tentes, troupeaux, provisions de toute nature.

(5) Maroc ou plus exactement Maghreb, la partie la plus occidentale de l'Afrique Mineure.

Photo. Girandon

NAPOLÉON III rend la liberté à ABD-EL-KADER

d'après le tableau de TISSIER (Musée de Versailles)

prêt à fuir au désert, se décide enfin à capituler et à se rendre à Lamoricière.

Il montra, dans le malheur, la même noblesse et la même dignité qui présidaient à tous les actes de sa vie : il demanda, pour toute grâce, d'aller finir ses jours à La Mecque, près du tombeau du prophète dont il avait si brillamment servi la foi. Le 23 décembre 1847, il fut conduit devant le duc d'Aumale : l'émir, ému et troublé, avait le visage pâle : « Il y a longtemps que tu devais désirer ce qui s'accomplit aujourd'hui, dit-il au duc. Tout arrive selon la volonté d'Allah (1) », puis il lui recommanda ses compagnons et ses soldats, rappela les promesses qui lui avaient été faites et offrit au prince une jument noire en signe de sa soumission. Le lendemain il s'embarquait pour la France, où Louis-Philippe (2) manqua de générosité en lui refusant la faveur promise et en le faisant interner successivement à Toulon (3), à Pau (4) et à Amboise (5), alors que, sous la foi du serment, l'émir avait solennellement juré de ne plus rentrer en Algérie et de ne plus provoquer la guerre sainte contre la France.

La smalah l'avait suivi et notre climat eut bientôt

---

(1) « Allah », c'est le nom que les Musulmans donnent à Dieu « Allah, disent-ils, est Dieu et Mahomet est son prophète. »

(2) Prince de la famille d'Orléans, fut roi de France de 1830 à 1848

(3) Port de guerre de 100.000 habitants, dans le Var.

(4) Ville de 35.000 habitants, ancienne capitale du Béarn, patrie de Henri IV et de Bernadotte.

(5) Petite ville des bords de la Loire, près de Tours ; château célèbre.

décimé tous ces enfants de la terre algérienne habitués à la vie de plein air, au soleil brûlant et à l'existence active du désert : ils se mouraient de consomption. Cependant la France s'épargna la honte d'en user avec lui comme en avait usé César autrefois pour le héros gaulois (1).

Le premier acte de l'empereur Napoléon III (2) fut, en effet, de tenir la promesse de Lamoricière et de lui rendre la liberté avec une pension de 1.000 francs par semaine. Cet acte fut salué avec enthousiasme par toute la France qui admirait le grand vaincu, à la fois pour son héroïsme et sa générosité passés, pour son existence vertueuse plus semblable à celle d'un saint que d'un guerrier, pour sa grandeur d'âme et sa touchante résignation dans l'adversité.

D'accord avec le gouvernement turc, il s'établit à Brousse (3), puis à Damas (4), donnant à tous l'exemple de la vie la plus digne et la plus noble, se consacrant tour à tour à soulager des misères, à empêcher ses coreligionnaires de se livrer à des actes de fanatisme

---

(1) Le général romain, Jules César, vainqueur de Vercingétorix, l'avait fait étrangler dans sa prison.

(2) Louis-Napoléon Bonaparte, fils du roi de Hollande et neveu de Napoléon 1er (1808-1873), eut une existence aventureuse ; élu président de la République française le 10 décembre 1848, il étouffa ce gouvernement par un crime le 2 décembre 1851 ; empereur de 1852 à 1870, son mauvais gouvernement nous fit perdre l'Alsace-Lorraine.

(3) Ville d'Asie Mineure (70.000 hab.).

(4) Ville de Syrie (150.000 hab.), célèbre par ses armes et ses étoffes.

contre les chrétiens et de renouveler contre eux les massacres hideux des temps des croisades et des guerres de religion, à aider le grand Français de Lesseps (1) dans ses négociations avec le vice-roi d'Egypte pour la construction du canal de Suez, à servir l'idée française et la cause de la civilisation, à faire de sa maison un lieu d'asile et de refuge accessible à tous ceux que persécutait l'intolérance musulmane.

Comme pour le sage de La Fontaine, la mort fut pour lui le soir d'un beau jour : il mourut entouré de l'affection de tous les siens, du fidèle dévouement des Algériens qui l'avaient suivi dans l'exil et de l'admiration de l'Europe entière dont il avait forcé l'estime en défendant contre elle sa patrie, sa religion et son peuple. Cet exemple ne contribua pas peu à maintenir la paix chez nos indigènes.

Il résume en lui les plus belles qualités de l'Arabe : fin, entreprenant, fécond en plans et en ressources, majestueux et simple, digne et austère, intrépide et chevaleresque, joignant à l'enthousiasme religieux une grande largeur de vues et un libéralisme éclairé. Ce fut une belle figure, bien propre à séduire les Français par ses nombreuses qualités, par ses défauts mêmes.

---

(1) Diplomate et ingénieur français (1805-1894), auquel on doit le percement de l'isthme de Suez et le projet du canal de Panama.

Réflexion

APPRENONS *du grand émir algé- rien à aimer la patrie par- dessus tout, à la défendre de toute la force de son énergie, mais aussi à respecter scrupuleuse- ment la parole donnée.*

C. CARON.

LIVINGSTONE (1813-1873)

❖ ❖ ❖

**Exemple
d'énergie**

Au début de son séjour dans l'Afrique australe, Livingstone, accompagné de quelques nègres, entreprit un long voyage à pied. Les nègres regardaient avec dédain son extérieur assez chétif. « Il n'est pas fort, disaient-ils ; il est tout grêle et ne paraît robuste que parce qu'il se met dans ces sacs (ils appelaient ainsi son pantalon) ; il n'ira pas loin. » Livingstone les entendit faire ces remarques et résolut de leur montrer qu'ils se trompaient. Il marcha des journées entières sans paraître fatigué ; il eut assez d'énergie pour ne trahir aucune lassitude et fit aller ses compagnons d'un train si fort, qu'à la fin ils s'avouèrent vaincus et changèrent d'opinion sur la vigueur de « l'homme blanc ».

❖

Biographie

David Livingstone est le plus illustre des explorateurs de l'Afrique. Avant 1840, l'intérieur de cette vaste région qui va de la Colonie du Cap jusqu'à l'Équateur était absolument inconnu. Tout semblait d'ailleurs en éloigner les Européens : un climat meurtrier, à cause de la chaleur torride et de l'excessive humidité (1); des fleuves énormes, mais non

---

(1) La plus grande partie de l'Afrique est située dans la zone tropicale, où la chaleur est excessive et où l'évaporation produit des pluies torrentielles.

navigables (1); un sol couvert de marais ou de fourrés impénétrables (2); une multitude d'animaux dangereux par leur force ou par leur venin (3); des hommes enfin. les nègres, dangereux aussi par leur sauvagerie. Tel est le pays que Livingstone parcourut pendant plus de trente ans, de 1840 à sa mort, en 1873.

Il avait au plus haut degré les qualités requises de l'explorateur.

Avant tout, grâce à sa rude éducation première, il savait à merveille se tirer seul d'affaire. Né en Ecosse, de parents pauvres, il n'avait pas été choyé dans sa jeunesse : dès l'âge de dix ans, il travailla dans une filature de coton, afin de contribuer quelque peu à l'entretien de sa famille. Il montrait déjà à cette époque l'énergie dont il devait plus tard donner tant de preuves. Sur son salaire, il économisa de quoi acheter des livres, qu'il lisait avec acharnement tout en surveillant son travail à l'atelier. Il en poursuivait l'étude le soir; il y eût passé les nuits, et sa mère était obligée de l'envoyer au lit, afin qu'il pût se rendre à l'usine chaque matin dès six heures.

A dix-neuf ans, il était ainsi devenu très instruit dans les langues anciennes, les sciences naturelles et la géographie. Comme il voulait devenir missionnaire, il jugea utile de compléter ces connaissances par des études médicales (4). Pour cela, il économisa plus que

---

(1) Le cours des fleuves africains est coupé de rapides, de cataractes.

(2) La chaleur et l'humidité produisent une végétation exubérante.

(3) Lions, éléphants, serpents, insectes, etc.

(4) La connaissance de la médecine est en effet très utile aux explorateurs.

jamais, afin de payer son séjour à l'université de
Glasgow, et il obtint le grade de docteur en médecine.

Quand Livingstone partit pour l'Afrique, en 1840, il
était donc bien préparé à l'exploration du « continent
noir » par son caractère énergique, son esprit d'initiative, son instruction solide, son éducation rude et
fortifiante.

Mais il allait faire preuve d'une qualité plus admirable encore. Une fois arrivé sur le sol africain, il se
voua tout entier, sans restriction et à jamais, à la tâche
qu'il s'était imposée : civiliser les nègres et étudier leur
pays. Il donna l'exemple surprenant d'un homme qui
avait lutté pendant trente ans contre les misères de la
société civilisée afin de pouvoir lutter, jusqu'à sa mort,
contre les misères de la vie sauvage.

Dès qu'il eut quitté la Colonie du Cap, il s'installa au
milieu des tribus nègres, au seuil des territoires inconnus. Il vécut là (1) pendant une dizaine d'années, et
mena une existence dont peu d'Européens s'accommo-
deraient. L'absence d'industrie chez les pauvres nègres
à l'esprit obtus l'obligea à fabriquer lui-même tous les
objets nécessaires à son installation : pour se construire
une maison, il abattit des arbres, en fit des poutres pour
la charpente, fit cuire des briques, posa de sa main
toutes les pièces de son habitation. Seule, sa vaillante
femme l'aidait ; ensemble ils défrichèrent des terrains.

____

(1) Il s'installa dans un village nègre, non loin du fleuve Limpopo.

les mirent en culture, réduisirent leur blé en farine, fabriquèrent jusqu'à leurs chandelles.

Malgré ces travaux épuisants, Livingstone trouvait encore la force d'instruire les indigènes; il leur montrait la puissance que donnent le travail et un esprit ingénieux; il les réunissait pour des entretiens de morale familière, visitait les malades, gagnait l'affection de tous par sa bonté et son dévouement.

En 1849, il s'enfonça dans la redoutable région dont il ne connaissait encore que la lisière. Pour comprendre l'importance de ses explorations, jetez les yeux sur une carte de l'Afrique; songez qu'il a découvert le gigantesque fleuve Zambèze; qu'il a parcouru une grande partie du bassin du Congo; qu'il a, le premier des Européens, vogué sur les immenses lacs Nyassa, Tanganyika, Bangouéolo; que c'est lui encore qui a résolu en grande partie le problème des sources du Nil.

Considérez aussi ce que Livingstone a fait pour les nègres : ces malheureux étaient odieusement exploités par des trafiquants arabes qui les emmenaient en esclavage. Livingstone pourchassa ces trafiquants, les dénonça aux puissances d'Europe, et provoqua d'efficaces mesures de répression contre l'effroyable « traite des noirs ».

Mais aussi, quelles souffrances il endura au cours de ces voyages, surtout dans sa grande traversée de l'Afrique, de Saint-Paul-de-Loanda à Quilimané ! Tantôt des ulcères aux pieds l'immobilisaient pendant des mois; tantôt c'était la fièvre qui le terrassait; il arrivait aussi que ses porteurs nègres, épuisés de fatigue, l'abandonnaient dans les circonstances les plus

Photo. Giraudon

LES CHEMINEAUX, par E. MILLET.

critiques. Plusieurs fois, le bruit de sa mort courut en Europe ; aussitôt des expéditions étaient envoyées à sa recherche, tant le monde civilisé s'intéressait à ses travaux. L'une de ces expéditions, dirigée par Stanley, le découvrit, en 1871, à bout de ressources et presque moribond, sur les bords du lac Tanganyika. Néanmoins Livingstone refusa de quitter l'Afrique : à peine rétabli, il reprit ses explorations, et seule la mort put l'arrêter, en 1873.

Jugement

COMME *explorateur, Livingstone a rendu à la science d'inappréciables services ; comme philanthrope, il a fait de son nom le symbole de l'émancipation des nègres, et il a fait tout cela parce qu'il eut au plus haut degré ces deux vertus qui font les héros : l'énergie et le désintéressement.*

TURQUET.

MILLET Jean-François (1814-1875)

❧ ❧ ❧

**Un peintre
méconnu**

Qui ne connaît aujourd'hui l'auteur de l'*Angelus*? Il n'y a peut-être pas d'œuvre moderne qui ait été autant et si diversement reproduite que ce dernier tableau. Pourtant, à son apparition, il fut vendu au prix modeste de 1.800 francs. Il passa en Amérique et faillit y demeurer. Son possesseur actuel — un Français, heureusement — l'a payé 800.000 francs. Du succès final de ses œuvres, Millet n'eut guère, hélas! que la gloire, et tardive encore; d'autres, de son vivant et après sa mort, eurent le profit.

C'est qu'on ne pouvait se résoudre à reconnaître du génie à un peintre qui représentait, sans leur faire le moindre brin de toilette, une campagne monotone et ses rudes travailleurs. Un habitant de Cherbourg se plaignait un jour que les libéralités de sa ville n'eussent jamais été récompensées par l'éclosion de vrais talents. « Et Millet? lui dit-on. — Millet! Ce n'était pas la peine de le pensionner pour peindre des bonnes gens que nous voyons tous les jours. »

Un marchand de tableaux traduisait la même pensée quand il objectait au maître que ses vaches n'étaient guère propres : « Voyez, elles paraissent sortir du fumier. — Et d'où pourraient-elles sortir? répartit l'artiste. Croyez-vous qu'elles aillent dans le monde? »

C'est leur sévère et loyale rusticité qui fait maintenant le mérite des vaches de Millet, comme de ses paysans et de ses champs, mais on a mis longtemps à leur rendre justice.

❧

Biographie

Une existence sans éclat, vide de grands événements, dépourvue d'aventures, noblement passée dans la pauvreté à poursuivre un idéal d'art : voilà la carrière de Millet. La vie de ce grand artiste s'est écoulée presque tout entière dans le silence des champs.

Il est né à quelques kilomètres de Cherbourg. Il était fils d'un humble cultivateur, dont le travail subvenait aux besoins d'une famille nombreuse. Le vicaire du village, frappé de son intelligence, lui avait donné des leçons de latin ; Millet, néanmoins, travailla la terre jusqu'à l'âge de dix-huit ans, mais il manifesta des aptitudes si prononcées pour le dessin, que son père le présenta à un professeur de Cherbourg dont, pour un temps très court, il devint l'élève. Le père mourut ; Millet revint au travail des champs. Sa vocation était si nette, cependant, que sa famille elle-même l'invita à la suivre. Il reprit ses études et bientôt après s'achemina vers Paris. Le conseil municipal de Cherbourg et le conseil général de la Manche lui avaient consenti, non sans peine, une bourse de mille francs.

Mince fortune que mille francs pour vivre un an à Paris et payer les frais d'atelier chez un grand maître ; encore le renouvellement de la bourse n'allait-il pas sans tiraillement. Le pauvre Millet, travaillant sans relâche, connut des années de misère. Il fit des portraits au prix de cinq francs, et brossa des enseignes pour des magasins !

Cependant, il devenait un peintre estimable. Vers
l'âge de 3o ans, il traitait avec aisance des sujets qui
plaisaient au public et se vendaient bien. S'il eût
continué, peut-être aurait-il vécu heureux ; à coup sûr
il ne serait pas devenu un grand artiste, il se confon-
drait aujourd'hui avec la foule des hommes de talent
dont la postérité ne dit rien. Son idéal était de peindre
la vie rustique, les paysans et les bêtes, la terre et le
travail qui la féconde, d'exprimer tout cela avec sympathie sans doute, mais de la façon la plus simple et la
plus vraie. Millet donna ce bel exemple de probité
artistique d'abandonner le succès assuré pour réaliser
l'œuvre qu'il sentait conforme à son génie.

En 1849, il quitta Paris, alla s'installer à Barbizon,
sur la lisière de la forêt de Fontainebleau. Il y loua
une maisonnette de trois pièces; une grange devint son
atelier. C'est là qu'il a vécu pendant vingt-cinq ans,
consacrant sa matinée à cultiver, son après-midi à
peindre. Et que peignait-il ? *Le Semeur, les Glaneuses,
l'Homme qui répand du fumier, les Chemineaux,
l'Angelus, la Bergère, la Tonte des Moutons*, voilà,
pris au hasard, les titres de quelques-uns des tableaux
de Barbizon. Ils prouvent que nulle scène de la vie
rustique n'a été trop familière, nul travail n'a été trop
humble pour le pinceau de Millet. Ces tableaux ne
furent pas, d'abord, très appréciés. Ils déroutaient le
public, tant ils étaient simples et sincères. Millet souf-
frit la gêne et même la détresse, d'autant plus dure à

supporter qu'une nichée nombreuse attendait de lui la becquée.

Enfin son génie se fit jour, on le reconnut grand peintre. La gloire lui vint, et la fortune approchait quand il mourut. Il repose dans un cimetière de village, au milieu de cette campagne qu'il a observée et peinte avec tant de franchise et d'affection.

Maxime

Aimons, *comme Millet, la terre nourricière, la vie calme et laborieuse de ceux qui la cultivent, les spectacles de beauté et de dignité qu'elle prodigue. Ne la désertons pas pour rechercher les agréments décevants des villes.*

L. FAUCHÈRE.

BISMARCK (1815-1898)

❧ ❧ ❧

Le 12 janvier 1871, le bruit court à Versailles que Paris est en feu. On aperçoit, en effet, à l'horizon, de larges colonnes de fumée au-dessus de la capitale. Bismarck apprend avec joie la terrible nouvelle. Et pourtant sa haine n'est point satisfaite encore.

« — Cela ne suffit pas, dit-il. Il faut que nous sentions le roussi d'ici ! »

Le 20 janvier, le lendemain de la bataille de Bougival, le général Trochu demande un armistice de deux jours afin d'enterrer les morts et d'emporter les blessés de la veille. Bismarck répond qu'il ne faut pas faire droit à la demande des Français. Il estime que quelques heures seront bien suffisantes pour enlever les blessés et enterrer les morts.

« Et d'ailleurs, ajoute-t-il, ces derniers se trouvent aussi bien sur la terre que dessous ! »

Cynisme effrayant ! L'histoire jugera sévèrement cet homme impitoyable et sanguinaire.

❧ ❧ ❧

Biographie

Bismarck – Schœnhausen (Otto-Edouard-Léopold, comte de) est né au château de Schœnhausen en 1815. Etudiant à l'Université de Gœtingue, il se distingue de bonne heure par son tempérament tapageur, violent et brutal. Député à la diète (1) provinciale

---

(1) Diète (voir note, page 80).

de Saxe, puis à la diète générale de Prusse, il devient rapidement le chef du vieux parti féodal plein de morgue, de hauteur et de préjugés surannés qui a la prétention de comprimer, d'arrêter l'essor populaire. Son éloquence, sa témérité, son grand nom attirent sur lui l'attention du roi de Prusse qui lui confie diverses missions diplomatiques à la diète de Francfort, à Vienne, à Saint-Pétersbourg, et enfin le nomme ministre d'Etat, puis ministre des Affaires étrangères avec la présidence du Conseil.

Bismarck arrivait à la présidence du Conseil des ministres du roi de Prusse avec un programme d'action bien arrêté : venger la défaite infligée à la Prusse par Napoléon Ier, à la journée d'Iéna, agrandir ce royaume par tous les moyens et établir son hégémonie (1) dans l'Allemagne reconstituée. Mais, pour atteindre ce but, il fallait substituer le gouvernement personnel du roi de Prusse au gouvernement parlementaire et réorganiser fortement l'armée prussienne.

Avec une énergie, avec une brutalité déconcertantes, Bismarck se met à l'œuvre. Six jours seulement après la formation de son cabinet, il prononce ces paroles mémorables : « Ce n'est pas par des discours parlementaires et par les votes des majorités, mais par le fer et par le feu que se résoudront les grandes questions du temps. » Il n'a point prononcé la maxime célèbre : « La force prime le droit », mais, toute sa vie, il y a été fidèle.

Le Parlement de Prusse lui refuse les crédits dont il

---

(1) Hégémonie (voir note, page 12).

a besoin pour reconstituer l'armée prussienne : il dissout le Parlement et enlève de fait aux représentants du pays le droit de voter le budget. Les journaux libéraux l'attaquent : il fait publier une ordonnance permettant à l'autorité administrative de suspendre la publication des journaux. On le menace d'un soulèvement possible des masses, d'une révolution prochaine : il en rit à grands éclats. La Pologne se soulève et combat pour son indépendance contre la Russie : Bismarck conclut une convention militaire avec la Russie et permet aux Russes de venir châtier, sur le territoire prussien, les patriotes polonais. Les puissances européennes, la France et l'Angleterre surtout, protestent : Bismarck ne tient aucun compte de ces protestations. En Prusse même on est inquiet, troublé, effrayé par cette attitude provocante de Bismarck : on l'interpelle au Parlement prussien sur sa politique étrangère. Il répond avec audace « qu'il fera la guerre s'il le croit nécessaire avec ou sans l'assentiment des représentants ».

La mort du roi de Danemark, Frédéric VII, survenue le 13 novembre 1863, va enfin permettre à Bismarck de faire l'essai de l'armée prussienne qu'il a réorganisée avec une fiévreuse activité et qu'il a pourvue du fusil à aiguille. Cette mort posait la question du Sleswig Holstein (1), très compliquée et très obscure. Bismarck s'as-

---

(1) On dit aussi : la *question des Duchés*, question d'une obscurité fameuse. Le Holstein était Allemand ; il faisait partie de la confédération germanique ; ses sympathies allaient à l'Allemagne ; le Sleswig, allemand au sud, danois au nord, était partagé entre les

sure la collaboration de l'Autriche et se prépare à procéder à la spoliation du Danemark. La diète s'oppose à l'occupation du Sleswig Holstein. Bismarck proclame que les questions de politique ne sont pas des questions de droit et, le 1ᵉʳ février 1864, l'armée austro-prussienne envahit le Sleswig. Ce fut une guerre inique. Les Danois, refoulés, écrasés, sont obligés de se rendre à la discrétion du vainqueur qui, par droit de conquête, garde le Lauenbourg, le Holstein et le Sleswig tout entier y compris la partie danoise.

L'Autriche, complice de la Prusse, ne retire aucun profit de cette campagne. Bismarck, confiant dans son armée, la traite avec insolence. Il se propose désormais d'amoindrir cette alliée trop forte, de l'humilier, de l'exclure de la Confédération germanique où elle domine et de prendre sa place. Ce plan téméraire, il le dévoile avec audace. L'attentat de Blind (1) n'en arrête pas l'exécution.

Le 14 juin, l'Autriche fait repousser par la diète de Francfort un projet de réforme fédérale proposé par Bismarck : le résultat était prévu ; deux jours après les Prussiens entrent à Leipzig. Le 3 juillet, les Autrichiens sont écrasés à Sadowa, et Bismarck impose à l'Autriche un armistice par lequel celle-ci souscrit à

---

deux influences ; enfin, le Lauenbourg, petit territoire au sud de l'Elbe, était guetté par la Prusse. Il y eut un soulèvement en 1848 en faveur des Allemands : il ne réussit pas. En 1850, la Conférence de Londres maintint le *statu quo*. Le roi de Danemark ayant mis le Sleswig sous le régime de la Constitution danoise, la Confédération germanique proteste. Un soulèvement se prépare. C'est alors qu'intervient la Prusse, et l'Autriche à sa suite.

(1) Attentat de Blind, dirigé contre Bismarck.

son expulsion définitive de la Confédération germanique (1).

L'hégémonie allemande est désormais assurée à la Prusse. Napoléon III, qui avait gardé une neutralité forcée, demande une compensation en Belgique ou sur les bords du Rhin. Bismarck refuse. Il devint alors évident que la guerre serait inévitable entre les deux pays. Bismarck la désirait. Elle faillit éclater en 1867, à propos de la question du Luxembourg. La maladresse du gouvernement français dans la question de la candidature du prince de Hohenzollern au trône d'Espagne, l'altération de la dépêche d'Ems (2) par Bismarck la rendirent inévitable : la France déclara la guerre à la Prusse. Ce fut la tragique période de 1870-1871. La

---

(1) *Confédération*. Union de plusieurs États qui gardent leur organisation propre, mais qui ne font qu'un en face de l'étranger. La Confédération germanique (1815-1866) comprenait 39 états allemands, dont les représentants, réunis à Francfort, constituaient la Diète chargée de faire les lois d'intérêt général.

(2) L'ambassadeur de France à Berlin, M. Benedetti poursuivait à Ems, où se trouvait le roi de Prusse, des négociations laborieuses. Il avait obtenu le retrait de la candidature du prince de Hohenzollern, mais le gouvernement français exigeait des garanties pour l'avenir, et le roi de Prusse finit par déclarer qu'il ne pouvait plus rien accorder et que « les négociations seraient poursuivies par son gouvernement ». C'était un *échec* pour la diplomatie impériale, non un *affront* pour la France.

Bismark reçut, le 13 juillet au soir, à Berlin, la dépêche d'Ems qui relatait les derniers incidents des négociations. Il ne la falsifia pas, mais il en modifia les termes de façon à lui donner une forme blessante pour la France, puis il la fit répandre à Berlin et communiquer aux représentants de la Confédération du Nord auprès des Cours étrangères. C'était une provocation réelle ; on voulut y voir un outrage, à Paris, et la guerre fut déclarée.

France en sortit vaincue et mutilée, la Prusse plus riche et plus forte. L'Empire d'Allemagne fut proclamé à Versailles au profit de la Prusse.

Après le traité de 1871, la politique de Bismarck tend à maintenir la France dans l'isolement. De 1871 à 1873, il rapproche l'Allemagne de l'Autriche, de l'Italie et de la Russie. En 1875, surpris du relèvement rapide de la France, il nous menace encore et nous n'évitons une nouvelle agression que grâce à l'attitude de l'Angleterre et de la Russie que la puissance grandissante de l'Allemagne inquiète. Enfin, en 1883, il parvient à conclure avec l'Autriche et l'Italie une Triple Alliance dirigée contre nous.

Son orgueil et sa popularité finissent cependant par indisposer contre lui le nouvel empereur d'Allemagne, Guillaume II. Bismarck offre alors sa démission avec l'espoir qu'elle sera refusée. Mais Guillaume II l'accepte et Bismarck passe les dernières années de sa vie dans une retraite forcée d'où il essaie de discréditer et de ridiculiser l'empereur.

Bismarck est mort en 1898. L'Allemagne lui élève des statues. L'histoire le juge sévèrement. Lui-même a douté de son œuvre. « Je n'ai jamais, dans ma longue vie, rendu personne heureux, a-t-il dit à la fin de sa carrière, ni mes amis, ni ma famille, ni moi-même !... J'ai fait du mal, beaucoup de mal !... C'est moi qui suis la cause de trois grandes guerres ; c'est moi qui, sur les champs de bataille, ai fait tuer 80.000 hommes qui, aujourd'hui encore, sont pleurés par leurs mères, leurs frères, leurs sœurs, leurs veuves !... Je n'en ai jamais retiré aucune joie et je me sens aujourd'hui l'âme anxieuse et troublée (1)!... »

Remords vains ! Quel que soit le bien que Bismarck ait fait à l'Allemagne, le souvenir des 80.000 hommes qu'il a fait tuer sur les champs de bataille pèsera toujours lourdement sur la mémoire du « chancelier de fer ».

Réflexion L*e véritable patriotisme est fait d'amour et non de haine. Trahir la vérité, la justice, faire prospérer une nation en violant les principes éternels du droit, ce n'est point être patriote, c'est être criminel.*

FILIPPI.

---

(1) *Mémoires de Bismarck.* Maurice Busch. T. II. Librairie Charpentier et Fasquelle, 1899, p. 91.

DENFERT-ROCHEREAU (1823-1878)

❖ ❖ ❖

**Demande
et Réponse**

« ... JE vous laisse le soin de juger s'il ne conviendrait pas d'éviter à la ville toutes les horreurs d'un siège et si votre conscience, votre devoir ne vous permettraient pas de me livrer la forteresse dont vous avez le commandement. » *(Extrait d'une lettre envoyée au commandant de la place de Belfort le 4 novembre 1870 par le général prussien Von Treskow.)*

« — En pesant dans ma conscience les raisons que vous me développez, je ne puis m'empêcher de trouver que la retraite de l'armée prussienne est le seul moyen que conseillent à la fois l'honneur et l'humanité pour éviter à la population de Belfort les horreurs d'un siège. Nous savons tous quelle sanction vous donnerez à vos menaces et nous nous attendons à toutes les violences que vous jugerez nécessaires pour arriver à votre but; mais nous connaissons aussi l'étendue de nos devoirs envers la France et envers la République et nous sommes décidés à les remplir. » *(Réponse immédiate du colonel Denfert-Rochereau, défenseur de Belfort.)*

❖ ❖ ❖

Biographie

TOUTE sa vie, Denfert fut l'homme du devoir. Il est né à Saint-Maixent, en Poitou, en 1823, et appartenait à une vieille famille protestante. Ses études furent remarquables. Il passe de l'école polytechnique à l'école d'application du génie de Metz et il en sort avec le numéro un. Nous le voyons successi-

vement dans d'obscures garnisons où il travaille énor-
mément, au siège de Rome en 1849, en Crimée où il
est blessé grièvement à l'assaut de Malakoff (1), ce qui
l'oblige à un repos d'un an, enfin en Algérie où il s'occupe d'histoire et de colonisation avec cette sûreté de
recherche qu'il apporte dans tous ses travaux. A quarante ans, il passe à juste titre pour l'un des officiers
les plus instruits de ce corps d'élite qu'est le génie.
Mais il n'est pas assez courtisan pour avancer rapidement et on le soupçonne d'idées républicaines.

En 1864, il est attaché à la place de Belfort comme
chef de bataillon. Tout de suite, il constate l'insuffisance de son armement et de ses lignes de défense.
Plusieurs des pièces d'artillerie dataient de Vauban.
Les travaux de construction des forts ont été abandonnés. Denfert se heurte à l'incurie du gouvernement
impérial. Il disait, un jour, en parlant de Belfort : « Si
nous avions été attaqués après Sadowa (1866) (2), nous
n'aurions pas tenu vingt-quatre heures. » Mais en
quatre ans, en dépit de la modicité des ressources dont
il dispose, il parvient à mettre la ville en état de défense,
notamment du côté sud.

Au lendemain de la déclaration de guerre, le général
Cambriels quitta Belfort avec le gros des troupes de la
garnison. Il n'y devait pas rentrer. Denfert y demeura
n'ayant plus sous ses ordres qu'une poignée d'hommes.
C'est dans cette situation que le trouva, au 17 octobre

---

(1) La Tour de Malakoff était le plus formidable des ouvrages de
la défense de Sébastopol.
(2) Voir page 265.

1870, le décret par lequel le gouvernement de la Défense nationale le nommait gouverneur de Belfort menacé.

Denfert ne perd pas une minute. En quinze jours, du mieux possible, il complète les défenses et exerce les quinze mille mobiles et gardes nationaux qui suppléeront aux troupes régulières. Bien qu'il manque d'artillerie de campagne, il décide de ne pas attendre l'attaque de l'ennemi sous les murs mêmes de la ville (1). Il occupe tous les environs, y construisant de petites redoutes détachées, bien résolu à les défendre pied à pied.

Dès l'investissement de la place, Denfert multiplie les sorties nocturnes, les combats d'avant-garde, faisant subir aux assiégeants des pertes considérables, de sorte que les Allemands qualifièrent ce siège de « fabrique de cadavres » et qu'être envoyé à Belfort fut considéré comme une punition par beaucoup de soldats prussiens. Peu à peu cependant, grâce à la supériorité du nombre, les ennemis purent occuper les positions les plus proches et bombarder la ville avec des obus et des canons français pris à Metz et à Stasbourg. L'état-major prussien télégraphiait à Berlin : « Belfort peut tenir encore cinq jours au plus. » Belfort ne devait pas capituler.

Secondé admirablement par le préfet du Haut-Rhin, qui était venu s'enfermer dans la place, et par le maire

---

(1) Un commandant de place forte doit tenir la campagne, le plus qu'il peut, et par des sorties continuelles retarder l'investissement de la ville par l'ennemi.

de la ville, M. Mény, qui avait déjà fait preuve d'un
grand cœur lors d'une épidémie de choléra, le colonel
Denfert sut maintenir le courage de tous les habitants à la hauteur de la situation. On s'installa dans
les caves, et toutes les fois que le feu de l'ennemi se
ralentissait, on sortait aux provisions. Les pompiers
essayaient d'enrayer les incendies allumés par les obus,
construisaient sur les trottoirs des abris blindés (1) pour
les passants. Un ingénieur improvisa une fonderie
d'obus qui, malgré l'outillage insuffisant, donna 200
projectiles par jour. Nulle défense ne fut jamais organisée d'une façon plus ingénieuse et plus méthodique.

Au commencement de janvier 1871, les assiégés
eurent un moment d'espoir : Bourbaki, vainqueur à
Villersexel, s'avançait vers Belfort. Mais l'armée de
l'Est fut battue à Héricourt et rejetée sur la Suisse. Le
courage de Denfert n'en fut pas atteint. Il résista aux
prières du préfet qui lui proposait de demander un
armistice. Il restait plein de confiance puisqu'il lui
demeurait la moitié des forts et que la ville elle-même,
avec sa ceinture solide, était aussi presque intacte, en
dépit des cinq mille obus reçus chaque jour depuis deux
mois.

Seule la capitulation de Paris et les préliminaires de
paix entraînèrent la reddition de Belfort sur l'ordre
du gouvernement français. Denfert sortit, le 18 février,
avec les honneurs de la guerre, emportant les archives

---

(1) C'est-à-dire protégés de plaques métalliques.

de la place, au milieu des ovations de la population
dont il avait si bien su incarner les sentiments. Quand
les troupes allemandes entrèrent dans la ville saccagée,
tout le monde avait réintégré les caves.

Denfert quitta l'armée peu après. Il fut député du
Haut-Rhin, de la Charente-Inférieure et de Paris; il se
montra toujours un des fidèles de la politique prudente
et ferme de Gambetta qui devait fonder et consolider
la République.

Il mourut en 1878.

Réflexion　　Qu'il *symbolise bien le héros de
Belfort, ce lion gigantesque que
le sculpteur alsacien Bartholdi a taillé
superbement dans le rocher même qui porte la citadelle;
lion au repos maintenant, mais qui veille et se souvient !*

RIQUET.

GAMBETTA (1838-1882)

❧ ❧ ❧

Une plaidoirie célèbre

LE 3 décembre 1851, Baudin était mort sur une barricade en défendant la République (1). Longtemps oublié, son nom fut soudainement rappelé à la mémoire populaire en 1868. Une manifestation eut lieu sur sa tombe. Des journaux ouvrirent une souscription pour lui élever un monument. L'Empire intenta aux orateurs de la manifestation et aux journalistes un procès célèbre qui tourna au triomphe des idées libérales. L'élite du barreau avait pris place au banc de la défense. Seul Delescluze, le plus difficile à défendre en raison de ses opinions très avancées, n'avait comme avocat qu'un jeune homme de trente ans. C'était Gambetta. Mais la plaidoirie de Gambetta fut une révélation. Sa parole éloquente fit oublier toutes les autres. Il reçut, au sortir du palais, les ovations enthousiastes de la foule. La presse, le lendemain, consacra ce grand succès. Selon un mot souvent cité, « Gambetta s'éveilla illustre le 15 novembre 1868 ».

❧ ❧ ❧

Biographie

GAMBETTA nous donne le plus mémorable exemple de patriotisme, de confiance dans la démocratie et dans l'avenir.

Né à Cahors en 1838, fils d'un épicier aisé d'origine italienne, il fit de très brillantes études et de bonne

---

(1) Voir la biographie de Baudin, page 233.

heure voulut être avocat. Il avait une merveilleuse faci-
lité pour apprendre et surtout une mémoire étonnante.
A Paris, où il était venu « faire son droit », il fut tout
de suite très populaire parmi les étudiants, tant à cause
de ses aptitudes au travail que de sa verve déjà éloquente et de son ardeur républicaine. Licencié en droit
à 22 ans, il est rappelé par son père qui veut l'associer
à son commerce. Mais le jeune homme parvient à
vaincre les résistances paternelles et reste à Paris,
avocat pauvre mais travailleur.

La vie publique l'attire. C'était l'époque où, au Corps
législatif, l'opposition à l'Empire passait brusquement
de cinq à trente-cinq députés. Gambetta plaide dans
quelques procès politiques, parle dans maintes réunions publiques, écrit aussi dans les journaux, bref, se
fait sa place parmi les adversaires irréductibles du
régime issu du coup d'Etat. Le procès Baudin le fait
entrer dans l'histoire.

Aux élections de 1869, il est élu à Paris et à Marseille. Au cours de la campagne électorale, non seulement il attaque à fond l'Empire, mais il expose le programme de la démocratie future qu'il définit « l'égalité
sociale dans les lois, dans les faits et dans les mœurs ».
Il se place ainsi à l'extrême-gauche et apparaît d'ores
et déjà comme l'organisateur de la prochaine République.

Mais, hélas ! il devait être auparavant le sauveur de
l'honneur national.

L'Empire précipita sa propre chute en s'engageant dans la néfaste guerre de 1870. Gambetta, avec Thiers et Jules Favre, s'était vainement opposé à la guerre au sein du Corps législatif. Mais, après la séance du 4 septembre 1870, quand il eut lui-même proclamé la République aux acclamations des Parisiens, il imprima au gouvernement ce caractère d'ardent patriotisme qui justifiait si pleinement le nom de Gouvernement de la Défense nationale : il voulut « la guerre à outrance ».

La France n'a plus d'armées après Sedan et Metz. Gambetta, en ballon, quitte Paris assiégé pour aller en province réorganiser les forces militaires. Comme l'a dit M. de Freycinet, « il est l'âme de la défense, enflammant le pays par ses appels passionnés, communiquant à tous sa foi inébranlable, se transportant sur les points les plus menacés, haranguant les troupes, soulevant les cités, faisant sortir du sol des soldats par milliers et laissant partout derrière lui une longue traînée de patriotisme, d'énergie et de confiance ».

Ce qu'il fait en quelques semaines tient du prodige. Il lève et équipe 600.000 hommes, fait fabriquer des canons, fait acheter 1.200.000 fusils sur tous les marchés du monde, fait photographier et distribuer 15.000 exemplaires d'une carte de l'état-major prussien qu'il a pu se procurer. Une résistance de quatre mois, tout à fait inespérée, quelques victoires et des actes de courage trop nombreux pour qu'on puisse les compter furent l'heureux résultat de ses efforts. Quand Paris capitula, Gambetta n'accepta que par discipline les préliminaires de paix désirés par la majorité du gouvernement : lui-même ne croyait pas la partie perdue.

S'il n'avait pu chasser l'ennemi, Gambetta avait du moins sauvé l'honneur de la France.

❧

Après la guerre, il revient à l'œuvre à laquelle il se préparait dès 1869. Il fonde la République.

. L'Assemblée nationale est monarchiste en majorité, mais les monarchistes y sont très divisés : Gambetta sait admirablement profiter de ces divisions. Sa préoccupation constante est l'union des républicains. Aussi rallie-t-il le centre républicain, ce que ne lui pardonnent pas ses amis intransigeants de l'extrême-gauche qui vont jusqu'à parler de sa trahison.

Gambetta ne s'émeut pas de ces accusations. Sa clairvoyance lui dit que ce n'est pas trop du concours de Thiers, du royaliste converti à la république modérée, pour déjouer les manœuvres des adversaires de la République. L'histoire a consacré les heureux effets de cette tactique « opportuniste ».

Après la chute du maréchal de Mac-Mahon, il aurait pu devenir président de la République, tant, après la mort de Thiers, en 1877, il apparaissait comme le chef incontesté du parti républicain. Il aima mieux s'effacer devant un ancien, Jules Grévy. Il ne revint au pouvoir, comme président du Conseil des ministres, que pendant quelques mois et tomba, par probité politique, sous une coalition des monarchistes et de l'extrême-gauche, lourde erreur que le parti républicain avancé était en train de reconnaître quand Gambetta succomba aux suites d'un banal accident, à 44 ans, en pleine force.

❧

Réflexion

Si, comme homme d'État, Gambetta n'a pas eu le temps de donner toute sa mesure, il l'a donnée comme orateur et comme patriote, et, ainsi que Danton, à qui il ressemble par tant de côtés, il mérite de servir de modèle civique à tous les Français.

Riquet.

VICTOR HUGO (1802-1885)

❖ ❖ ❖

**Le vase
en morceaux**

Sur la cheminée de la chambre du poëte se trouvait un joli vase en porcelaine de Chine

Couvert d'oiseaux, de fleurs, de fruits et des mensonges
De ce vague idéal qui sort du bleu des songes.

Mariette, la bonne, le poussa du coude par mégarde et le vase fut brisé.

Victor Hugo aimait ce vase charmant. Il arrive au bruit, « furieux et terrible ».

— Qui donc a fait cela ?

Jeanne alors, voyant son grand-père en colère et Mariette effrayée, regarda le vieillard avec douceur et lui dit simplement :

« C'est moi ! »

Touchant mensonge qui désarma le bon grand-père. Emu, il pardonna, et Jeanne, tout heureuse, disait à Mariette :

Je n'ai pas peur de lui, puisqu'il est mon grand-père.

(D'après l'Art d'être grand-père.)

❖ ❖ ❖

Biographie

Victor Hugo est né à Besançon, en 1802. Son père était général dans l'armée impériale. C'est lui que le poète présenta plus tard dans son admirable récit : *Après la bataille.*

Mon père, ce héros au sourire si doux.

Quant à sa mère, il lui consacra quelques-uns de ses plus beaux vers, car c'est elle qui, par son dévouement passionné, arracha à la mort l'enfant débile qu'il était.

Dès sa jeunesse, Victor Hugo s'annonce comme un poète, et il est encore au collège lorsque sa première œuvre est couronnée par l'Académie en 1817.

Marié à vingt ans, il passe quelques années difficiles, car il n'a d'autre ressource que sa plume ; mais à vingt-cinq ans, il est classé parmi nos grands poètes.

De 1822 à 1843, il publie presque tous les ans un volume : poésie, roman ou drame, et son œuvre soulève l'admiration des jeunes.

Puis il s'interrompt. Un grand malheur vient le frapper. Sa fille Léopoldine, qui venait de se marier, se noie en Seine par accident avec son mari. Le chagrin du poète fut immense et on ne peut lire sans émotion les pièces touchantes des *Contemplations* où il rappelle ce moment douloureux de son existence.

Mais il reprend bientôt la vie active.

Sa conduite en 1851 va le rendre plus cher que jamais à la France républicaine. Toute sa vie, il a défendu la justice et la liberté. Il a maudit

Ces rois dont les chevaux ont du sang jusqu'au ventre.

Il a été, dans ses *Orientales*, le poète enthousiaste des Grecs opprimés par les Turcs.

Son hymne aux combattants de juillet 1830 est parmi ses chefs-d'œuvre les plus connus :

Ceux qui, pieusement, sont morts pour la patrie,
Ont droit qu'à leur cercueil la foule vienne et prie,

Entre les plus beaux noms leur nom est le plus beau.
Toute gloire auprès d'eux tombe et meurt, éphémère.
Et comme ferait une mère,
La voix d'un peuple entier les berce en leurs tombeaux.

Mais surtout, quelle voix plus puissante s'éleva contre l'usurpateur de décembre (1).

Combattant de la première heure, auteur de virulentes proclamations contre Louis-Napoléon, vaincu, exilé, il se réfugie à Bruxelles. Bruxelles l'exile. Il se retire à Jersey. Jersey l'exile. Enfin, banni de trois patries, il est accueilli à Guernesey. C'est de là qu'il lance ses immortels *Châtiments*.

Il y rappelle les horreurs du coup d'Etat : Pauline Roland condamnée, l'enfant victime de la guerre civile dans la nuit du 4; il évoque le souvenir du grand empereur qui, malgré sa gloire, expia à Waterloo le crime de Brumaire; il montre combien le nouvel usurpateur est mesquin auprès de l'autre, Napoléon le Petit auprès de Napoléon le Grand.

Mais voici 1870. L'Empire est tombé. La France est vaincue. Victor Hugo revient et il est dans Paris assiégé :

France, être sur ta claie à l'heure où l'on te traîne
Aux cheveux,
O ma mère ! et porter mon anneau de ta chaîne,
Je le veux !

---

(1) Le prince Louis-Napoléon, qui se fait proclamer empereur sous le nom de Napoléon III.

J'accours, puisque sur toi la bombe et la mitraille
    Ont craché.
Tu me regarderas, debout sur la muraille
    Ou couché.
Et peut-être, en ta terre où brille l'espérance,
    Pur flambeau.
Pour prix de mon exil, tu m'accorderas, France,
    Un tombeau !

Il est alors considéré comme le défenseur des faibles, des opprimés, des malheureux, des *Misérables*. La femme sans pain, le vieillard réduit à la mendicité, l'enfant exploité, la bête maltraitée, le font frémir d'indignation. Il demande aux riches, *heureux du monde*, de penser aux malheureux et d'être pitoyables.

Il fut un de ceux qui, les premiers, voulurent que l'instruction pénétrât partout.

Il fut un de ceux qui ont aimé le peuple et qui ont rêvé pour lui une cité de justice et de bonheur universel.

Aussi était-il très populaire. On ne voyait d'ailleurs pas seulement en lui l'apôtre du droit et de la liberté; on aimait le grand-père qui, naïvement, disait son amour aveugle pour ses petits-enfants ; on aimait le poète qui savait rendre en si beaux vers les sentiments les plus simples et les plus nobles à la fois.

Lors de son anniversaire, en 1882, le sublime vieillard vit tout Paris défiler dans son salon ou sous ses fenêtres, jetant des fleurs et l'acclamant.

Quand il mourut, en mai 1885, ce fut un deuil universel. La France entière le pleura et lui fit des funérailles nationales. Tout Paris suivit son char funèbre, le char des pauvres. On lui donna l'Arc de Triomphe pour catafalque et le Panthéon pour tombeau.

Personne mériterait-il mieux ces honneurs exceptionnels que celui qui avait pris pour devise :

Soyons les serviteurs du droit et les esclaves du devoir.

LEBOSSÉ.

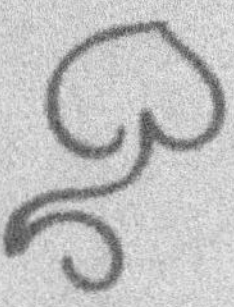

JULES FERRY (1832-1893)

❖ ❖ ❖

Le 30 mars 1885 Les troupes françaises du Tonkin venaient d'être battues à Lang-Son (1). Les journaux, la populace accusèrent de la défaite le ministre des affaires étrangères : Jules Ferry.

A la Chambre des députés, le 30 mars, il voulut s'expliquer. Un tumulte accueillit son discours et tour à tour M. Clemenceau et M. Ribot l'attaquèrent violemment.

Jules Ferry n'avait qu'un mot à dire pour confondre ses adversaires : il avait en poche une dépêche annonçant qu'une paix glorieuse avec la Chine allait être conclue et que, par conséquent, l'affolement de Paris et de la Chambre était injustifié.

Mais il avait promis de ne révéler les négociations qu'à un certain jour. Il ne voulut pas violer le secret diplomatique et il préféra se laisser renverser.

Le soir même, une foule furieuse vint pousser des cris de mort sous les fenêtres de l'hôtel des Affaires étrangères, mécon-

---

(1) La conquête du Tonkin fut la conséquence d'expéditions que la France s'était vue obligée d'organiser pour protéger nos commerçants systématiquement vexés par les autorités du Tonkin. Ce pays était vassal de la Chine ; aussi cette puissance, qui n'avait pas su prévenir ni réprimer les brigandages des pirates, éleva-t-elle la prétention de nous arrêter dans notre œuvre. L'amiral Courbet écrasa la flotte chinoise à Foutchéou et aux Pescadores. Une colonne française entra victorieuse en Chine. C'est à son retour qu'elle fut attaquée près de Lang-Son par l'armée chinoise. Il n'y eut guère à déplorer, au cours de la retraite, qu'une perte de matériel. Quelques jours après Lang-Son, l'armée ennemie était refoulée, et seule la signature de la paix lui épargna une sanglante défaite.

naissant le courage civique de cet homme qui savait sacrifier son intérêt à l'intérêt supérieur de la patrie.

Biographie Jules Ferry naquit le 5 avril 1832 à Saint-Dié, dans les Vosges. Ses ancêtres étaient des paysans de la montagne. Son grand-père, propriétaire d'une fabrique de tuiles, fut maire de Saint-Dié pendant la Révolution. Son père était un des meilleurs avocats du barreau de Saint-Dié. Toute sa famille appartenait à cette bourgeoisie honnête et travailleuse restée fidèle à l'esprit de la Révolution.

Aussi, lorsqu'après de fortes études il vint à Paris et qu'il y fut témoin du coup d'Etat de 1851, devint-il un adversaire irréductible de l'Empire. C'est pourquoi il ne put réaliser le rêve que son père avait fait de le voir entrer au Conseil d'Etat et il s'inscrivit comme avocat au barreau de Paris.

Mais cet avocat s'occupait plus de politique que de chicane. Dans le *Temps* et le *Siècle* il écrivait des articles violents contre l'Empire et dénonçait avec une remarquable perspicacité les dangers que faisait courir à la France la politique de Napoléon III.

Dès cette époque, il ne craint pas de tenir tête à l'opinion publique quand le peuple a tort. C'est ainsi qu'en 1870, élu député depuis un an, il cherche à empêcher le conflit franco-allemand. « Sa parole indignée et prophétique s'élevait dans le vacarme... La guerre fut déclarée. »

Ce fut la défaite. Après Reischoffen, les républicains

voulaient renverser l'Empire. Mais Ferry, quoique républicain, n'admettait pas de divisions devant l'ennemi. Il harangua la foule et la convainquit.

Mais après Sedan, l'Empire croula de lui-même, et Jules Ferry entra dans le Gouvernement de la Défense Nationale. Le 1er novembre, il est maire de Paris, et pour prolonger la défense nécessaire à l'honneur de la France, il propose le rationnement. Cette mesure de sagesse patriotique lui valut l'impopularité. On l'appela Ferry l'Affameur et sa tête fut mise à prix. Malgré le danger, Jules Ferry voulait défendre Paris contre l'insurrection de la Commune. On eût ainsi sans doute évité bien du sang. On ne l'écouta pas et une guerre civile effroyable éclata.

Quand la Commune fut vaincue, Jules Ferry fut nommé préfet de la Seine, mais il resta seulement quelques jours à son poste. Las d'être injurié, il accepta d'être nommé ministre plénipotentiaire à Athènes.

Il revint d'Athènes lorsque, à la chute de Thiers, la République courut de graves dangers, et il fut avec Gambetta l'un des chefs du parti républicain contre les monarchistes et Mac-Mahon. C'est Mac-Mahon qui fut vaincu, et Jules Ferry fut naturellement appelé au pouvoir qu'il occupa plusieurs fois comme ministre de 1879 à 1886.

Son histoire se confond dès ce moment avec celle de la troisième République. Rappelons seulement *la part prépondérante qu'il eut dans le vote des lois scolaires et dans la reconstitution de notre empire colonial. La*

conquête de la Tunisie et du Tonkin lui valurent une fois de plus l'impopularité. Un jour, le fiacre qui le portait fut poursuivi par une populace furieuse. Quand son ministère fut renversé du pouvoir, vingt mille personnes vinrent pousser des cris de mort sous les fenêtres de l'hôtel des Affaires étrangères. Ferry l'Affameur était devenu Ferry le Tonkinois.

A ce moment un homme qui, au lieu de résister à la foule, savait la flatter, faillit mettre en danger la République (1). Ferry, toujours dédaigneux de la popularité, attaqua l'idole. Il y gagna de déchaîner contre lui des haines féroces et lorsque sa candidature fut posée pour la Présidence de la République, bien qu'il arrivât en tête de liste, il s'effaça pour éviter de diviser le pays avec une grandiose abnégation, devant Sadi Carnot et fut le premier à lui donner l'accolade.

Du moins, le Boulangisme succomba. Une fois de plus la République était sauvée.

Battu aux élections législatives de 1889, Jules Ferry accepta la défaite avec courage.

« La République sort triomphante d'une crise redoutable ; qu'importe qu'elle me laisse sur le champ de bataille. »

La vie devait pourtant lui sourire encore. Il entreprit un voyage en Algérie et en Tunisie ; il y fut accueilli triomphalement. Enfin, le 4 février 1891, il était nommé sénateur ; deux ans après, élu président du Sénat. Moins d'un mois plus tard, le 16 mars 1893, il mourait presque subitement.

---

(1) Le général Boulanger.

Les Chambres lui votèrent des funérailles nationales et la France lui fit de magnifiques obsèques. On respecta ces paroles émouvantes de son testament :

« Je désire reposer dans la même tombe que mon père et ma sœur, en face de cette ligne bleue des Vosges d'où monte jusqu'à mon cœur fidèle la plainte touchante des vaincus. »

Réflexion

Le bon citoyen n'est pas celui qui flatte le peuple, mais celui qui sait au besoin résister à l'entraînement de la foule lorsqu'il s'agit de faire triompher la justice ou d'assurer la grandeur morale de la patrie.

LEBOSSÉ.

PASTEUR DANS SON LABORATOIRE

(d'après le tableau de A. Edelfelt)

PASTEUR (1820-1895)

❖ ❖ ❖

Une Cure émouvante Un matin de juillet 1885, un jeune Alsacien de neuf ans, Joseph Meister, se rendait à l'école du village par un chemin de traverse. Il fut assailli tout à coup par un chien furieux qui, se jetant sur lui, le terrassa et lui fit de nombreuses et cruelles morsures. Un maçon, qui travaillait à quelque distance, accourut et, frappant l'animal furieux avec une barre de fer, l'obligea à lâcher prise. Il releva l'enfant couvert de sang et de bave. A l'autopsie (1) le chien fut reconnu enragé. Le jeune Meister était menacé d'une mort affreuse et presque inévitable. Un médecin du voisinage, ayant entendu parler des expériences de vaccination antirabique (2) tentées sur des chiens par M. Pasteur, conseilla à M⁻⁻ Meister d'accompagner son fils à Paris.

Quand Pasteur vit cet enfant, dont le corps était couvert de blessures d'une extrême gravité, grande fut son émotion. Il n'osait tenter sur l'homme les expériences qui lui avaient donné de si bons résultats sur les animaux. Ses disciples levèrent ses scrupules. Des inoculations de virus (3) de plus en plus fort furent pratiquées du 7 au 16 juillet. Pendant ce temps, Pasteur était en proie aux plus vives angoisses; il voyait, durant son

---

(1) *Autopsie.* — Examen des organes d'un cadavre dans le but de déterminer les causes de la mort.

(2) *Vaccination antirabique.* — Introduction dans le sang de moelle desséchée de lapin mort de la rage dans le but de prémunir l'organisme contre cette maladie.

(3) *Virus.* — Agent de propagation des maladies contagieuses, telles que la rage, la variole et dont le microbe n'a pas encore été découvert.

"
}

sommeil. Joseph Meister étouffant de rage, agité des crises convulsives d'une douloureuse agonie. Mais le traitement réussit et le jeune vacciné retourna en Alsace guéri de ses blessures.

Biographie PASTEUR, à qui Joseph Meister devait la vie, est le génie le plus grand et le plus pur du XIXe siècle.

Né à Dôle, où son père était ouvrier tanneur, il fit ses premières études au collège d'Arbois (1). Le Principal remarqua de bonne heure son ardeur au travail, sa vive imagination et la délicatesse de ses sentiments. D'abord répétiteur au collège royal de Besançon, puis étudiant à Paris, il entra à l'école normale supérieure en 1843. Sous la direction d'éminents professeurs, il put satisfaire son ardent amour de l'étude. Il passait au laboratoire (2) de l'école tous ses instants de liberté et ses camarades l'appelaient « pilier de laboratoire ».

C'est là qu'il fit sa première découverte. Un jour de l'année 1848, on aurait pu voir Pasteur le visage anxieux, le cœur battant, l'œil fixé sur un appareil. Tout à coup, sa physionomie s'épanouissait et il s'écriait ravi : « Tout est trouvé ! » Puis, se précipitant dans les bras de la première personne qu'il rencontrait, il l'embrassait en s'écriant : « Mon cher Monsieur Bertrand, je viens de faire une grande découverte. »

Mais cet amour enthousiaste et passionné de la vérité n'est pas le seul titre de gloire de Pasteur. Son

---

(1) *Arbois*. — Petite ville du département du Jura.

(2) *Laboratoire*. — Local où l'on exécute des expériences scientifiques. Il y a des laboratoires de physique, de chimie et des laboratoires de physiologie.

cœur était aussi grand que son esprit et, au delà des jouissances que procurent les découvertes scientifiques, il vit le devoir de rendre service à l'humanité. C'est dans cet esprit qu'il entreprit l'étude des maladies terribles comme le charbon (1), qui décimait les troupeaux et semait la ruine dans les pays d'élevage, ou comme la rage qui vouait ses victimes à une mort affreuse. Les services rendus par ce grand homme à l'agriculture, à l'industrie, à l'humanité sont incalculables. Aux agriculteurs, il a donné le moyen de préserver les troupeaux et les basses-cours du charbon, du rouget (2) du porc, du choléra des poules (3). Aux viticulteurs, il a indiqué les procédés de conservation des vins. Aux industriels, il a appris de nouveaux procédés de fabrication du vinaigre et de la bière et il a indiqué des procédés pratiques pour lutter contre les maladies des vers à soie. Il a trouvé le moyen de préserver d'une maladie terrible les personnes mordues par des chiens enragés. Et qui pourrait dire le nombre de vies humaines sauvées par les pansements antiseptiques (4) et par les sérums antidiphtérique et antitétanique (5). A un étranger qui lui demandait un jour quels malades Pasteur traitait :

---

(1) *Charbon.* — Maladie généralement mortelle, commune à l'homme et aux animaux, et provoquée par un microbe ayant la forme d'un bâtonnet microscopique qui se multiplie dans le sang.

(2) *Rouget.* — Maladie microbienne du porc, caractérisée par l'apparition sur la peau de taches rouges irrégulières.

(3) *Choléra des poules.* — Maladie épidémique des oiseaux de basse-cour qui se propage avec une effrayante rapidité.

(4) *Pansement antiseptique.* — Pansement ayant pour but d'empêcher l'infection des plaies par les microbes.

(5) *Sérums antidiphtérique et antitétanique.* — Substance extraite de la partie liquide du sang d'animaux rendus réfractaires au croup ou au tétanos et qui est utilisée dans le traitement de ces maladies.

« Il ne soigne pas les individus, répondait Edmond
« About, il guérit l'humanité. »

*

Cet illustre savant, ce travailleur infatigable, était
une âme affectueuse et tendre. Il professait à l'égard
de ses modestes parents un sentiment de piété véritable.
« O mon père et ma mère, disait-il en 1883, c'est à
« vous que je dois tout ! Tes enthousiasmes, ma
« vaillante mère, tu les as fait passer en moi. Et toi,
« mon cher père, tu m'as montré ce que peut la patience
« dans les longs efforts. » Pasteur n'avait pas moins de
reconnaissance pour ses anciens maîtres. Il ne manquait
pas une occasion de leur rendre hommage. Il éprouvait
pour les misères et les souffrances humaines une
pitié délicate et profonde ; il s'intéressait aux enfants
qu'il avait préservés de la rage, leur écrivait, envoyait
même de l'argent à ceux qui étaient pauvres. Tous
l'appelaient « le bon M. Pasteur ».

Enfin, Pasteur fut un grand patriote : « Ceux qui
« n'ont pas vu la guerre, disait-il, ne savent pas la
« valeur de ces mots : Amour sacré de la patrie. » Sa
grande préoccupation était que ses découvertes et ses
travaux scientifiques fussent utiles à son pays : « Pauvre
France, chère patrie, écrivait-il en 1871, que ne puis-je
contribuer à te relever de tes désastres. »

Son vœu fut exaucé et le savant anglais Huxley (1)
pouvait dire dans une de ses leçons : « Les découvertes
« de Pasteur suffiraient à elles seules pour couvrir la

---

(1) *Huxley*. — Savant physiologiste anglais, né en 1825.

« rançon de guerre de cinq milliards payée par la
« France à la Prusse en 1870. »

Pasteur eut la consolation de voir, avant sa mort,
sa gloire indiscutée. Il avait reçu de tous les pays
étrangers les plus hautes décorations. Toutes ces mé-
dailles et ces croix, rangées dans un tiroir, formaient
ce que la petite-fille du grand savant appelait « les
joujoux de grand-père ». Le 27 décembre 1892, on
fêta dignement le 72e anniversaire de sa naissance.
Pasteur fit son entrée dans le grand amphithéâtre de
la Sorbonne au bras de M. Carnot, président de la
République. Le ministre Charles Dupuy, s'adressant
au grand homme, termina ainsi son discours : « Puisse
« la France vous posséder de longues années encore et
« vous montrer au monde comme le digne objet de son
« amour, de sa reconnaissance et de sa fierté. »

Pasteur mourut le 28 septembre 1895, au milieu de
sa famille et de ses disciples qui lui rendaient un
véritable culte.

Réflexion — *Tout le secret du génie de cet
illustre savant est dans cette pa-
role qu'il répétait souvent : « Travail-
lons. » Écolier, Pasteur ne se distinguait guère des enfants
de son âge. C'est de l'effort soutenu, persistant et inlassable
que sont nées toutes ses découvertes. Inspirez-vous, mes
enfants, des nobles conseils que jeune encore il donnait à
ses sœurs : « C'est beaucoup de vouloir, car le travail
« suit toujours la volonté, et presque toujours aussi, le
« travail a pour compagnon le succès. »* A. JACQUEMARD.

TOLSTOÏ (1828-.....)

Cruauté d'enfant — Le jeune Tolstoï jouait avec son frère et plusieurs amis. Il y avait, parmi eux, un grand garçon maigre, pâle et laid, mais bon et serviable, qui s'appelait Iline. Il était pauvre. C'est pourquoi les enfants le méprisaient.

Un jour qu'il regardait ses riches amis faire de la gymnastique, l'un d'entre eux, Serge, le plus robuste et le plus méprisant, s'écria en le saisissant :

— Mettons-le en équilibre sur la tête !

— Oui, oui, s'écrièrent les enfants. Et malgré ses cris ils le renversèrent, la tête sur un gros dictionnaire, et le maintinrent les pieds en l'air.

Iline se débattait. Sa veste craquait, et plus il pleurait, plus ses jeunes bourreaux riaient à gorge déployée.

Enfin, ils le lâchèrent. Il retomba lourdement et dit simplement à travers ses larmes.

— Pourquoi me tourmentez-vous ?

Pour toute réponse, Serge, saisissant le dictionnaire, l'envoya à la tête de sa victime, étendue à terre sans défense.

Tolstoï ne protesta pas. Mais lorsque, plus tard, il se rappelait cette scène pénible, il se demandait comment il avait pu être le complice de cette cruauté, lui qui pleurait à chaudes larmes lorsqu'il voyait un petit oiseau tombé de son nid.

Biographie Tolstoï, né le 9 septembre 1828, appartient à l'une des grandes familles les plus opulentes et les plus nobles de la Russie. Son père, joueur et dissipé, ne s'occupa guère de lui ; mais sa mère, douce et résignée, resta parmi ses plus tendres souvenirs. Quand elle mourut, il était jeune encore, et il fit ses études à Moscou, puis à l'Université de Kazan.

Sa vie n'offre jusqu'ici rien de remarquable. Il prend en 1851 du service dans l'artillerie et fait la guerre au Caucase et en Crimée.

C'est au Caucase qu'il écrit sa première œuvre : *Les Cosaques*, et en Crimée la seconde, *Sébastopol*.

Déjà célèbre, il démissionne aussitôt la paix conclue et pendant plusieurs années il vit à la Cour et dans la haute société de Saint-Pétersbourg et de Moscou, livré à la dissipation mondaine et au jeu. De temps en temps il publie une œuvre d'observation ; les plus célèbres de cette époque sont *La Guerre et la Paix* en 1872, et *Anna Karenine* en 1877. Puis, brusquement, il quitte la vie mondaine et se retire dans ses terres. Il juge stupide la vie qu'il a vécue jusqu'alors et, après un retour à l'Eglise, découragé de ne pas trouver dans la religion la paix qu'il y a cherchée, il se crée une religion et une philosophie spéciales qui ont eu en Russie et dans toute l'Europe un retentissement considérable.

Il s'inspire de l'Evangile, mais sans se soumettre aux dogmes de l'Eglise, ni aux pratiques cultuelles.

Il y trouve ce grand principe : « Aimez-vous les uns les autres », et tous ses livres, depuis lors, sont animés d'un sincère amour pour les pauvres, les malheureux dont il excuse les vices et plaint les misères.

Il montre que la société actuelle est dure aux petits et souvent inique. Aussi est-il sévère pour les riches qui ne songent qu'à s'amuser sans considérer de combien de misère est fait leur luxe et au prix de quelles souffrances sont achetés leurs plaisirs.

Mais il ne prêche ni la révolte ni la haine. On ne doit pas résister au mal, on doit l'accepter avec résignation et n'employer contre lui aucune violence.

Surtout, il faut travailler. Le travail fait oublier bien des misères et le travailleur se rend utile à la société.

Parmi les besognes qui s'offrent à l'homme, il n'en est pas de plus saine et de plus morale que la vie aux champs.

Et Tolstoï a donné l'exemple. Il a revêtu la blouse du paysan et, retiré à la campagne, il dirige lui-même l'exploitation de ses domaines, assisté de sa femme et de ses fils.

Dans de nombreux opuscules (1), il prêche le retour aux champs et à la vie simple qu'il mène lui-même.

L'un de ses héros, le prince Nekludoff (2), après avoir eu comme lui une vie dissipée, s'aperçoit tout à coup des conséquences de sa légèreté ; il découvre que sans le vouloir, il a causé le malheur d'une jeune fille pauvre qui l'aimait. Il sacrifie tout pour racheter sa faute. Il donne ses terres à ses paysans et lui-même se met à travailler et suit en Sibérie celle dont il a gâté la vie.

C'est cette haute conception du devoir qu'on retrouve

---

(1) Petits livres.
(2) Dans le roman *Résurrection*.

dans les dernières œuvres de Tolstoï. On y trouve aussi des pages émues sur le bonheur familial. Lorsqu'il parle de sa mère, il a des souvenirs touchants. Il se rappelle avec quelle douceur elle venait l'éveiller.

« J'entends sa voix. Je me lève d'un bond, je jette
« mes bras autour de son cou, je me serre contre sa
« poitrine, en murmurant : Oh maman, chère petite
« maman, comme je t'aime !

« Elle sourit de son sourire triste et charmant, prend
« ma tête à deux mains, m'embrasse sur le front et me
« met sur ses genoux.

« Tu m'aimes bien ? Elle se tait un instant, puis elle
« reprend : Vois-tu, aime-moi toujours ; ne m'oublie
« jamais. Si tu n'avais plus ta maman, tu ne l'oublie-
« rais pas, dis ?

« Elle me baise encore plus tendrement. Je m'écrie:
« Oh ! ne dis pas cela, maman chérie, ma petite âme !

« Je baise ses genoux et des ruisseaux de larmes cou-
« lent de mes yeux dans un transport d'amour. »

On trouverait dans les œuvres de Tolstoï bien des pages d'où s'exhale cette émotion tendre. Si sa philosophie n'est pas accessible à tous, et si elle est parfois contestable, retenons-en du moins *l'amour pour l'huma-nité*, le *respect pour le travail et les travailleurs*, et *cette idée que « la réalité du bonheur est au foyer, et dans les joies pures de la famille »*.

La Russie a beau être un vaste empire, la réputation de Tolstoï en a depuis longtemps dépassé les frontières. Elle déborde dans le monde civilisé tout entier. En haut lieu même, malgré la hardiesse de ses idées, il bénéficie d'une immunité qui étonne, si l'on considère avec quelle sévérité sont traités ses disciples trop zélés.

L'anecdote suivante en est une preuve éclatante. Un jour, des étudiants furent arrêtés et dirigés aussitôt vers la Sibérie. Ils avaient imprimé et distribué des brochures pour le peuple. Tolstoï déclara que ces jeunes gens étaient les adeptes de ses doctrines, qu'ils n'avaient fait que mettre en pratique ce qu'il leur enseignait, que par conséquent leur crime était le sien. Il réclamait donc pour lui-même toute la responsabilité et l'honneur de subir la peine à laquelle on les avait condamnés.

L'empereur Alexandre III répondit :

« Il n'y a pas de prison dans toute l'étendue de l'empire russe, dont la porte soit assez haute pour qu'y puisse entrer le comte Tolstoï. »

LEBOSSÉ.

Table Alphabétique des Matières

✤ ✤ ✤

PAGES

Abbé de l'Épée. (Filippi).   134
Abd-el-Kader. (Caron)...   245
Annibal. (Chardeau).....   36
Archimède (Jacquemard).   31
Aristide. (Caron).........   11
Baudin. (Mathon).......   233
Bayard. (Gros)...........   74
Bernard Palissy. (Riquet)   98
Bismarck. (Filippi)......   262
Brutus. (Caron)..........   5
Carnot (Lazare). (Gros)..   205
Christophe Colomb. (Filippi)   68
Cincinnatus. (Lebossé)...   17
Colbert. (Caron).........   114
Coligny. (Chardeau).. ...   92
Confucius. (Chadeyras)..   1
Cook. (Turquet)........   129
Cornélie. (Chadeyras)....   42
Danton. (Riquet)........   147
Daumesnil. (Rogie)......   210
Démosthène. (Gros)......   27
Denfert-Rochereau. (Riquet)   269
Desmoulins. (Rogie).....   152
Drouot. (Chadeyras).....   225
Dupleix. (Fauchère).....   125
Éponine. (Chadeyras)....   51
Ferry. (Lebossé)........   284
Franklin. (Fauchère).....   138
Galilée. (Filippi)........   103
Gambetta. (Riquet).......   274

PAGES

Geneviève de Paris (Ste). (Riquet)   55
Gutenberg. (Caron).......   59
Haüy (Valentin). (Filippi)   201
Hoche. (Gros)...   172
Hugo (Victor). (Lebossé).   279
Jacquard. (Chardeau)....   241
Jeanne d'Arc. (Mathon)..   64
Kléber. (Turquet)........   183
Laffitte (Turquet)........   230
La Tour d'Auvergne. (Rogie)   178
Lebon. (Gros)...........   188
Lincoln. (Fauchère)......   241
Linvingstone. (Turquet)..   253
Luther. (Mathon).......   80
Marceau. (Lebossé).....   167
Michel-Ange. (Turquet)..   84
Michel de L'Hôpital. (Mathon)   89
Millet. (Fauchère).......   258
Mirabeau. (Rogie).......   142
Napoléon Ier. (Lebossé)..   192
Pasteur. (Jacquemard)..   289
Sedaine. (Chardeau)....   157
Socrate. (Chardeau).....   22
Stephenson. (Jacquemard)   229
Thimonnier. (Chadeyras).   237
Tolstoï. (Lebossé).......   294
Vauban. (Mathon).......   122
Vercingetorix. (Riquet)...   46
Vincent de Paul (St). (Filippi)   100
Washington. (Fauchère)..   162

ALENÇON. — IMP. GEO SUPOT